跨境电商助推浙非产能合作

Cross-Border E-commerce Promotes
Zhejiang-Africa Industrial Capacity Cooperation

2017浙非产能合作发展报告

2017 DEVELOPMENT REPORT ON
ZHEJIANG-AFRICA INDUSTRIAL
CAPACITY COOPERATION

浙江师范大学经济与管理学院
中非国际商学院

黄玉沛 邹益民 主编

中国财经出版传媒集团
经济科学出版社
Economic Science Press

图书在版编目（CIP）数据

2017浙非产能合作发展报告/黄玉沛，邹益民主编.
—北京：经济科学出版社，2017.11
ISBN 978 - 7 - 5141 - 8568 - 3

Ⅰ. ①2… Ⅱ. ①黄…②邹… Ⅲ. ①区域经济合作 -
国际合作 - 研究报告 - 浙江、非洲 - 2017
Ⅳ. ①F125.5②F114.46

中国版本图书馆 CIP 数据核字（2017）第 259951 号

责任编辑：周国强
责任校对：王肖楠
责任印制：邱　天

2017 浙非产能合作发展报告

黄玉沛　邹益民　主编

经济科学出版社出版、发行　新华书店经销

社址：北京市海淀区阜成路甲 28 号　邮编：100142

总编部电话：010 - 88191217　发行部电话：010 - 88191522

网址：www. esp. com. cn

电子邮件：esp@ esp. com. cn

天猫网店：经济科学出版社旗舰店

网址：http://jjkxcbs. tmall. com

固安华明印业有限公司印装

710 × 1000　16 开　19.75 印张　310000 字

2017 年 11 月第 1 版　2017 年 11 月第 1 次印刷

ISBN 978 - 7 - 5141 - 8568 - 3　定价：78.00 元

（图书出现印装问题，本社负责调换。电话：010 - 88191510）

（版权所有　侵权必究　举报电话：010 - 88191586

电子邮箱：dbts@ esp. com. cn）

　　本报告系 2016 年度浙江师范大学"中非经贸发展研究"课题《中国与南非产能合作的动力因素探析——基于南非经济本土化政策的考察》、2016 年度浙江省哲学社会科学重点研究基地规划课题《新南非经济本土化政策与中资企业应对策略研究》（项目编号 16JDGH136）的阶段性研究成果。

本书编委会

支持机构

Amanbo 聚焦非洲跨境立体电商平台
Kilimall 中非跨境电商平台
"Afrindex·中非商道" 中非贸易撮合交易平台
中非桥跨境贸易平台
中非商贸投资协同服务平台

序

2017 年 6 月 21 日，浙江老乡、阿里巴巴董事局主席马云在"美国中小企业论坛"上，发表了一个《中国的贸易机会》的主题演讲，不仅在美国的中小企业界引起了巨大的震动，在全球都产生了反响。这种反响，并不是马云个人魅力激起的浪花，而是这个时代——互联网时代掀起的波涛。

互联网时代真的来了，而且来得那么迅速，那么猛烈，让人猝不及防，她像一个巨大的"黑洞"，吞噬着人类社会生产、生活、社交的一切领域，并将地球的每一个角落链接成一个瞬息可至的网络，大大提高了人类的工作效率。人类的生产、生活和社交，从来没有像今天这样方便、快捷和富有效率。

跨境电商是互联网时代的崭新业态，它实现了便捷、低成本，高效的全球购买、全球出售，给企业的发展带来了新的机遇，给居民的生活带来了新的经济福利，同时也为经济新常态下进行供给侧结构性改革、化解产能过剩、全面推进"一带一路"倡议，提供了新的契机。

1000 多年前，唐玄奘跨越千山万水，经历重重困难，到今天的印度取经；马可波罗路途凶险，历经磨难，花了 8 年时间从欧洲来到中国，又花了 8 年时间从中国返回欧洲；如今的中国，网纳世界，融汇百川，非洲的土豆、欧洲的三文鱼、加拿大的龙虾、美国的樱桃、中国的工艺品……按动手指，几秒之内消费者就能接收到相应的信息，寥寥数天乃至数小时之内，商品就能准确无误地达到用户手中。网络经济、跨境电商的神奇，让现代人目瞪口呆、瞠目结舌。

浙江是我国市场经济发达、创新活力强大的东部省份，也是网络经济、跨境电商发展最有活力的地区。诞生于这块热土的阿里巴巴，开疆辟土，所向披靡，成为世界上网络经济发展的一道靓丽风景线；有小商品之都称号的义乌，追逐着跨境电商大潮，将中国制造的商品销售到世界的每一个角落。具有强烈创新欲望的浙江"草根"，中小企业星罗棋布，纺织、机电、五金、工程建筑、小商品等，均有很强的竞争力。特别是国家实施"一带一路"倡议以来，浙江的中小企业敏锐地抓住商机，运用跨境电商作为工具，大力开拓非洲市场，和非洲国家开展产能合作，取得了不俗的成绩，具有广阔的发展前景，既造福于非洲国家的人们，提升了非洲国家人们的福利水平，助推了非洲国家的工业化和现代化发展，同时也拓展了中国的贸易市场，为浙非开展产能合作带来了新的机会。

浙江省经济在经过了过去持续三十多年高速发展的长周期后，进入了以调整经济结构和消化富余产能为主要目标的中高速增长"新常态"阶段。对外经济合作也从以往的"商品输出时代"向更为高级版的"资本输出时代"转型升级。2017 年 4 月，国务院办公厅印发通报，对浙江 2016 年落实推进供给侧结构性改革、适度扩大总需求、促进创新驱动发展、化解产能合作的举措和成绩进行了表彰。浙江省运用跨境电商发达的优势，与合作愿望强烈、合作条件、基础好、产能合作契合度高的埃塞俄比亚、肯尼亚、坦桑尼亚、南非、莫桑比克、安哥拉、尼日利亚、刚果布、埃及、阿尔及利亚等非洲国家开展产能合作，大批的浙江企业家来往于浙非两地市场，尤其是网络大咖马云，携阿里云和大数据，在非洲获得了总统般的欢迎，成为非洲青年的偶像。跨境电商这一执坚披锐的现代科技工具，成为浙江这方热土开拓非洲市场、实施"一带一路"和"中非合作十大计划"战略的桥梁，连接起浙非产能合作今天和未来。

开展浙非产能合作研究、服务浙江经济社会发展，是浙江师范大学经济与管理学院、中非国际商学院的一项重要任务，也是学科建设的一个重要方面。浙江师范大学中非经贸研究团队在《2016 浙非产能合作发展报告》的基础上，以"跨境电商助推浙非产能合作"为主题，推出《2017 浙非产能合作发展报告》。报告在对运用跨境电商开展浙非产能合作的理论及演进方式进行梳理的基础上，对浙非双方运用跨境电商开展产能合作的优势、潜力和机遇进行了 SWOT 分析，特别是运用实证的方法，对非洲一些国家的跨境电商平台对浙江产能的接纳能力、浙江企业对非洲电子商务发展的推动能力进行了剖视，同时有针对性地对发展跨境电商、促进浙非产能合作提出了对策建议。报告内容丰富多彩，立意清新鲜明，是中非经贸研究领域一份有价值、有新意的专题研究成果，对于进一步深化浙非产能合作研究、推动中非产能合作发展，具有很强的实践意义。

唐任伍

浙江师范大学经济与管理学院院长

教授、博士生导师

前　言

跨境电商助推浙非产能合作

当前，电子商务不仅冲击、颠覆许多传统行业，最重要的是改变了人类的基本生活方式。无论中国、还是美国；无论欧洲、大洋洲，还是非洲。我们都能看到：一场基于互联网引发的商业变革都正在激烈上演，新的商业游戏规则和生态系统正在建立。全球化的电商双向流通大发展的历史时刻即将真正到来，国际贸易方式必将发生深彻的变革。可以确信：在未来几年，全球的商业观念、商业形态还必将发生更加巨大的变化，现在仅仅只是开始。

新一轮科技和工业革命催生新的发展动能，也带来千载难逢的发展机遇。抓住这个机遇，新兴市场国家和发展中国家就可能实现"弯道超车"。跨境电子商务不仅在我们熟知的欧美、东南亚等地快速发展，而且已经延伸到了广阔的非洲地区，特别是非洲移动互联网的普及，电子商务逐渐被当地的政府和民众所接受。随着欧美经济陷入疲软，拓展非洲市场已经成为了全球资本的共识。非洲作为电子商务崛起的又一块新兴市场，有着极大的发展空间和用户需求。越来越多的非洲供应商和采购商开始逐渐摆脱传统面对面的交易方式，新型的电子商务模式交易在非洲市场已经悄然盛行起来。

非洲是世界上最后一个没有垄断电子商务平台的大陆。中国、美国、部分欧洲国家为电子商务第一世界；印度、巴西、俄罗斯、土耳其、印度尼西亚等是电子商务的第二世界；非洲是电子商务的第三世界。当前，国际电子商务第一世界格局已确定，亚马逊、eBay、阿里巴巴、京东等国际巨头正在鏖战第二世界，未来的非洲电子商务发展一定是非洲本地公司、美国公司和中国公司竞争的格局。

非洲尼日利亚、南非、肯尼亚、埃及等国家电子商务较为发达，已经出现 Jumia、Kilimall、Takealot、Konga、Souq、Amanbo、Afrindex 等电子商务平台，但是其经营时间较短，平均约为 3～4 年，其他非洲本土电子商务平台仍然处于酝酿期。相比线下昂贵的物价，电子商务却可以提供更丰富的商品，且交易成本更低。与国内相比，在非洲线下交易的大部分商品，产生的利润数量可观，因此非洲电子商务成为商家们正在抢滩的地方。对于客户而言，他们也可以拥有更多的选择，享受最合理的价格。显然，非洲国家如果具有一个功能强大、服务完善且市场占有率高的网络交易平台，是能够助推企业快速成长并捕捉新的发展机遇。

浙江省作为中国率先发展、走在前列的电子商务大省，也是我国对非洲经贸合作的重要省份，在非洲电子商务市场大有可为。近年来，随着互联网的飞速发展和电子商务交易技术的不断完善，国际市场消费模式发生变化，浙江省企业纷纷开始通过电子商务方式开展跨境贸易，拓展国际市场，并取得了突破性的进展。据商务部相关数据显示，目前浙江跨境电商进出口额约占全国的20%，位居全国第二，仅次于广东。

目前，在中国（杭州、宁波）跨境电子商务综合试验区的引领下，浙江省主动参与全球电子商务规则制定，积极建设"一带一路"倡议的电子商务中心，对非洲国家电子商务市场的辐射能力不断增强，在多种合力作用下，浙江省跨境电子商务试验区对非洲市场的输送能力不断提升。根据浙江省电子商务发展的整体安排，可以分为中国（杭州）跨境电子商务综合试验区、中国（宁波）跨境电子商务综合试验区、金华金义综合保税区和义乌跨境电子商务园区四大主体功能区。

浙江省专门面向非洲国家的跨境电商重量级平台机构有多个，本报告主要对中非商贸投资服务平台、中非经贸港、中非桥跨境贸易服务平台等浙非跨境电子商务平台进行重点介绍。同时，本报告以阿里巴巴、义乌购、非洲机械网为例，探讨浙江省对非洲跨境电子商务重点企业的发展现状。此外，民营经济是浙江省经济发展不可或缺的一部分，报告还对浙江越美集团、浙江永达实业集团、浙江正泰集团、浙江巨石集团、浙江新安化工集团等知名浙江民营企业涉非业务进行了重点分析与解读。

《2017 浙非产能合作发展报告》作为国内第二部浙江省对非洲产能合作的调查研究报告，汇总了主编、支持机构及编委会专家数年来的研究和实践成果，报告以"跨境电商助推浙非产能合作"为主题，内容分主报告、专题报告和企业人物访谈三大部分。其中主报告分为六大部分，包括：浙非产能合作的理论基础、动因、特点、主要领域和提升路径；浙江省跨境电商发展的 SWOT 分析；非洲国家电子商务发展综合评估；跨境电商助推浙非产能合作转型升级；浙江跨境电商开展浙非产能合作的典型案例分析；发展跨境电商，促进浙非产能合作的对策建议。专题报告共有三份，分别是非洲国家电子商务平台发展报告、中国电商企业在非洲发展排名报告、浙江省市县对非洲产能合作排名报告。值得关注的是，报告课题组成员还深入非洲实地调研，采访了大量学者、官员和企业家，并专门撰写了中非跨境电子商务企业人物访谈录。此外，报告还附有近年来国家、浙江省政府部门产能合作与跨境电子商务的相关政策文件，供广大读者参阅。

《2017 浙非产能合作发展报告》课题组

第一部分

主　报　告

第一章
浙非产能合作发展概述

浙非产能合作是中非产能合作的重要组成部分，也是国际产能合作在中国浙江省的应用实践之一。当前，中国经济总量已跃居世界第二位，工业体系完备，有条件、有能力成为非洲发展进程中最理想的合作伙伴。中国拥有很多优质和先进的产能，拥有丰富的资金、技术、装备、管理经验，非常契合非洲实施工业化发展战略在这些方面的现实需要。

以浙非产能合作为基点，在中非产能合作大框架下，可以帮助非洲国家加快建立工业体系，提高其制造能力，增强非洲经济造血功能，向非洲工业化提供强大助力，实现双方合作共赢、共同发展。

第一节　浙非产能合作的理论基础

国际产能合作是指两个存在意愿和需要的国家或地区之间进行产能供求跨国或者跨地区配置的联合行动。产能合作可有两个渠道进行：既可以通过产品输出方式进行产能位移，也可以通过产业转移的方式进行产能位移。①

---

① 广义的国际产能合作是指整个产业国际化经营程度的优化和高度国际化，其实现路径包括国际贸易、对外直接投资和契约性国际生产。狭义的国际产能合作是指在某一产业的国际化过程中，产业链上、中、下游各生产环节的生产要素在两个以上国家或地区间的流动与配置，产品生产和销售已在两个或两个以上的国家或地区间实现。狭义的国际产能合作存在于特定产业链上游的研发、设计、规划和采购，生产环节的技术、工艺和生产能力以及下游领域的贸易、服务和标准化管理等环节。

浙非产能合作是浙江省内产业对非洲的输出，是浙江省产业输出需求与非洲东道国当地输入需求的对接。探析浙非产能合作的理论基础，必须将其置于中非产能合作乃至国际产能合作的大背景下进行理论分析和综合考量。

一、浙非产能合作的实质与意义

中国浙江省与非洲各国之间开展产能合作，是在中国与非洲国家产能合作框架基础上的进一步拓展和深化。双方在理念上强调合作共赢，在自愿、平等、互利的基础上推进对接合作；方式上突出开放包容，推动双向互动；内容上注重绿色环保，走进非洲的都是与各国需求高度契合的优势产能、先进产能、绿色产能。

1. 浙非产能合作的实质

浙江省推进浙非产能合作，不是向非洲市场输出落后产能，而是有非洲需求的、有竞争优势的产能，将增加非洲国家相关产业实力。推进浙非产能合作，是推动浙江省新一轮高水平对外开放、增强国际竞争优势的重要内容。当前经济全球化深入发展，推动浙非产能合作，可以让更多非洲国家参与到浙江省推动的跨国产业链体系，有利于这些非洲国家发挥各自优势，将各自生产要素投入全球化过程，带动经济增长，促进工业化进程，实现互利共赢、共同发展。总之，浙江省大力推动的浙非产能合作，将打造浙江省同非洲各国之间互利共赢的新局面。

2. 浙非产能合作的意义

浙非产能合作是中国浙江省自身经济发展的需要，有利于浙江省经济的增长、经济结构的调整和装备产业的升级。当前，浙江省对外开放已经进入新阶段，加快铁路、电力等国际产能合作，有利于提升浙江省开放型经济发展水平，有利于实施"一带一路"倡议、中非"三网一化"合作、"中非十大合作计划"等重大战略。推进浙非产能合作，也是浙江省与非洲国家开展互利合作的重要抓手。近年来，非洲国家基础设施建设掀起新热潮，工业化、城镇化进程加快，非洲国家积极同中国浙江省开展产能合作，有利于深化浙江省与非洲有关国家的互利合作，促进当地经济和社会发展。

二、浙非产能合作与价值链理论

浙非产能合作是在中非产能合作框架下进行，是国际产能合作理论指导下的应用实践之一，与国际经济与贸易中的价值链理论密切相关。

1. 浙非产能合作是价值链优化的体现和必然选择

产能输出体现了价值链理论下对浙江省产业价值链环节优化升级的要求。全球价值链的治理模式与全球价值链升级有着密切关系，浙江省作为中国沿海经济发达省份，切入不同的全球价值链治理模式，有助于不同环节的升级。

在浙非产能合作框架下，浙江省企业应对自身进行清晰的定位，找到比较优势所在的行业，通过比较优势切入价值链层级、俘获型治理模式中，在承接来自主导企业的外包环节的生产活动中，通过学习效应吸收和掌握成熟管理技术以及市场开拓能力技巧，进行市场开拓和市场势力尤其是企业家精神和创新（包括管理技术和生产技术的创新以及商业模式的创新）的培养，具备一定的市场势力之后，转入模块和市场型治理模式当中，并构建以中国浙江省企业为主导的涉非价值链的高端环节，促进省属企业向非洲价值链高端升级。

浙非产能合作将实现浙江省部分行业产能在非洲价值链中的优化配置，产能的优化配置实现了产业价值链与企业价值链在全球范围内的重新整合；同时，浙非产能合作以浙江省为基础，辐射全国，努力实现全球价值链中各个环节之间的优势互补。

2. 浙非产能合作实现价值链流程升级和产品升级

一般而言，发展中经济体的跨国公司通过加入低端的价值链而融入世界经济体系，在新型国际分工体系中实现工业化的升级。但是发展中经济体参与全球价值链，无论加入何种类型的价值链，核心竞争力的缺乏、知识资源和销售渠道等能力的欠缺将导致其沦为发达国家产品的低端供应商。

改革初期，浙江省实施的"市场换技术"的战略导致了低端企业产生"学习障碍"，生产者驱动型价值链对电子通信、计算机等资本技术密集型没有明显的技术溢出效应，浙江省跨国公司参与全球价值链后，易产生"低端锁定"现象，出现路径依赖问题。但是，中国浙江省可以根据自身条件和价值链的治理模式来找到最合适的切入点或价值环节，根据价值链条的增值路径与非洲国家开展合作，谋求产业升级并在融入全球价值链后抓住非洲这一战略支点，实现突破性创新发展。

浙非产能合作在价值链流程升级中的属性，要求浙江省与非洲国家积极进行合作交流，相互学习彼此之间先进的生产技术与管理经验，从而实现企业生产管理流程与产品质量的提升，从价值链的角度实现流程升级与产品升级。

3. 浙非产能合作实现价值链功能升级与链条升级

全球价值链的产生为浙江省嵌入价值链的企业提供了良好的学习条件与学习机会，可以借鉴其他国家的成功经验进行升级。目前经济形势的变化和新型的国际分工带来了新的机遇，中国浙江省企业已经积累了一定的国际生产和运营经验，加上经过国内市场的激烈竞争的洗礼，浙江省企业不仅可以构建自己主导的全球价值链，甚至可以利用自主品牌和国际销售渠道优势，将浙江省目前所从事的价值链中的低技术含量部分，通过境外货物或者服务外包的形式，向其他非洲等发展中国家转移，以构成浙江省企业主导的生产经营网络和价值链。

浙江省企业需要根据自身不同的竞争优势选择适合企业发展的升级方式：在面对成本竞争、质量标准提高和新产品发明等变化时，应采取不同的升级策略和升级模式。对于成本竞争，可以采用节约劳动设备（过程升级）、从成熟产品生产转向新的技术更先进产品生产（产品升级）、专注于廉价初始设备制造供应商采购并从事销售和服务活动（功能升级）等方面的升级手段，也可采用改善生产组织（过程升级）和提高产品质量（产品升级）的升级措施。

浙江省企业在价值链中学习，利用企业竞争优势升级。通过浙非产能合作，浙江省将国内富余优质产能进行优化配置，着力发展研发设计等价值链高端环节，实现了制造业价值链的功能升级。同时，浙江省产业也将逐步整体向高端技术密集型产业进行转型，省内产业结构进一步优化，体现了价值链视角下的链条升级。

三、浙非产能合作与产业链理论

浙非产能合作是在中非产能合作框架下进行，是国际产能合作理论指导下的应用实践之一，与国际经济与贸易中的产业链理论密切相关。

1. 国际产业链理论

在国际产业链理论中，产能合作并非是新概念，产业转移和产能合作与企业的国际化经营尤其是大规模对外直接投资密切相关，在国际分工理论基础上产生的国际产业转移是产业发展的基本规律之一。一般而言，产品发展经历了新产品阶段，成熟产品阶段和标准产品阶段，伴随产品生命周期的变化，产品会在具有比较优势的不同国家或地区进行生产，而产品生命周期的变化催生了国际产业转移。

产业链可从发达国家向次发达国家，再向新兴工业化国家和地区，最后向发展中国家转移。20 世纪 30 年代，日本学者赤松要（Akamatsu）基于对日本棉纺工业的研究，归纳出"产品进口、国内生产、产品出口"三个阶段的"雁型产业"转移模式。[①] 小岛清（Kojima）在"雁型模式"理论与产品生命周期理论的基础上，提出"边际产业扩张理论"，认为对外直接投资应

---

① Kaname Akamatsu, "A Historical pattern of Economic Growth in Developing Countries," *The Developing Economies*, Vol. 1, No. 1, 1996, pp. 197 – 207.

按照投资国已经或即将处于比较劣势而在东道国具有比较优势的产业即边际产业依次进行。①

2. 浙江省与国际产业链理论的关联

在推进"一带一路"倡议的背景下，发挥浙江省产业的比较优势与相关非洲国家开展产能合作，是浙江省在经济全球化背景下遵循国际产业发展规律的必然选择，也是开展实施浙非产能合作的理论来源。在要素成本优势明显、市场潜力较大的"一带一路"沿线国家和地区，浙江积极打造境外经贸合作区，中小企业投资建厂"拎包入驻"，上下游企业在园区内协同发展，为民营企业境外投资降低了成本、缩短了时间、避免了单打独斗的风险。

四、浙非产能合作与经济地理学理论

浙非产能合作是在中非产能合作框架下进行，是国际产能合作理论指导下的应用实践之一，与经济地理学理论密切相关。

1. 经济地理学理论

经济地理学理论认为，具有前后向联系的企业集聚可以节约交易成本。企业聚集所带来的交易成本节约随着集聚程度的加剧、集聚区劳动力与工资等要素价格的不断上升而呈现倒 U 字形变化。当产业集聚程度处于倒 U 字形的左边时，即使政府推出优惠政策，也难以实现促进产业大量转移的效果；当产业集聚程度处于倒 U 字形的右边时，政府通过适度的政策引导，便能够促进产业的有序转移。②

基于全球生产网络效应，产业转移与形成"战略集聚"的目的，在于利用特定区位的独特条件，通过价值链活动、地理空间构型的重塑与转换，提

---

① ［日］小岛清：《对外贸易论》，周宝廉译，南开大学出版 1987 年版，第 445～449 页。

② Philippe Martina and Gianmarco I. P. Ottavianog, "Growing Locations：Industry Location in A Model of Endogenous Growth," *European Economic Review*, Vol. 34, No. 2, 1999, pp. 281－302.

升全球生产网络的整体竞争优势。从世界经济的发展历程来看，自英国工业革命以来，世界经历了四次大的产业转移，总体上呈现出由经济发达地区向发展中国家（地区）转移，由最初的劳动密集型产业向资本密集、一般技术密集、技术密集型产业变化的趋势。

2. 浙江省与经济地理学理论的关联

浙江经济改革开放以来，经济保持了良好的增长态势。当前浙江在加工制造业的多数领域都具有一种输出优势，体现了区域产业在全国强烈的竞争力。浙江毗邻上海这个中国最大的工商城市，拥有良好的港口通商条件，这一区位优势在改革开放后以发挥，浙江宁波港、舟山港已成为中国著名的十大港口之一，其独特的地理优势使得自身在承接包括非洲国家在内的世界产业转移和发展对外贸易方面形成了比较优势。

第二节　浙非产能合作的动因

浙江省的经济发展历程是中国近年来经济发展历程的缩影。近年来，中国企业的海外投资并购势头强劲，2016 年，我国境内投资者共对全球 164 个国家和地区的 7961 家境外企业进行了非金融类直接投资，累计实现投资 11299.2 亿元人民币（折合 1701.1 亿美元，同比增长 44.1%）。[①] 浙江省经济在经过了过去持续三十多年高速发展的长周期后，如今进入了以调整经济结构和消化富余产能为主要目标的中高速增长"新常态"阶段。相比过去高速增长对原材料的强劲需求，虽然浙江省对原材料以及油气等大宗商品的需求有所下降，但凭借长期以来在工业化方面积累的丰富经验、成熟适用的技术和性价比很高的装备，浙江省经济在对内调整结构的同时，对外经济合作也在从以往的"商品输出时代"向更为高级版的"资本输出时代"转型升级。

---

① 冯其予：《2016 年我国对外投资同比增长 44.1%》，中华人民共和国中央人民政府网，ht-tp：//www. gov. cn/shuju/2017 - 01/17/content_5160475. htm（2017 - 01 - 17）。

浙非产能合作不仅仅是双方的一项合作安排，也是由双方经济发展阶段及与之相关的经济、产业、技术、资本等条件所内在决定的，具有必然性和规律性。浙非产能合作的动因包括以下几大方面：

一、改革开放以来浙江省产业结构的变化

千年以前，浙江就是古丝绸之路上重要的商品生产地和集散地，也是古代海上丝绸之路的重要起航地之一。"一带一路"倡议的提出，标志着中国逐步迈入了主动引领全球经济合作和推动全球经济治理变革的新时期。浙江认识到，全面积极参与"一带一路"建设，将为浙江开放发展带来重大机遇、开辟新空间。

改革开放以来，第三产业逐渐成为浙江省重要产业部门，第二产业发展策略急需转型，浙非产能合作是重要的转型方向之一。从浙江省产业结构演进的轨迹来看，最近20年来，第一产业占总产出的比重在减少，第二、第三产业占总产出的比重在上升。浙江省产业结构向外延伸主要表现两个方面。一方面是浙江企业对外投资日渐增多，另一方面表现为浙江省制造业有向外部转移的特征。浙江省产业结构的变化为开展浙非产能合作提供了某种契机。

二、经济发展新常态下浙江省产业的特点

浙江省产业在创新驱动下由中低端向中高端转移，中低端产能寻求国际合作机会。当前经济增速稳定、经济结构升级、发展急需动力更新、市场调控优化，"十三五"规划纲要中对国内各个省份产业发展路径的明确也推动着相关产业实现产能的国际合作。因此，开展浙江省对非洲的产能合作，帮助和支持非洲国家基础设施建设并培育生产能力，承接因浙江省产业升级和要素成本上升亟须对外转移的产业，可以借此拓展浙江省对外贸易空间，改变贸易商品结构。

审视浙江，在中国经济步入新常态的大背景下，浙江经济也面临着经济

增长下行压力大、产业转型还不够快、资源要素制约突出等难题，正处在转型升级的关键期。破解发展难题，必须布局全球发展浙江，以"大进大出"的理念来突破。"一带一路"沿线各国资源禀赋各异，与浙江经济互补性较强，为浙江提供了"大进大出"的大平台，必将带来大规模的双向贸易投资，通过配置全球资源，有效破解发展难题，建设经济强省。

三、非洲国家加速工业化发展进程的需要

非洲大多数国家工业化水平非常落后，整体工业化处于初始阶段。非洲仍然是世界上工业化最不发达的大陆，非洲工业生产只占全球工业生产不到1%的份额，在全球产业链中处于边缘化地位，只有南非、尼日利亚、肯尼亚、埃及等少数国家启动了工业化进程。2014 年联合国工业发展报告指出，如果按照工业化水平来划分，非洲尚无实现工业化的国家，只有毛里求斯、南非、突尼斯三个国家是较为突出的"新兴工业经济体"，其余非洲国家均为"发展中的工业经济体"或者是"不发达工业经济体"。

然而，尽管世界经济踟蹰不前，但是非洲经济却呈现旺盛活力，保持平稳较快增长势头。由于历史原因和受制于不合理的国际政治经济秩序，非洲国家普遍工业化程度较低，工业产品需求基本依赖进口。为改变依赖初级产品和自然资源出口的经济发展模式，非洲国家正在积极推进工业化进程，以提升经济发展品质，创造就业、改善民生、增加税收，最终实现经济独立和国家更好的发展。非洲国家也热情期望在中国新一轮产业结构调整的大潮中加强与中国各个省份的产业合作，在承接中国的优质与富余产能的过程中推动非洲的工业化发展和技术进步。非盟制定的《2063 年议程》及其第一个十年规划，明确提出要重点发展制造业，加快非洲工业化进程。

四、全球价值链理论在中国浙江省的应用

中国浙江省制造业在全球价值链中地位偏低，急需升级以提升产业附加

值；主要产品价值链核心环节掌握在欧美等发达国家手中，中国浙江省企业获得利润低；中国浙江省制造业产业升级基本思路是积极嵌入全球价值链，利用发达国家经验技术提高自身生产水平，重点投入发展创新，向价值链高端环节延伸，中国浙江省企业在价值链中低端环节过剩产能应当有效输出，在全球市场寻求资源、成本、市场的拓展空间，尤其是重视以非洲国家为主导的目标市场，实现产能转移与产业调整。

放眼国际，经济全球化的不确定性上升，在一些国家逆全球化思潮泛起的当下，浙江制造更应该抓住"一带一路"机遇，加快在沿线国家进行生产基地的多元化布局，在全球经贸规则重构的关键时期，浙江企业更应积极对接"一带一路"建设，在新一代经贸规则形成中占得先机。

五、合作与发展是国际经济合作的主旋律

国际间经济合作形式升级，产能的全球合作是国际经济合作形式升级的必然结果。商品贸易转向服务贸易；产业间贸易转向产业内贸易；商品输出转向资本输出；资源国内配置转向资源全球配置。大多数非洲国家则处在工业化起步阶段，对钢铁、水泥等产品需求旺盛，基本全部依赖进口，因此渴望引进这些产能，加快工业化步伐。非洲有丰富的人力和自然资源，浙江省则拥有资金、设备、技术、管理经验，非洲东道国产能需求强烈，需与外部世界进行合作也是推动浙非产能合作的重要动因。

2013 年，中国向世界发出共建"丝绸之路经济带"和"21 世纪海上丝绸之路"的重大倡议。善于抓住时代机遇的开放大省浙江，在"一带一路"这个"筑梦空间"里，凭借干在实处、走在前列、勇立潮头的精气神，全面参与"一带一路"建设，开辟开放发展新空间；凭借开放发展的先发优势，积极应对全球贸易寒冬，勇拓市场立潮头；凭借民营经济的发展优势，开展国际产能合作；凭借向东直面"海上丝路"、向西通达"陆上丝路"的区位优势，建起一个个互联互通新平台。

第三节　浙非产能合作的特点

浙江省正以"一带一路"倡议为指引，以企业为主体，以互利共赢为发展导向，以基础设施建设、贸易投资合作为主题，全方位推进与"一带一路"沿线国家的开放合作和优势产能全球布局。浙江省参与"一带一路"有着良好的基础，尤其在经贸合作领域，浙江省与"一带一路"国家的贸易和投资都走在全国前列，在境外经贸合作区等重点平台的建设上，浙江省也独具优势。

共建"一带一路"倡议的提出让浙江企业意识到，在生产力空前发展的当下，只有到更大的市场发现新需求、配置新资源、对接新合作才有出路。国际产能合作正是浙江进行产业升级和有序转移、市场开拓和结构调整的迫切需要。在"一带一路"倡议的背景下，浙江与非洲国家开展产能合作升级具有巨大的优势和潜力，面临难得的发展机遇，双方合作特点包括以下几方面：

一、浙非产能合作层面不断提升

浙非产能合作不仅存在于企业层面、产业层面，也存在于国家层面、区域经济层面和世界经济层面。双边贸易协定、投资保护协定、区域经济组织和世界经济组织的协定为浙非产能合作提供了宏观基础。2016 年 9 月 4～5 日，浙江省杭州市举办 G20 峰会，峰会主题是"构建创新、活力、联动、包容的世界经济"，南非总统祖马、乍得总统代比、埃及总统塞西、塞内加尔总统萨勒等非洲国家领导人参与峰会，并在会后共同发表了《二十国集团领导人杭州峰会公报》和 28 份具体成果文件，体现了中国与非洲国家共迎挑战的伙伴关系精神。

通过浙非产能合作，浙江省将进一步落实省内海外联动发展的全球新布局，加快实现产业升级和有序转移、市场开拓和结构调整。开拓非洲市场，重点推进境外加工组装和优势富余产能的转移，合作开发能源资源，实施基础设施的建营一体化发展。面对日益纷繁复杂的挑战，全球主要经济体迫切需要建立起相互协作的伙伴关系。中国浙江省以 G20 峰会为契机，积极推动二十国集团成员加强政策协调，继续深化与非洲等发展中国家务实合作，聚焦共识，妥处分歧，加强彼此正向联动。

二、中小企业是双方合作的主体

中小企业是拉动经济发展的强力引擎，同时也是创造就业岗位的主要来源。近年来，中小型企业成为推动非洲工业发展以及经济转型的重要新兴力量。2015 年联合国"非洲工业化日"，特别强调中小企业在推动消除贫穷和为妇女和青年创造就业中所发挥的重要作用。[①] 在非洲，中小型企业是外部发展援助专项贷款的主要受益者，它们被普遍认为是创造就业的主要推动者。按照国际社会通行的观点，"对发展中国家来说，中小企业的扩张……是拉动经济发展的强力引擎，同时也是创造就业岗位的主要来源。"[②] 因此，非洲国家需要制定以扶持中小企业为基础的工业化具体的框架，可行的政策，促进各政府联动发展，每个国家、部门和主要的产业链充分发挥作用。

浙江省中小企业发展面临着重大机遇。随着浙江省改革的深化，新型工业化、城镇化、信息化、农业现代化的推进，以及"大众创业、万众创新"、《中国制造 2025》、"互联网＋"、"一带一路"等重大战略举措的加速实施，中小企业发展环境将更加优化，中小企业发展基本面向好的势头更加巩固。近年来，浙江省以互联网为核心的信息技术与各行各业深度融合，日益增长

---

① United Nations Industrial Development Organization, "Africa Industrialization Day", Available at: http://www.un.org/zh/events/africaday/ (2016 – 06 – 20)

② African Union, "Action Plan for the Accelerated Industrial Development of Africa", AU Conference of Ministers Inisters of Industry 1st Extraordinary Session, 24 – 27 September, 2007, Midrand, Republic of South Africa.

的个性化、多样化需求，不断催生新产品、新业态、新市场和新模式，为中小企业提供广阔的创新发展空间。

三、立足浙江省的区位发展优势

浙非产能合作由大类产业层次向产业链层次转移。从现代产业国际化和企业国际化角度来看，最高形式的国际化经营主要还是以对外直接投资体现的全产业价值链的产能合作为主。浙非产能合作存在于一个产业的前向联系和后向联系的产业链中，通过合作的方式来推进产业和生产能力的输出。同时，产业内主要企业的生产经营已不再以一国为基地，而是面向全球并分布于世界各地的国际化生产体系之中。

推动实施浙非产能合作，必须发挥浙江省的优势。当前，立足于浙江区位优势，浙江省将以宁波—舟山为核心，打造海上丝绸之路沿海港口的主枢纽港，以金华—义乌为重点，打造连接"一带一路"的战略支点。立足于外贸大省优势，实施"一带一路"展会拓市场行动计划，加快构建跨境电商物流大通道，建设网上丝绸之路。立足于平台建设优势，在境外，浙江省将以"一带一路"沿线国家主要节点城市和港口为重点，推动浙江中小企业抱团合作、产业集聚，引导企业在一些国家合作新建一批境外经贸合作区；在省内，则积极探索跨国联合、引入战略投资者等双边合作开发机制，打造一批主体功能突出、外资来源地相对集中的国际产业合作园。

总之，浙非产能合作有利于在全球范围内进行资源配置，通过提高资源配置效率来提高生产效率、促进产业结构调整和优化。浙非产能合作有助于输出国企业在全球范围内开展直接投资，促进企业提高投资收益率。浙非产能合作输入国可通过引入技术和资本来促进基础设施建设、增加就业机会和增进国民福利。通过产业转移和浙非产能合作，输入国可以缩短本国产业升级的时间，增强产业在国际市场上的竞争力。

第四节　浙非产能合作的主要领域

中国浙江省正在从贸易大省向投资大省转型，有利于浙非经贸合作关系的结构调整，浙非经贸合作有望从以往的原材料与工业制成品间的贸易互补关系升级为制造业和新能源、新环保产品开发、海洋经济开发、跨境电子商务等产业结构互补互助型的经济合作关系。同时，将与以往主要由大型国企投资于非洲的能源矿业领域并承接大型基础设施建设项目形成有益补充的是，未来浙非产能合作的大军中将出现更多浙江省私营企业的身影，特别是浙江省私营企业在轻工业领域的丰富生产经验和较高技术水平，将使其成为浙江省轻工业"走出去"的主要力量。

作为国家"走出去"战略、"一带一路"倡议、"中非十大合作计划"的一部分，浙江省推动了上百家企业到非洲建立商业关系，给双方都带来了一系列的收益。以南非作为"桥头堡"和"中转站"，浙江企业逐步进入了整个非洲大陆。以南非为例，浙江省商务厅数据显示，截止到 2016 年 6 月底，经商务部分备案核准，浙江在南非投资累计共有 40 家企业，投资总额为9254 万美元。投资主要集中在批发业、纺织业、有色金属矿采选业等行业。南非共在浙江省投资设立 66 家企业，合同外资 1.5 亿美元，实际外资 4888万美元。投资主要集中在纺织服装制造业、贸易经济与代理、纺织品、针织品及原料与批发行业。

一、推动跨境电子商务企业拓展非洲市场

发展服务业电商是《浙江省电子商务产业发展"十三五"规划》的重要内容，是实施"互联网＋便民服务"，推进服务业领域供给侧改革，推动传统实体商业转型升级的重要举措。浙江省结合服务业领域电子商务发展特点和趋势，逐步建立了服务业电商"一体两翼"（培育服务业电商平台为主体、

普及生活服务和商务服务的电商应用为两翼）的推进机制。浙江省作为中国电子商务率先发展的重点省份，未来在非洲电子商务领域大有作为，对浙非产能合作乃至中非产能合作发展必将带来深远影响。

非洲是世界上最后一个没有垄断电子商务平台的大陆。中国、美国、部分欧洲国家为电子商务第一世界；印度、巴西、俄罗斯、土耳其、印度尼西亚等是电子商务的第二世界；非洲是电子商务第三世界。当前，国际电子商务第一世界格局已确定，亚马逊、eBay、阿里巴巴、京东等国际巨头正在鏖战第二世界，未来的非洲电子商务发展一定是非洲本地公司、美国公司和中国公司竞争的格局。

二、开展浙江省建材行业对非洲产能合作

浙江建筑业多年在全国保持领先水平，产业集中度较高，具有较强的国际竞争力。行业面临的产能过剩问题与全国类似，建筑业依赖国家固定资产投资拉动的高速增长已经过去，加上市场回归理性，无序竞争局面正在扭转，人力成本持续增高，供过于求的矛盾将更加突出。因而浙江建筑业也有较强的产能合作动力和能力。浙江水泥、玻璃、电解铝等建材行业产能的绝对性过剩已经显现。尽管水泥、平板玻璃、电解铝行业在全国也属于绝对性过剩，但浙江产量并不大，已经过多年的产业结构调整，已没有属于淘汰的落后产能，但相当时期内产能大于需求，仍然为绝对性过剩。

近年来，为促进经济持续发展、提高人民生活水平，非洲各国政府大力投资基础设施建设，兴建土木、扩建工程，并把改善居民的居住条件和配套设施列为国家发展规划重点，为浙江省建材行业走进非洲带来了巨大的市场需求。浙江省的建材产品无论从产品品种、档次，还是价格而言，在非洲市场都极具市场竞争力。

三、拓展浙江省对非洲轨道交通装备市场

目前，浙江高端装备制造业已具有发展氛围浓厚、产业基础扎实、集聚

程度较高等优势。2016 年，浙江已拟定全省综合交通运输发展"十三五"规划，五年内将重点实施轨道交通"54321"工程：加快推进省际省域干线铁路、都市圈城际铁路和城市轨道交通建设，全省计划投入 5000 亿元（其中包括城市地铁 2500 亿元），轨道交通营运总里程达 4000 公里以上，建成营运杭黄、商合杭铁路等 30 多个重点项目，进一步支撑强化杭州、宁波两个国家级综合交通枢纽城市和沪昆、沿海两个国家级高铁主通道，构建多层次一体化轨道交通网络体系，努力打造杭州至各设区市 1 小时高铁交通圈。

中国企业大力拓展非洲轨道交通市场。2016 年 10 月 5 日，中国浙江省企业参与建设东非国家第一条电气化铁路——亚吉铁路，全部采用中国标准和中国装备建设，2015 年还建成了埃塞俄比亚建成了第一条现代化城市轨道交通——亚的斯亚贝巴轻轨。非洲轨道交通装备市场缺口极大，部分国家急需集运营、管理、服务于一体的轨道交通装备，浙江省企业可以在此领域大有作为。

四、提升浙江省电力企业在非洲的竞争力

浙江省电力行业产能优势明显。截至 2016 年末，浙江电力总装机达到 8215 万千瓦（是 2003 年末的 7.6 倍），特高压线路和省际联络线供电能力达到 1800 万千瓦以上，天然气可供量达到 86 亿立方米以上，全省清洁能源装机达 2016.95 万千瓦，比 2010 年底增长 37.3%。能源保障能力显著增强，浙江也迎来较为宽裕的能源供应形势。

当前，非洲很多国家共同面临的最大问题就是都存在电力缺口，需要建更多的电站，发展电力工业。近年来，非洲人口在不断增长，生活水平在不断提高，人们开始使用更多的家电设备，需要不断扩大装机规模，来满足这些增长的电力需求。非洲国家日益扩大的供需缺口使得建设新电站的迫切性十分突出，尽管尼日利亚、埃及等非洲国家也尝试了一些需求侧管理，以及降低输配电线损等措施，不过效果不甚理想，未来电力项目的开发是浙非产能合作的又一着力点。

五、推动浙江省石油化工领域在非洲投资

近年来，浙江石化工业投资绝对值在全国位次逐步后移，仅居全国第13位；而在投资增长幅度上，居全国第25位。目前，浙江石化行业整体运行正呈现以下特点：工业产值呈企稳回升趋势，但是产品价格仍在低位徘徊；企业经营状况虽略有改善，但要素成本的压力仍然较大，主要体现在环保、能耗考核指标日趋严格，人工成本又不断上升；盈利效益逐步回升，但目前仍低于工业平均水平；新产品产值增幅较为明显，但行业投资乏力的现象未得到扭转。

非洲大陆资源丰富，部分石油资源丰富的非洲国家可以承接浙江省化工领域的产能转移。2016年6月，非洲南部最大的石油天然气项目——非洲复兴管道已经开始运作，全线2600公里，总投资约60亿美元，以纯商业模式运作，由莫桑比克、南非和中国浙江企业共同实施。

六、提高非洲与浙江省轻工纺织合作水平

浙江纺织业绝对性过剩和结构性过剩交织。浙江纺织业产能总体上处于全国先进水平，部分领域在国际上也有较强竞争力，目前产能已略大于需求。由于劳动力成本、能源成本、运输成本、环境治理成本高等因素影响，浙江低档纺织品加工的成本优势已完全丧失。不过浙江纺织业在经历相当长一段时间的高速发展后，已经先于工业经济进入调整期，虽然总量规模扩张的速度有所放缓，但产品质量不断提升、内部结构不断优化的步伐持续加快，产能合作的动力和能力较强。非洲或许是纺织服装行业的最后一块"价值洼地"。

非洲很多国家已将纺织业列为重点发展行业，在发展纺织业方面表现出各自的优势：纺织业在埃及是一个传统领域，埃及拥有较为完整的纺织生产链，纺织品市场规模在非洲名列前茅；在莱索托，纺织业已经成为最大的就

业支柱，几乎占50%的正式就业岗位，劳动力成熟；莫桑比克纺织业在吸引外资上的优势主要是国内政局稳定、生产优质棉花、土地和劳动力成本低廉。非洲东南部地区在非洲拥有最具活力的纺织行业，且是重要的产棉区，近年来更吸引了大量的浙江省企业在此投资兴业。

七、加快浙江自主品牌汽车走向非洲市场

浙江汽车业结构性过剩和成长性过剩交织。浙江省共有整车汽车生产企业16家、改装车及专用车生产企业28家、低速汽车生产企业2家，从业人员近20万人，产品涵盖轿车、豪华客车、客车和底盘、重型车及底盘、SUV、皮卡和微面及特种改装车中的大多数品种，已形成了以大众、福特、吉利、青年、众泰、吉奥、裕隆等汽车公司为主导，其他整车、专用车生产企业为骨干的产业发展格局。全国汽车产能结构性过剩问题已经显现，加上浙江汽车业以中小企业为主，规模偏小，生产集中度不高，产品开发能力弱，不掌握核心技术，造成竞争能力不强而产能过剩。

目前，中国北汽已在埃及等北非市场有较好的市场开拓。而在南非，长城汽车的市场保有量也达到了5万台，南非汽车市场是整个非洲大陆最为完善的市场。随着中国汽车制造商在埃塞俄比亚加大投资力度，组装更多的汽车，该国致力于在未来20年内将自身打造成为非洲最大的汽车制造国。故而，在中非产能合作的大背景下，浙江省汽车生产企业可以更多地参与非洲主要国家的企业行业产能合作。

八、提高浙江信息通信企业在非洲竞争力

浙江省是中国首个国家信息经济示范区，在"互联网＋"、大数据产业发展、新型智慧城市、跨境电子商务、分享经济、基础设施智能化转型、信息化和工业化深度融合、促进新型企业家成长等方面走在全国前列。浙江各市、县城和行政村实现光纤网络全覆盖；在全国率先开展4G网络建设和业

务应用，实现城市、县城、乡镇全覆盖和主要行政村基本覆盖。

非洲国家电信业整体发展水平相对落后，部分非洲国家之间的电信业发展不平衡，城乡之间存在数字鸿沟，固定电话与移动电话的发展差距很大。然而，非洲国家正在以每年36％的增长速度发展电信和信息技术，这一速度是世界平均增长速度的2倍多。浙江信息通信行业发达，电子商务有很强的竞争力，可以参与非洲国家信息网络建设、运营和服务，逐步搭建有助于非洲发展的现代化信息通信网络，支持非洲建设信息社会、发展数字经济，并与当地产业发展结合起来，改善浙非产能合作信息通信条件。

九、推动浙江省航空航天装备对非洲输出

浙江在航天及高端制造领域有深入的布局和发展。自2016年以来，浙江省开始大手笔布局航天产业。2016年10月，美国波音公司首个海外工厂最终落户舟山，主要负责舟山航空产业园区的投资、开发和建设，为航空产业园区基础设施建设提供资金保障。2017年1月13日，北京蓝箭空间科技有限公司与丹麦GomSpace公司13日在杭州签订火箭发射服务协议，这是国内民营商业航天企业承接的第一笔国际市场商业火箭发射服务的订单。

非洲航空航天装备制造业主要集中在南非。非洲航空航天防务展每两年在南非举行一次，是非洲地区最大的航空航天防务展，集中展示军用装备、警用装备、民用航空装备、人道主义救援和灾害管理设备等。2016年以来，中国政府与非洲13个国家和区域组织签订了航空合作备忘录；一批机场、航站楼等航空基础设施项目正在有序推进；中国国航、南航等航空公司与非洲国家新开通了埃塞俄比亚、南非、肯尼亚等多条直飞航线。中非航空合作已经成为新时期中非经贸合作的重要内容之一，尽管浙江省航空航天装备企业发展还处于初始探索阶段，但是未来与非洲国家合作潜力巨大、前景广阔。

十、开拓非洲海洋船舶工程装备高端市场

浙江船舶业和海洋工程装备在全国位居第三，处于领先地位，但是船舶

产品以出口销售为主，受国际市场影响大，3 万吨级以上造船产能相当部分缺乏竞争力，3 万吨级以下造船产能没有竞争力，属于落后产能，不过行业存在与非洲等发展中国家的产能合作空间。近年来，浙江不断加大涉海项目投入，着力打造大宗商品交易平台、海陆联动集疏运网络、金融和信息支撑系统等"三位一体"港航物流服务体系，重点扶持发展海工装备与高端船舶制造、海水淡化与综合利用、海洋医药与生物制品等八大现代海洋产业，初步构筑起以宁波、舟山为中心，温台杭嘉为两翼的海洋经济发展格局。

非洲有 34 个国家和地区濒临海洋，6 个海岛国家和地区，还有多个拥有内陆水域的国家，全非洲有主要港口三十多个。然而，非洲的船舶制造业才刚刚起步，工业化程度较低。非洲石油产业的发展也离不开造修船业的支持，巨大的市场需求迫使非洲的船舶工业、海洋装备制造业会快速发展起来。结合"一带一路"倡议和我国造修船企业需要"走出去"的现实情况，浙江省船舶和海洋工程装备企业会在非洲迎来难得的历史发展机遇。

第五节　浙非产能合作的提升路径

目前，浙江省的基础设施建设和加工能力十分强大，已经由当初的产能引进变为产能输出。但在输出的过程中，应充分照顾到非洲产能接纳国人民的心理舒适度，避免给人留下"污染、落后、高能耗过剩产能输出国"的印象。凡是产业比较薄弱的非洲国家，往往是资本短缺的国家。中国浙江省的"富余产能"转移，必然伴随资本输出的过程，只有得到金融业强有力支持，"富余产能"转移才能落到实处。整体而言，浙非产能合作的提升路径可以从短期、中期与长期三个方面分析：

一、短期路径：浙江省产能优势企业积极走进非洲

产业：浙江省新兴产业发展迅速；传统工业制造业的过剩产能外移，浙

江省产业的科技含量科研水平进一步提高。

经济：浙江省发展速度保持中高速，经济发展由粗放式向集约式进一步发展，浙江省经济发展同时注意与环境和社会的和谐。

企业：浙江省企业"走出去"成为趋势，省内国企、民企把握契机进行产能输出，在非洲大陆范围内进行资源优化配置。

二、中期路径：创新驱动引领浙江省产业整体升级

产业：新兴产业、先进装备制造业成为浙江省产业主力，从产品输出向产能输出的方向发展；浙江省传统工业制造业在科创驱动下完成升级，在更高层次（如高技术产能输出）上进行浙非产能合作。

经济：浙江省发展速度稳定在中等速度，经济发展质量提高，绿色经济成为主流。

企业：浙江省企业集中资源进行研发创新，企业在全球价值链中的地位进一步提高；浙江省产生更多具有国际影响力的跨国企业，在非洲乃至全球范围内有完整的产业布局和明晰的发展战略。

三、长期路径：浙江省顺势而为制定非洲发展战略

企业级战略：浙江省企业把握时代趋势，制定合适的发展型企业战略。

业务单位战略（竞争战略）：浙江省企业针对具体业务，合理分析业务所处状态，制定相应的业务。

单位战略：浙江省企业对于存在产能过剩的业务，积极寻求非洲市场，探索实施浙非产能合作的可能。

职能战略（"走出去"战略）：浙江省在进行浙非产能合作时，全面综合分析"走出去"的机遇和风险，制定完善的"走出去"战略。

第二章

浙江省跨境电商发展的 SWOT 分析

浙江省作为中国率先发展、走在前列的电子商务大省，也是我国对非洲经贸合作的重要省份，在非洲电子商务市场大有可为。中国与非洲经贸关系日趋紧密，过去 15 年间，中非贸易额由 100 亿美元跃升到 2200 亿美元，中国对非洲的投资存量也从 5 亿美元增长到近 300 亿美元。近年来，利用跨境电商平台，中国商品通过扁平化链条快速进入非洲，迎合当地市场需求，已经成为很多中国商家的选择。

第一节　浙江省跨境电商发展的优势

一、区位发展优势

浙江省以及所处的长三角地区，块状经济明显，地方专业化市场众多，小商品生产能力独具优势，适合跨境出口的产品多、门类全，网货资源丰富。2016 年浙江全省出口 1.77 万亿元，这为跨境电子商务出口提供了良好的贸易基础；浙江中小微企业多，超过了 100 万家，占全省企业总数的 96％，中小企业机制灵活，非常适合开展跨境电子商务，为跨境电子商务发展提供充足的网商群体。除此之外，浙江的港口城市，如宁波（已被设立为跨境电子商务试验园区），在集装箱运输上是浙江物流运输的优势。而且，浙江毗邻上海，对外的货物运输交通便利。

二、经济基础雄厚

改革开放以来，浙江省经济发展十分迅速。根据全国各省份陆续公布2017 年一季度经济数据，浙江省一季度 GDP 总值达到 10552 亿元，首次突破万亿元大关。在增速上，4 个"万亿"省份中，浙江则成为了领跑省份，涨幅达到 8%，比全国同期高出 1.1 个百分点。经济发展效果显著，与以信息经济为代表的"八大万亿"产业表现亮眼有关。同时，省政府推行的"互联网＋政务"改革，也为经济运行注入了润滑剂，使得浙江成为国内经济摩擦系数最小的省份之一。雄厚的经济基础是跨境电商基础设施建设的基础，是创立和维护完善的物流体系的保障，是培养和招揽人才的要素。

三、产业集群明显

浙江跨境电子商务发展在全国乃至全球处于领先地位。浙江拥有众多跨境电商企业，拥有全球最大的 B2B 电子商务平台阿里巴巴、全国最大的民营网络支付平台支付宝、全国领先的生产资料 B2B 交易平台公司网盛科技、全国领先的大宗商品现货交易平台新华大宗等。同时，浙江省拥有阿里巴巴（中国）网络技术有限公司、浙江网盛生意宝股份有限公司、金华比奇网络技术有限公司、浙江物产电子商务有限公司、浙江英特药业有限责任公司等浙江省电子商务综合 10 强企业；拥有天猫（浙江天猫技术有限公司）、淘宝网（淘宝中国软件有限公司）、生意宝（浙江网盛生意宝股份有限公司）、中国化纤信息网（浙江华瑞信息资讯股份有限公司）、义乌购（浙江义乌购电子商务有限公司）等浙江省电子商务第三方平台 10 强企业；拥有宁波奥克斯空调有限公司、顾家家居股份有限公司、杭州郝姆斯食品有限公司、奥康国际电子商务有限公司、宁波中哲慕尚电子商务有限公司等浙江省电子商务网络零售（含 B2C）10 强企业；拥有杭州熙浪信息技术股份有限公司、浙江国技互联信息技术有限公司、杭州酬诚信息技术有限公司、中国邮政集团公司浙江省分公司、浙江网仓科技有限公司等浙江省电子商务服务 10 强企业；拥有东方电子商务园（杭州东方电子商务园投资发展有限公司）、杭州电子商务产业园（杭州电子商务产业发展有限公司）、金华电子商务创业园（浙江电商信息科技有限公司）、建华文创园（杭州建华文创产业股份有限公司）、国智电子商务产业园（浙江国智科技产业开发股份有限公司）等浙江省电子商务产业基地 10 强企业；拥有义乌中国小商品城（浙江中国小商品城集团股份有限公司）、海宁中国皮革城（海宁中国皮革城股份有限公司）、浙江永康中国科技五金城（浙江中国科技五金城集团有限公司）、网上轻纺城（浙江中国轻纺城网络有限公司）、中国塑料城（浙江网塑电子商务股份有限公司）等浙江省电子商务专业市场 10 强企业；拥有阿里巴巴（中国）网络技术有限公司（速卖通）、浙江全麦网尚电子商务有限公司、中基宁波集团股份有限公司、义乌市吉茂电子科技有限公司、温州海纳进出口有限公司等浙江省电子商务跨境 10 强企业；拥有浙江顺丰速运有限公司、中国邮政速递物流股份有限公司金华市分公司、中国邮政速递物流股份有限公司杭州市分公司、宁波中通物流集团有限公司、浙江世通物流有限公司等浙江省电子商务物流 10 强企业；拥有浙江一达通企业服务有限公司、浙江赶街电子商务有限公司、杭州艺福堂茶业有限公司、浙江横店影视城有限公司、浙江天下网商网络传媒有限公司等浙江省电子商务模式创新 10 强企业；此外，杭州昌化镇白牛村、宁波崇寿镇傅家路村、绍兴黄泽镇甲青村、义乌江东街道青岩刘村、台州白鹤镇鹤栖新村等村被属于浙江省电子商务专业村 10 强。[①] 这些电商企业或电商专业村齐聚浙江，为浙江发展跨境电商提供了莫大的助力。

四、科技实力强大

浙江省是全国科技实力较强的省份之一。浙江省围绕"自主创新，重点

---

① 《浙江省"十二五"电子商务百强名单》，浙江省商务厅政务网（2016 – 09 – 21）。

跨越，支撑发展，引领未来"的科技工作方针，通过多年的探索实践，浙江省已经走出来一条独具浙江省特色的科技发展模式和技术发展道路。根据《中国科技统计年鉴》统计，2016 年浙江专利授权总量超过 22 万件，其中发明专利授权量 2.6 万余件，居全国第四位。大数据、云计算、移动互联网、3D 打印和 FRD 等新技术的创新应用，将不断提升电子商务智能化水平、优化物流配送流程、加强信息安全保障，强化电子商务发展新支撑。浙江不仅入驻了甲骨文这样的科技"强国"，更有本土企业阿里巴巴的支撑，在跨境科技方面一直领跑着全国，推出了"单一窗口""eWPT"这样的解决贸易纠纷的平台。强大的科技实力是浙江省跨境电子商务领先于其他省区的坚实基础之一。

五、基础设施完备

浙江优越的开放基础、扎实的信息产业、发达的物流产业、优势突出的线下园区等综合优势，为网上自贸区建设提供了坚实保障。线下平台发展基础好，拥有杭州、宁波、金华、义乌等众多跨境贸易电子商务产业园区平台，这些平台均具备较为优质便利的网络运营、物流、仓储、金融等产业配套服务，集聚了一批跨境电子商务企业，并在跨境电商通关、结汇、退税等监管创新上有所探索（见图 2 - 1）。

六、管理模式创新

浙江的杭州、宁波、金华、义乌等城市作为全国跨境贸易电子商务试点城市，率先对跨境电子商务的监管进行大胆创新，积累了宝贵经验。率先建立了"集中监管＋定期申报"的出口模式，初步建立了海关、国检、税务、外管、电商、物流、银行等数据交换平台（单一窗口），有效实现电子单证联网协同，一定程度上建立了跨境电子商务行业的信息标准和接口规范，此外，海关直接监管模式的创立也大大缩短了通关信息的交互和审核时间，提

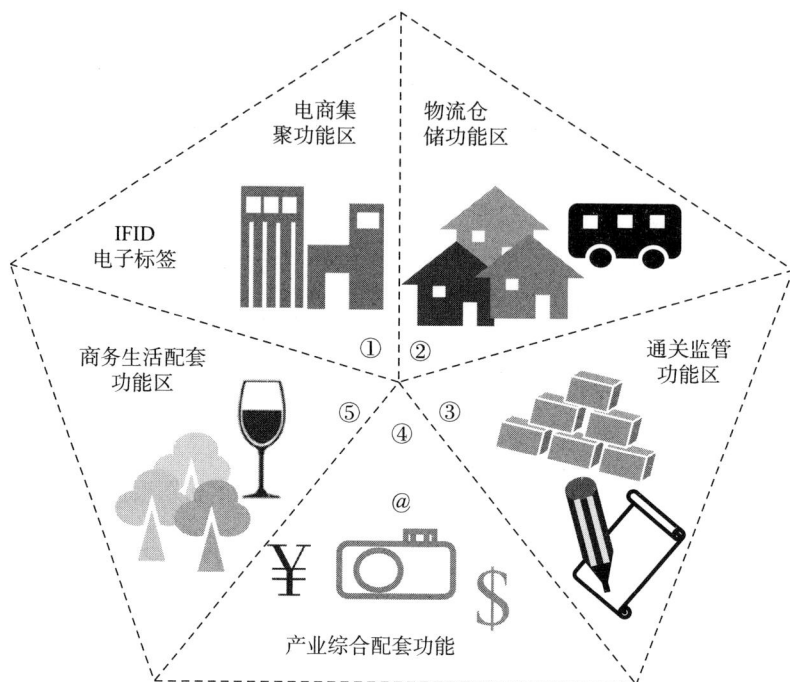

图 2－1　浙江跨境电商产业园功能配套

高了通关效率。浙江还率先建立了电子商务产品质量监管机制，运用云信息、云监管、云服务等手段，探索形成了对网上产品质量进行风险监测、网上抽查、责任追溯、属地查处和信用管理的新型监管方式。

以中国（杭州）跨境电子商务综合试验区为例。中国（杭州）跨境电子商务综合试验区在进口直邮、网购保税等方面充分利用海关特殊监管区域的政策优势，大大提高了海关通关率。杭州海关在下沙园区实行了"提前备案、即时验核"模式，将跨境电商数据接入海关监管系统，在全国试点城市中率先打通了跨境网购的下单、支付、物流等环节，实现了海关监管系统与电商企业数据的实时互通。消费者只要在跨境平台下单，订单信息会第一时间同步到海关监管系统，计算机自动计算所需税费，提升了跨境商品流转效率，可为企业节省约 60% 的通关时间。虽然下沙园区的日监管最高峰值曾达 12 万单，但由于信息化监管能力已渗透于跨境商品运输、报关、仓储、订单生产、查验、二次配送的全过程，杭州海关基本做到了"当日出单、当日验放"。

第二节　浙江省跨境电商发展的劣势

一、物流发展欠佳

浙江省跨境电商的国际物流大多数还依托于第三方物流，而我国的第三方物流公司多为规模较小、实力较弱的公司。在物流方式上，目前国内的跨境电商国际物流主要使用邮政包裹、国际快递、专线物流、海外建仓等方式（见图 2－2）。在运输方式上，国际物流运输主要依靠空运和海运。但是这些物流都存在一定的缺陷，或者成本太高，或者运输太慢，或者容易引发纷争等。而且国际物流运输体系相较于国内的物流体系，多了国际运输、海关与商检的过程。由于不同国家对物流运输的要求各不相同，海关商检过程也十分复杂，但我国的物流公司普遍规模较小，实力不足，无法满足现代物流对功能健全、高质量高服务的要求。除中国邮政、EMS、顺丰等快递公司外，国内的快递公司大都没有国际派送能力，被 FedEx、UPS、DHL、TNT 等全球四大快递公司垄断。[①]

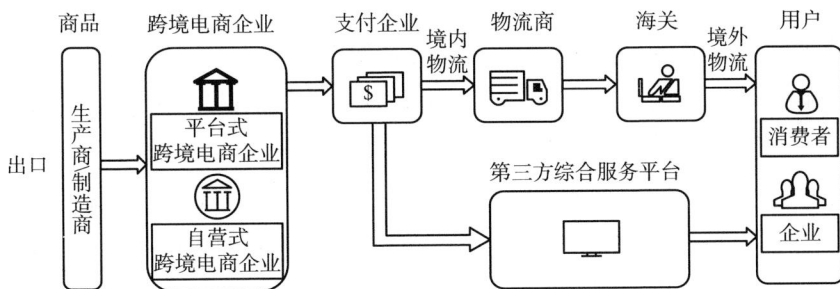

图 2－2　跨境电子商务出口流程

---

① 祁琦、杨雅芬：《浙江省跨境电商发展模式及策略研究》，载《对外贸易》2017 年第 2 期。

二、制度体系漏洞

浙江省跨境制度体系漏洞包括以下多个方面：首先，尽管海关总署、国家税务总局、外管局、质检总局都出台了相应的跨境电商政策监管跨境电商进出口货物，但是由于在政策实施过程中面临的新问题，许多品种货物仍然无法进行结汇退税，甚至无法出口或出口程序过于烦琐。其次，浙江跨境电商出口的产品类型繁多，并且数量庞大，出现不合格产品的概率大幅度提高，而政府相关部门尚未出台合适的法规政策确保产品的合格率，在一定程度上影响了浙江跨境电商的信誉。再次，浙江中小型企业在浙江跨境电商经营主体中占重要比例，而政府尚未出台相应的法律法规政策扶持中小型企业的发展，在一定程度上影响了浙江跨境电商的发展速度。最后，在跨境电商进口方面，部分信用体系没有完善的法律约束，"假授权"的事件不断曝出，不少跨境电商拿到的所谓的授权多是来自于国内的生产厂家，浙江跨境电商发展壮大的同时也有信用不足的缺陷。

三、市场主题单一

浙江发展跨境电商的市场主题比较单一，经营层次不高。目前浙江跨境电商经营主要是淘宝的网商，供应链的服务能力较为薄弱、产品档次较低、售后保障能力比较差，发展空间实际上是受到了很大的限制。近几年，在国家政策的推动下，传统外贸企业也纷纷开始涉及跨境电商业务，总体上发展趋势良好，但所占的比重不高。淘宝网商有较好的网上运营经验，但整个供应链服务能力较弱，发展空间受限。而传统外贸企业具备商品制造、外贸服务等方面优势，但网上销售经验不足，前期启动难度较大。问题的根源在于浙江缺乏综合型跨境电商服务企业，不能够为当地的企业提供一站式服务，是以大多数企业的发展空间局限。

四、品牌竞争力弱

虽然浙江省的出口在全国占较大比重，但出口产品很多时候靠低价取胜。而随着人民生活水平的不断提高，消费者不只关注价格，更在意产品质量和用户体验，往更高一层来说，是品牌特色。像汽车品牌宝马、奔驰，化妆品品牌香奈儿、迪奥等国际名牌，尽管价格不菲，但产品竞争力依然很强。而目前，浙江省的众多品牌中，拥有较高国际知名度的并不多。多数产品附加值低，可替代性强，导致品牌竞争力不足。

五、产品质量不高

与传统的外贸模式不同，由于跨境电商的门槛较低，经营主体较复杂，对产品质量问题视若无睹，专利意识也比较薄弱。此外，零售商品所占比重也比较大，商品来源模糊不清，卖家对产品的质量的问题关注度不够。导致劣质、伪劣商品进入电商市场。电商信誉较差，来自于国外买家的投诉也屡见不鲜。浙江检验检疫局 2016 年抽查跨境电商消费品 120 批，涉及天猫国际、网易考拉、京东全球购、贝贝网、蜜芽、唯品会、苏宁海外购等各大电商，检测不合格率高达 57.5%，不合格项目包括标识标签、功能性、磨毛和色牢度等。主要不合格产品为儿童服装、食品接触产品、玩具、婴儿纸尿裤等。

六、大型企业较少

虽然浙江跨境行业产业集群明显，但是主要以中小型企业为主体。而这些中小企业，由于资金和人才的缺乏，他们对跨境电商的认识并不足，缺少对跨境电商的整体规划，从而导致其对跨境电商的投资相对较低。目前搭建跨境电商平台中小企业的公司较少，中小型企业主要还是要利用阿里巴巴国际站等 B2B 平台和速卖通、亚马逊、eBay、Wish 等 B2C 平台进行营销，很多中小企业目前还是停留在网点的铺设和产品展示的环节上，尚未发掘电商的真正潜在价值和真正对产业提升的意义。所以，即使有阿里巴巴这样的领头羊，跨境电商这个概念也依然没有贯彻到底。

第三节　浙江省跨境电商发展的机遇

一、跨境政策保驾护航

2012 年 12 月 19 日，海关总署宣布设立全国首批 5 个跨境电商服务试点城市就包含浙江省的杭州和宁波。2013 年 8 月，浙江省政府印发了《加快建设国际电商中心的实施意见》，使接下来浙江省跨境电商的发展方向更加明朗。2015 年 3 月 7 日，国务院又批复杭州成为全国首个跨境电商综合实验区，加快跨境模式发展和监管服务制度创新。2014 年 7 月 23 日，海关总署发布的《关于跨境贸易电商进出境货物、物品有关监管事宜的公告》，更为详细地规定了跨境贸易操作流程和监管事宜，同时也为企业实行 B2C 跨境电商模式提供制度保障。

此外，浙江省政府也为跨境电商的发展提供了有力支持，2014 年 4 月 19 日，颁布《浙江省跨境电商实施方案》，建立健全跨境电商服务体系和业务体系。2016 年 1 月 19 日发布了《关于大力发展电商加快培育经济新动力的实施意见》，从产业体系建设、人才培训、行业管理等方面提出举措，确保电子商务在"十三五"期间又好又快发展。

中共十八大以来，国务院相继出台一系列促进电子商务发展的政策文件，包括加快培育经济新动力、"互联网＋"行动、促进跨境电子商务、推进线上线下互动、促进农村电子商务、深入实施"互联网＋流通"行动计划等，有力推动了行业发展，同时也对加强顶层设计、形成政策合力提出了更高要求。全国性的利好政策也为浙江省跨境电商的发展提供了莫大的助力，见表2 - 1。

表 2－1　　　　　　　　**2013 年 3 月至 2017 年 4 月跨境电商利好政策**

时间	政策（文件）	大致内容	影响
2013/3/17	《支付机构跨境电子商务外汇支付业务试点指导意见》	支付跨境电子商务发展，规范支付机构跨境互联网支付业务，防范互联网渠道外汇支付风险	为跨境电商支付提供了保障
2013/8/21	《关于实施支持跨境电子商务零售出口有关政策的意见》	建立电子商务出口新型海关监管模式并进行专项统计，建立电子商务出口检验监管模式，支持电子商务出口企业正常收结汇	提高了海关通关效率，降低了通关税收有效地促进跨境电子商务的发展
2013/12/30	《关于跨境电子商务零售出口税收政策的通知》	电子商务出口企业出口货物同时符合相关条件的，适用增值税、消费税退（免）税政策；电子商务出口企业出口货物。不符合第一条规定条件，但同时符合下列条件的，适用增值税、消费税免税政策	
2014/2/7	《海关总署公告2014年第12号（关于增列海关监管方式代码的公告)》	适用于境内个人或电子商务企业通过电子商务平台实现交易，并采用"清单核放、汇总申报"模式办理通关手续的电子商务零售进出口商品	有效打击了网购保税试点中的不规范行为。开放试点城市给予税收优惠，提高通关效率等举措支持新兴业态
2015/3/7	国务院批准设立杭州跨境电子商务综试区	主要任务是建立以信息为基础、以信用为核心、以技术为支撑的跨境电子商务新型监管服务模式，实现跨境电子商务自由化、便利化、规范化发展。其实现路径为：掌握信息数据→交易真实背景→电商信用体系→简化监管流程→优化综合服务。即通过构建信息共享体系、金融服务体系、智能物流体系、电商信用体系、统计监测体系和风险防控体系，以及线上"单一窗口"平台和线下"综合园区"平台等"六体系两平台"，实现跨境电子商务信息流、资金流、货物流"三流合一"，建立以真实交易为基础的电商信用评价体系，简化优化监管流程，并依托大数据的分析运用，提供金融、物流等供应链综合服务	通过制度创新、管理创新、服务创新和协同发展，着力破解制约跨境电子商务发展中深层次的问题和体制性的难题，打造跨境电子商务完整的产业链和生态链，逐步形成一套适应和引领跨境电子商务发展的管理制度和规则，形成推动中国跨境电子商务可复制、可推广的经验，支持跨境电子商务的发展

续表

时间	政策（文件）	大致内容	影响
2015/6/16	《颁发国务院办公厅关于促进跨境电子商务健康快速发展的指导意见》	政府提供积极财政金融支持，建设综合服务体系，加强多双边国际合作，要求跨境电子商务国际合作、提升跨商务通关效率	优化了通关流程，鼓励外贸综合服务企业，鼓励建国外仓、体验店等
2016/4/8	《跨境电子商务零售进口税收政策》（简称"4·8"新政）	跨境电子商务零售进口商品的单次交易限值为人民币2000元，个人年度交易限值为人民币2万元。在限值以内进口的跨境电子商务零售进口商品，关税税率暂设为0；进口环节增值税、消费税取消免征税额，暂按法定应纳税额的70%征收。同时，税收由原来的行邮税调整为"关税+增值税+消费税"的组合	商品的价格有升有降，这会增加低门槛跨境电商的成本，却会丰富平台品类和拉开价格区间
2016/5/11	《商务部新闻发言人关于延长跨境电子商务零售进口监管过渡的谈话》	2016年5月11日起，我国对跨境电商零售进口有关监管要求给予一年的过渡期，即继续按照试点模式进行监管，对天津、上海、杭州、宁波、郑州、广州、深圳、重庆、福州、平潭等10个试点城市经营的网购保税商品"一线"进区时暂不核验通关单。"4·8"新政暂缓执行一年到2017年5月11日	包括国务院办公厅、商务部在内的多个部门在对新政的效果及影响进行了新一轮调研后，拟延长一年新政过渡期，除保留税率调整外，其他按照试点原有方式执行
2016/12/24	商务部、中央网信办和发展改革委三部门印发《电子商务"十三五"发展规划》	一是以"创新和开放"引领发展，加快电子商务提质升级。二是以"协调和创新"引领发展，推进电子商务与传统产业深度融合。三是以"创新、协调和共享"引领发展，发展电子商务要素市场。四是以"共享和创新"引领发展，完善电子商务民生服务体系。五是以"绿色、创新和协调"引领发展，优化电子商务治理环境	《规划》的编制充分注重与政策文件的紧密衔接，吸收现有政策文件的具体举措和分工内容，确保政策一致性和协调性

续表

时间	政策（文件）	大致内容	影响
2017/4/28	商务部等 5 部门印发《国际服务外包产业发展"十三五"规划》	提出了"十三五"时期服务外包产业的发展目标，到 2020 年，我国企业承接离岸服务外包合同执行金额超过 1000 亿美元，年均增长 10% 以上。产业结构更加优化，数字化、智能化的高技术含量、高附加值服务外包比重明显提升。提高服务外包标准化程度，培育一批具有国际先进水平的骨干企业和知名品牌。以服务外包示范城市为中心，扶持一批主导产业突出、创新能力强、体制机制完善的重点园区，形成区域特色鲜明、功能完善、差异发展的服务外包产业新布局。结合"一带一路"倡议，培育服务发包市场，推广和传播中国的技术和标准。鼓励政府和企业发包，壮大在岸外包市场，促进离岸和在岸业务协调发展	经济发展进入新常态，向形态更高级、分工更优化、结构更合理阶段演化的趋势更加明显。供给侧结构性改革继续深入推进，将加快推动各类资源要素向现代服务业聚集，为服务外包产业发展营造更加有利的环境。但我国经济发展方式粗放，传统比较优势减弱，创新能力不强等问题依然突出

资料来源：笔者根据多方资料汇总而成。

二、"一带一路"倡议

在"一带一路"倡议的推动下，截至 2015 年 7 月，国务院前后印发了 8 份涉及跨境电子商务的政策文件，敦促解决跨境电子商务出口所遇到的海关监管、退税、检验、外汇收支和统计等问题。同时，"一带一路"倡议给浙江跨境电商带来了互联互通的无国界贸易。浙江省在"一带一路"倡议的引领下，可以有效地整合全球优质资源，完善对外开放合作平台，也可以参与到全球市场经贸流通与合作，高效地对接全球优质供应商、服务商以及海外市场，带动浙江跨境电商的快速发展。浙江作为改革开放前沿地区和沿海发达省份，在"一带一路"中扮演重要作用：2016 年，浙江对"一带一路"沿线国家出口 867.15 亿美元，占全省出口的比重约 1/3；对沿线国家出口规模位列全国第二位，占全国 15.6%。

与此同时，浙江省可以加强与上海自贸区以及苏皖赣等周边地区的区域市场一体化发展合作，积极参与建立地方政府之间跨境贸易协商合作机制。发挥杭州、宁波、义乌等城市的作用，推广成功经验，带动省内其他城市跨境电商做大做强。也可以借势 G20 峰会效应，积极举办大型跨境电商博览会、高峰论坛，寻求更为广阔的跨境电商合作交流空间。

三、eWPT 的助力

eWTP（electronic world trade platform）的中文名称为"电子世界贸易平台"，旨在促进公私对话，推动建立相关规则，为跨境电子商务的健康发展营造切实有效的政策和商业环境。2016 年 3 月 23 日中午，阿里巴巴集团董事局主席马云出席博鳌亚洲论坛，在"eWTP：互联网时代的全球贸易规则"主题午餐会上，他呼吁全世界建立一个 eWTP 的平台。

eWTP 可帮助全球发展中国家、中小企业、年轻人更方便地进入全球市场、参与全球经济。作为《2016 年 B20 政策建议报告》中的重要倡议之一，eWTP 被广泛讨论。这一建议的具体措施包括孵化跨境电子商务规则，为跨境电子商务发展创造更有效、更高效的政策和商业环境；通过完善基础设施；推广最佳实践（如跨境电商试验区）等方式，促进跨境电商和数字经济的发展，解决中小企业尤其是发展中国家中小企业所面临的问题，帮助中小企业乃至个人利用互联网参与全球经济。

eWTP 是由私营部门发起、各利益攸关方共同参与的世界电子贸易平台，旨在促进公私对话，推动建立相关规则，为跨境电子商务的健康发展营造切实有效的政策和商业环境。eWTP 可帮助全球发展中国家、中小企业、年轻人更方便地进入全球市场、参与全球经济。eWTP 的提出为浙江跨境电子商务带来了新的机遇，更多的企业会投入到跨境电商这一产业中，并且中小企业的话语权将加大，在发生国际贸易纠纷时，买卖双方能够有一个环境良好的平等的沟通平台。

第四节　浙江省跨境电商发展的挑战

一、竞争愈发激烈

近年来，上海、重庆、深圳和郑州等其他城市也获得了国家的跨境电商试点，和杭州、宁波存在着很大的竞争。在经济上，这几个城市和杭州、宁波也是不相上下，特别是上海，浙江和上海相比，在经济、政策上的优势明显要少一些。上海是中国最大的城市，是试点区中唯一的一个自贸区；上海口岸是中国最大的口岸，海运、空运都占全国最大份额；上海政府在服务体系方案上规定最细致，流程最合规。并且上海和浙江相邻，和嘉兴、湖州、杭州距离较近，特别会对嘉兴、湖州这些小型城市的跨境电商发展产生压力。

根据中国电子商务研究中心监测数据显示，2016 年中国 B2B 电商融资地域分布上，排在第一梯队是北京、上海、深圳、杭州、广州；排在第二梯队是苏州、成都、苏州、南京、长沙、宁波、天津、青岛、重庆、西安、郑州；排在第三梯队是济南、石家庄、中山、福州、无锡、太原、泉州等 10 个城市。北京、上海、深圳等地凭借着良好的经济、产业基础、人才、电商发展等集聚效应明显，吸引了大量的创业企业选择落地。杭州在吸引投资方面与北京、上海相比，仍有很大差距。[①] 浙江虽然是跨境电商的鼻祖，但是北上广等地区的大力发展，为浙江的跨境电商发展带来了不少挑战。

二、跨境支付问题

对于跨境支付系统提供的国际贸易相对于国内第三方支付系统来说更加复杂，由此存在的问题也更加的多。以浙江省国际版的支付宝为例，阿里巴

---

① 中国电子商务研究中心：《2016 年度中国电子商务市场数据监测报告》，可参见 www.100ec.cn。

巴国际支付宝由阿里巴巴与支付宝联合开发，是为了保护国际在线交易中买卖双方的交易安全所设的一种第三方支付服务。国际版的支付宝跟国内支付宝不同，进入者存在一定门槛。就跨境电商出口来说，就存在因目标地区网购人群的文化、习惯、监管方式不同而导致支付方式的不同，这就给国际版的支付宝的发展带来障碍。首先，国际支付宝（Escrow）的第三方担保服务是由阿里巴巴国际站同国内支付宝（Alipay）联合支持提供的。全球速卖通平台只是在买家端将国内支付宝改名为国际支付宝。速卖通根据买家调研的数据，发现买家群体更加喜欢和信赖 Escrow 一词，认为 Escrow 可以保护买家的交易安全。而在卖家端，全球速卖通平台依然沿用国际支付宝一词，只是国际支付宝相应的英文变成了 Escrow。其次，国际支付宝是一种第三方支付担保服务，而不是一种支付工具。对于卖家而言，它的风控体系可以保护买卖双方在交易中免受信用卡盗卡的欺骗，而且只有当且仅当国际支付宝收到了买家的货款，才会通知卖家发货，这样可以避免在交易中使用其他支付方式导致的交易欺诈。再次，速卖通的买家页面已经用 Escrow 代替 Alipay，卖家发布产品时，不能够再出现 Alipay 一词，目前国际支付宝支持的支付方式有信用卡、T/T 银行汇款、PayPal，后续将会有更多的支付方式接入进来。此外，由于央行对于第三方支付市场套码、收单乱象的整顿，使原本成本高、利润薄第三方支付市场竞争更为激烈，国际版的支付宝需要开拓更多的新业务市场。

三、人才吸纳不足

浙江的经济根本是民营经济，其特点就是"草根性"，生产方式相对落后、行业领域非常广、市场空间非常大，但是吸纳人才的能力不够强。随着"电商换市""机器换人""智慧城市"等以信息经济为着力点的经济转型升级正在崛起，浙江省对各种综合性人才，特别是有外语能力和电商平台知识的综合性人才的需求就比较强烈。跨境电子商务属于交叉性很强的学科，既有国际贸易的特点，也有电子商务的特点，还有对外语的要求，企业对跨境电子商务人才的综合性需求较强。目前，浙江省多数企业不缺纯技术性的人才，企业也不缺高级的管理人才，大量的缺少的是真正能够具备综合能力从事业务的人才。特别是浙江省多中小型企业，此类的复合型人才更是少之又少。在企业运营和发展跨境电商的过程中，缺乏这样的人才不利于企业的可持续发展。在浙江很多地方，尤其是一些交通条件相对落后的山区，人才资源匮乏，对农村电子商务发展制约重重。因此，如何培养和招揽电子商务领域的综合型人才也是浙江发展跨境电子商务面临的一大挑战。

四、文化习俗差异

浙江发展跨境电子商务时遭到文化、习俗差异的困境。首先，网站购物平台功能不符合非洲人购物习惯。当一个用户一开始进入到一个网站，在浏览网站过程中，大多数中国跨境电商的网站，有一些功能的细节完全不符合当地人的浏览习惯，难以让客户产生好感；即使等到客户有需求，想要下单购买的时候，却因提供的支付方式不习惯，把客户挡在了门外。如非洲电商可提供货到付款服务，而中国跨境电商因为一系列问题而无法满足需求。其次，文化上的差异。在文化上，非洲文化以"慢"为主，非洲人的生活节奏、行事风格都比较"慢"，本土平台上呈现的商品也往往更精致，商品筛选的过程也更严谨。相较于国内"雷厉风行"的行事准则，进军非洲市场需要足够的耐心，足够的细致，必须要一步一个脚印，做到每一步都没有纰漏。由此，许多非洲本土化电商平台对于中国卖家进入土市场通常抱有戒心。最后，非洲客户注重本土化服务体验对于产品的安全标准、质检标准，非洲的线上线下产品都采用欧洲的统一标准，必须出具相关的质检报告，而这些对于国内卖家来说都是相对欠缺的。

第三章

非洲国家电子商务发展综合评估

当前，跨境电子商务不仅在我们熟知的欧美、东南亚等地快速发展，而且已经延伸到了广阔的非洲地区，特别是非洲移动互联网的普及，电子商务逐渐被当地的政府和民众所接受。随着欧美经济陷入疲软，拓展非洲市场已经成为了全球资本的共识。非洲的通信基础设施发展迅速，沿海岸分布了宽带光纤电缆，陆地有 3G 网络，智能手机逐渐普及，越来越多的人口可以充分利用手机网络，所有这些因素都有利于非洲电子商务的可持续发展。

非洲作为电子商务崛起的又一块新兴市场，有着极大的发展空间和用户需求。越来越多的非洲供应商和采购商开始逐渐摆脱传统的面对面交易方式，新型的电子商务模式交易在非洲市场已经悄然盛行起来。

第一节　网络：3G 时代

非洲大部分国家 3G 网络基本覆盖，4G 网络覆盖部分核心区域，快速增长的年轻人口数量带动了网络发展需求。据不完全统计，非洲现拥有 3.3 亿网民，1/5 的人有网络购物经历。撒哈拉以南的非洲，尼日利亚、肯尼亚和南非的互联网用户排名前三位，分别占国家总人口数量的 51.1%、69.6% 和 49%。在撒哈拉以南非洲地区，移动互联网用户有望增长 20 倍。

一、网络连通性逐步优化提升

尽管非洲固定宽带市场的基数很小，但随着非洲运营商加快部署家庭和商业宽带的无线与光纤网络，非洲的固定宽带市场预计也会迅猛增长。电信咨询公司 Ovum 预测称，非洲光纤到户（FTTH）和光纤到楼（FTTB）的用户数将从 2014 年年底的 16.6 万增长到 2020 年年底的 120 万。[①] 尽管非洲总连接数增长放缓，并且区域产业面临竞争加剧与经济下行的双重困难，数据连接和基于数据连接的数字服务仍有大量增长的机会。GSMA 移动智库报告称，随着移动互联网的快速发展，非洲移动互联网注册人在过去 5 年翻了 3 倍。2015 年底，非洲有 3 亿移动网络注册人，预计 2020 年将增加 2.5 亿人。[②] 根据汉堡市场调查机构 yStats. com 的一份非洲调查报告表明，虽然非洲网络零售的发展落后于其他地区，不过随着该地区网络覆盖率的提高、基础设施的完善，特别是移动数据连接的发展，非洲的 B2C 市场规模预计将飞快增长。[③]

《爱立信 2016 年移动报告（撒哈拉以南非洲）》称，到 2017 年末，3G 网络的覆盖面将超过 2G 网络，成为撒哈拉以南非洲地区主要的网络连接方式。互联网使用率以 100% 的速度迅速增长。预计到 2019 年，75% 的手机用户将会使用 3G 或 4G 网络。该地区到 2019 年手机用户将达 9.3 亿，智能手机使用量将达 5.57 亿，同时宽带用户将达 7.1 亿。[④] 更多人接触网络服务和产品，有利于推动电子商务的发展。然而，美国皮尤研究中心发现，非洲 65% 的手机注册人仍然在使用功能机。因此，卖家有必要同时发展线上和线下业务，来充分抓住非洲市场。

[①] 《Ovum：2016 年非洲移动用户数预计将突破 10 亿》，199IT（2015 – 12 – 03）。

[②] 《Ovum：非洲电子商务的兴起，离不开这些因素……》，雨果网（2016 – 11 – 28）。

[③] 《2015 非洲各国 B2C 市场潜力分析报告》，雨果网（2015 – 10 – 09）。

[④] Ericsson Mobility Report, June 2016. See https：//www. ericsson. com/en/mobility-report（2017 – 07 – 07）.

二、精通数字经济的人口增多

电子商务在非洲悄然兴起，为亿万人的生活消费方式提供了另一种可能。非洲千禧一代人口越来越多，他们对数字经济非常了解，喜欢在网上购物、预订酒店、点餐等。电子商务卖家需要提供优质产品和个性化服务，来留住客户，保持竞争优势。《非洲观察》网站曾评价，"对于电子商务来说，非洲还是待开垦的土地，这里人口众多，资源还未充分利用。"正在起飞的非洲大陆，蕴藏着不少令人惊喜的"后发优势"。① 美国麦肯锡公司 2013 年发布《非洲雄狮走向数字化：非洲互联网的变革潜力》的报告指出，随着过去十年的经济快速增长和城市化浪潮，非洲已逐步进入数字经济时代。非洲 10 亿人口中，16% 为互联网用户，这一数量还在不断增长。② 非洲是互联网用户快速增长的区域，据世界银行 2012 年的报告，撒哈拉以南非洲的网民数量为8900 万，其中尼日利亚网民数量就占据了一半。③

三、光纤网络提升网络覆盖率

尽管国际上普遍认为移动互联网是实现大面积网络覆盖的唯一途径，但是非洲享受不到像在欧洲或美国那样的互联网服务，98% 的非洲人靠移动设备接入网络，而移动设备不能提供浏览互联网所需要的速度。由于缺乏固定连接线路，在非洲实现像欧洲那样的互联网服务，要花费 600 ~ 1200 美元。为了解决网络覆盖率问题，非洲著名的 Liquid Telecom 公司布下了迄今为止最大的光纤网络，将关注的重点应放在 3G、4G 移动网络上。不过受限于网络运营商提供的波段，实现覆盖农村地区的目标还有一段时间。实现连接农村居民的目的，需要低频波段（在 400MgH ~ 750MgH 之间）。同时，随着卫

---

① 韩晓明：《用电子商务改变非洲生活》，载《人民日报》2017 年 1 月 17 日第 5 版。
② 《麦肯锡：非洲互联网产业潜力巨大》，雨果网（2013 - 12 - 05）。
③ 《非洲最大手机运营商 MTN 加强对外合作，以加速非洲电子商务发展》，雨果网（2013 - 12 - 18）。

星技术的成熟和成本的平稳下降，卫星技术供应商也参与非洲网络覆盖中。[①]

四、网络经济的协同效应显现

互联网产业的发展不仅对非洲经济增长有帮助，对教育、健康、零售、农业和政府等行业和部门发展也有很大助益。特别是非洲金融服务行业将通过互联网技术的应用，大幅降低交易成本，扩大业务覆盖面。预计到2025年，非洲互联网产业产值将达到3000亿美元，60%的非洲人可以获得银行服务，90%的非洲人可以在日常交易和支付中使用电子钱包。移动金融服务收入将从目前的10亿美元，增至190亿美元。[②]

第二节 终端：智能手机

非洲拥有全球范围内增长速度最快的智能手机市场。随着廉价智能手机的推出以及上网费用下调，越来越多非洲民众开始上网浏览视频，使用各类APP，同时在社交媒体里互动。撒哈拉以南非洲地区互联网的发展，将有助于带动当地电子商务的发展。此外，中国的华为、小米、联想等大批中国手机品牌进入非洲市场，旨在让非洲手机用户体验新型触摸技术，满足人们对手机强大的分享功能、电池寿命长、内存大、照相机质量更优质等要求。

一、手机渗透率在非洲快速提高

非洲手机市场继续保持强劲增长，主要是由于手机产业竞争激烈、运营商提供新的数据服务，以及非洲经济快速增长所致。肯尼亚内罗毕大学发展研究所的一项调查显示，非洲目前的手机普及率已经达80%以上，阿尔及利

---

① 《非洲科技不发达，但是"不将就"》，雷锋网（2014 – 12 – 01）。
② 《麦肯锡：非洲互联网产业潜力巨大》，雨果网（2013 – 12 – 05）。

亚和塞内加尔的手机普及率高达98%，紧随其后的南非、科特迪瓦和肯尼亚也达到93%。由于缺乏固定的信息传播技术基础设施，加上昂贵的宽带使用费用，许多非洲用户借助手机等移动终端访问互联网，从而跨越固定互联时代，直接进入移动互联时代。根据 GSMA 移动智库数据显示，2015 年底，46%的非洲人（约合 5 亿多人）注册了移动服务。仅肯尼亚一国，移动渗透率达 88.1%，手机注册人超过 3780 万。手机和其他智能设备的使用，人们能随时随地了解相关产品信息，大大推动了电子商务行业的发展。① 非洲超过一半的城市消费者有上网设备。在非洲的一些主要国家，得益于低成本设备的引入，未来十年里智能手机的覆盖率将达到 50%。在非洲大陆上，智能手机普及率的增长在电子商务领域将会发挥重要的作用。②

美国皮尤研究中心（Pew Research Center）常年致力于非洲手机普及率的调查。据该中心的调查结果显示，非洲一部分地区已经迅速地普及了手机，一些地方甚至不再用固定电话，手机有愈发普及的态势。作为手机的使用者，调查显示，有 80%的人用于短信收发，50%用于拍照和摄像的，支付方面的占 30%，用于阅读政治新闻的有 21%，另有 19%的人通过手机使用社交媒体，17%的人用手机获取健康的相关信息，14%的人通过手机求职。研究还指出，稍微懂一点英语的人都会持有手机，这已成为一个趋势。③ 此外，也有媒体报道了非洲手机使用范围越来越广的新闻。美国有线电视新闻网（CNN）在 2012 年曾介绍过，非洲"使用手机的人"比"拥有电灯的人"还多；PBS 则是在 2014 年介绍，肯尼亚等国家创业人士增多的情况下，许多非洲人通过手机谈生意。④ 据盖洛普民调公司发布的数据，2013 年，撒哈拉以南非洲约有 65%的家庭至少拥有一部手机，这里是世界上移动技术市场发展最快的地区。不过，大多数家庭使用的并不是智能手机，而是只能通话和收发短信的低价功能手机。⑤

---

① GSMA, IR. 88 LTE and EPC Roaming Guidelines V16.0, July 5, 2017. See https：//www. gs-ma. com/newsroom/wp-content/uploads//IR. 88 – v16. 0 – 1. pdf（2017 – 07 – 07）.

② 《非洲：电子商务可弥补实体店不足的问题》，雨果网（2014 – 07 – 01）。

③④ 《非洲手机迅速普及，背后却曾伴随刚果妇女和儿童的泪水》，雨果网（2015 – 04 – 28）。

⑤ 《非洲移动支付推动电子商务迅猛发展，中国卖家可有机会?》，雨果网（2015 – 01 – 23）。

二、智能手机普及助推网络购物

非洲以快速增长的人口数量、持续发展的经济需求，成为智能手机最具潜力的消费市场。移动电话网络的普及改变了在撒哈拉以南非洲地区的通信现状，让非洲人从座机电话的阶段，直接跳到了数字化时代。根据移动行业贸易协会 GSMA 的数据，2016 年非洲的智能手机普及率为 40%，但到 2020 年将与全球持平，即占总人口的 2/3。[①] 南非 IDC 数据称，2016 年非洲市场的手机出货量为 2.15 亿部，其中 56% 为功能手机。智能手机市场大幅落后，2016 年在非洲的出货量为 9540 万部。受移动通信市场开发潜力大、移动通信基础设施条件明显改善以及非洲受众对移动通信新服务的高需求量推动，非洲目前已成为全球手机用户增长最为迅猛的地区之一，非洲智能手机去年整体增长 108%。[②]

智能手机的快速普及以及其在南非等地区更优惠的价格将会继续在未来推动网络购物的发展。世界知名的互联网服务商 PayPal 发布了一项有关消费者购物习惯的全球调查报告，报告显示，2015 年南非购物者在电子商务网站上的花费预估达到了 288 亿南非兰特，这个数字预计将会在 2017 年提高到 460 亿。那些在电子商务网站上活跃的消费者最喜欢购买非食品类产品，如服装、书籍、门票、音乐、视频和礼物等。这份报告也指出 59% 的网络购物者喜欢在国内电子商务网站购物，37% 的网络购物者表示他们会在国内电子商务跟跨境电子商务网站上购物，还有 5% 只选择跨境电子商务网站上购物。尽管在南非当地网络购物还没那么流行，但是随着产品种类的不断增加，产品价格范围更广，物流选择的改善以及人们对电子商务购物信心的加强，相信南非消费者会继续在网上购物。[③] 西部非洲的知名手机品牌 Airtel 在西非的三家市场中，智能手机的销量已经超过功能性手机。

---

① 《中国跨境电子商务积极布局非洲市场》，载《经济参考报》，2016 年 11 月 8 日。
② 《南非本土厂商即将投产 3G 智能手机，电池表现优异》，南非彩虹（2017 - 05 - 07）。
③ 《网络购物只占南非零售总额不到 1%！是什么阻碍它的发展?》，雨果网（2016 - 07 - 12）。

三、手机用户增长带动产业升级

非洲手机用户越来越多，大大推动非洲移动电子商务的发展。与经济发达地区人们通过电脑或平板上网不同，部分非洲人十分依赖手机，因为手机是他们上网的唯一工具。很多地方都是没有经过互联网的阶段直接就进入移动互联网阶段的，非洲就是这种地方中的一个。现在非洲的移动互联网有起飞的架势，对于当地的移动应用开发者来说可是利好的消息。非洲居民现在拥有的 SIM 卡就超过了 7.5 亿，尼日利亚、卢旺达、加纳和其他一些非洲国家的手机生产商和电信商从手机销量增长中获得了丰厚利润。据统计，尼日利亚作为非洲人口最多的国家，目前拥有非洲大陆最多手机用户数量，占非洲手机用户总量的 16%。紧随其后的分别为埃及和南非。相关数据报告预测，未来 5 年，非洲手机用户增幅最为明显的国家将集中在中东非地区，其中埃塞俄比亚、刚果（金）、厄立特里亚、马达加斯加有望实现手机用户超过 100% 的增长。①

根据麦肯锡 2013 年全球经济报道，非洲手机用户数量在 2001 年还不到 2500 万，而 2012 年则飙升到 7.2 亿。最近十年来，非洲手机用户的猛增让移动电子商务市场呈现爆炸式发展。非洲通过手机上网的人数甚至超越了台式电脑上网者，手机已经成为非洲较为普及的上网设备。② 为加快非洲电子商务的发展，非洲最大手机运营商 MTN 将与火箭互联网（Rocket Internet）和米雷康姆国际移动通信公司（Millicom）展开合作，创立非洲英特网有限公司（AIH），三方分别持有 33.3% 的股份，AIH 包括房地产门户网站和在线叫车服务等。③ 预计到 2025 年，电子商务产业为非洲 GDP 至少能够贡献 5～6 个百分点，与发达经济体例如瑞典、英国以及中国台湾的比例保持一致。由

---

① 李娜：《非洲智能机去年增 108%，中国厂商市占率 30%》，载《第一财经日报》2015 年 4 月 1 日。

② 《非洲电子商务：不扩张就死亡》，雨果网（2014 - 12 - 31）。

③ 《非洲最大手机运营商 MTN 加强对外合作，以加速非洲电子商务发展》，雨果网（2013 - 12 - 18）。

于手机运营商之间的竞争、新数据服务和经济增长的因素，非洲电子商务市场增长势头强劲，充满活力。

四、50 美元智能手机颇受欢迎

50 美元智能手机在非洲的普及速度已经超越了很多业内人士的预期。随着非洲用户将功能性手机换为智能手机，成本是一个重要的因素。如果智能手机开始冲击价格屏障，非洲将有新一轮发展的时机。智能手机的市场份额要想进一步提升，价格必须进一步下降，以便使那些来自非洲和印度的低收入人群可以负担得起。越来越多的厂商认为，非洲智能手机市场竞争的关键主要在于生产出廉价的设备：定价在 50 美元以下，具备智能手机的全部功能，支持本地语言以及具有地方特色。[①] 50 美元智能手机使用的将是 Mozilla 系统或与之相近的系统，完全由非洲技术人员设计，或者由跨国手机生产商推出。50 美元智能手机的功能和谷歌公司的 Chromebook 网络笔记本有着类似之处，用户可以安装 APP 和浏览需要的网络内容。50 美元智能手机可能会选用价格不贵的零件，但是肯定能满足用户对于智能手机的基本需求。50 美元智能手机将会是单核的，以此降低成本。随着非洲的振兴，特别是手机市场的崛起，50 美元智能手机将会成为非洲手机占据举足轻重的地位。[②]

中国华为出产的低端 3G Android 机——2011 年在肯尼亚售价 85 美元，2012 年跌至 50 美元。[③] 据美国有线电视新闻网（CNN）报道，南非一家初创企业将大规模生产价格约为 30 美元的智能手机，据称这也是非洲大陆首次制

---

① 2014 年 10 月，"科技振兴非洲联合会议"在南非约翰内斯堡召开。此次会议发起人加勒斯·奈特谈起了 50 美元智能手机的概念，以及它可能对于非洲产生的影响。价格 50 美元的智能手机采用便宜的零件，并且是单核机，但是可以满足人们上网的需求。

② 《50 美元智能手机在非洲受到欢迎》，雨果网（2014 - 10 - 13）。

③ 《非洲手机用户增长全球最快》，C 周刊（2012 - 11 - 16）。

造此类产品。① 因此，可以大胆预测，低价智能手机将在非洲拥有巨大销量，甚至会给非洲大陆带来革命性改变。当然，智能手机设备需要达到一个足够低的价位，但并不意味着其质量的下降。成本是制约非洲智能手机市场普及的一个重要的不可忽视的因素，但要成为合适的设备，需要合适的价格以及合适的内容，设备制造商和运营商仍需解决高昂的数据成本的问题。②

五、中国手机品牌带来发展机遇

非洲对于高质量、低成本的移动技术有着庞大的需求，中国手机非常符合非洲新兴中产阶级的需求和收入水平。中国手机公司生产了高质量产品，采用了最优秀的元件，同时提供了尽可能低的价格，非洲市场对此有着强烈需求，因而为非洲智能手机市场发展带来了新机遇。随着智能手机的爆发，更多的中国品牌手机厂商进入非洲市场，中国品牌厂商的市场占有率从 2012 年的 15% 上升到了 2014 年的 30%。③ 非洲市场成为中国海外的第二大市场原因有几方面：首先，非洲地区本身受制于经济因素，手机产业链以及配套缺失，不像其他地区拥有当地较强的手机品牌集群；其次，非洲地区居民对中国品牌的印象较好，中国手机往往在质量上可以得到保证；最后，非洲市场主要以开放市场为主导，渠道中 70% 为开放渠道，运营商相对比较弱势，这也使得那些自己做渠道、做品牌的手机厂商有较大的发挥空间。

目前，中国的华为、传音、阿尔卡特手机已经跻身非洲智能手机市场前五名。南非市场上廉价智能手机包括华为和阿尔卡特的产品，其售价在 40 美元左右。不过，当地公司产品的最大竞争来自 50 美元以下的白牌智能手机，

---

① 位于南非约翰内斯堡的 Onyx Connect 将生产一款四英寸的入门级智能手机，其售价约为 30 美元。这款产品将配置前置、后置摄像头，1GB RAM，8GB ROM 以及 1.3GHz 四核处理器，并使用 Android 最新版本 Nougat。Onyx 从某种程度能与中国华为的基本款智能手机相提并论，目前华为的产品在南非市场占据主导地位。可参见《南非本土厂商即将投产 3G 智能手机，电池表现优异》，南非彩虹网（2017 - 05 - 07）。

② 《非洲科技不发达，但是"不将就"》，雷锋网（2014 - 12 - 01）。

③ 李娜：《非洲智能机市场：中国厂商市占率 30%》，载《第一财经日报》2015 年 4 月 1 日。

这些产品由中国制造，然后出口到南非，冠以一个非洲品牌进行销售。[①] 根据 2015 年 8 月 22 日《福布斯》网站报道称，中国小米公司已经与非洲一家经销商合作，进军非洲市场。小米公司已指定 Mobile in Africa 为经销商，Mobile in Africa 已在 14 个国家设立了在线商店，负责撒哈拉以南非洲 50 个国家的小米手机销售。小米最初将在非洲推出两款产品，分别为红"米 2"（售价 160 美元，包含南非的进口关税在内），以及"小米 4"（售价 320 美元）。[②] 此外，华为公司是 2016 年非洲市场的第三大智能手机制造商，仅次于三星电子和传音科技。

第三节 支付：M - PESA 等

移动互联技术的推广不仅为互联网公司开拓非洲市场提供了机会，也为非洲开展手机银行等金融业务提供了广阔空间。非洲地域辽阔，有线网络无法覆盖到广大偏远地区，很多非洲人主要通过手机上网。从性价比而言，手机价格比电脑更便宜，同时可以随时随地上网，因而移动电子商务将成为未来非洲电子商务市场的主流发展趋势。手机银行和手机支付有可能取代银行卡和信用卡等传统业务成为非洲最为普及的金融业务方式。

手机移动支付是非洲较为值得信任的一种支付方式。近年来，以 M - PE-SA 为代表的移动支付在肯尼亚、坦桑尼亚等东非国家发展迅速，[③] 而 Jumia Pay、Konga Pay 则在西非尼日利亚开始普及，可以解决网络购物支付问题。由 CommsMEA 发行的调查报告显示，非洲已成移动支付市场的主力军，非洲多家移动运营商超过 10% 的总收益都来自移动支付。[④] 非洲移动交易金额预计 2020 年将达到 142.7 亿美元。由于其便利性，移动支付非常受欢迎。例如，Jumia Travel 平台上近 60% 的客户都是由移动支付结算，类似的方式还包

---

① 《南非本土厂商即将投产 3G 智能手机，电池表现优异》，南非彩虹（2017 - 05 - 07）。
② 《传小米将于下月进军非洲市场：已指定经销商》，新浪科技（2015 - 08 - 22）。
③ M 是移动、手机的意思，Pesa 非洲斯瓦希里语意思是"钱"。
④ CommsMEA Report, see http://www.commsmea.com/special-reports/（2017 - 06 - 27）.

括肯尼亚的 M – PESA 和坦桑尼亚的 Tigo – PESA。① 具体而言，非洲的支付系统主要包括以下几大方面：

一、M – PESA

M – PESA 是肯尼亚移动运营商 Safaricom 于 2007 年创造性地开发了一个基于功能机的面向无银行卡用户的移动支付平台，经过近 10 年发展，M – PESA 在肯尼亚做到了家喻户晓，近 90% 以上成年人都有 M – M – PESA 账号，业务渗透到肯尼亚人民生活中的方方面面，营业网点达 130000 个，进入相当偏远的山区，实现了只要有 Safaricom 信号就有 M – PESA 的程度。根据肯尼亚银行家协会（KBA）的调查，大多数肯尼亚人倾向使用手机进行金融支付，超过银行。在付账和转账方面，60% 的肯尼亚人使用手机，只有 30% 的肯尼亚人通过银行柜台，另有约 8% 的肯尼亚人使用自动柜员机，肯尼亚手机支付金额每天高达 20 亿肯先令（约 2353 万美元）。② 另据统计，在 2015 财务年度里，肯尼亚电信运营商狩猎通讯旗下的 M – PESA 服务的移动支付业务就创造了超过 3.3 亿美元的总收益，成为全球最成功的移动或在线支付服务。③

M – PESA 业务启动初期，主要采用了广告宣传辅以口碑传播营销。最初 M – PESA 是为方便小额贷款者用 Safaricaom 的话费进行收款和还款而推出的服务，后来演变为城市打工者将钱转账回农村老家的业务。基于其市场定位，Safaricom 公司采用了 "Send money home" 作为广告口号。清晰的品牌主张和强大的广告攻势很快赢得了用户，调查表明，70% 的用户是通过广告宣传接受业务，余下的 30% 用户则从朋友和家人那里获得了业务的口碑。此外，由

---

① Akwaja, Chima. (2017, February 28). "How Telecom Investments Is Driving Nigeria's e – Commerce Growth".

http://leadership.ng/business/574508/how-telecom-investments-is-driving-nigerias-e-commerce-growth. (2017 – 06 – 04).

② 《60% 的肯尼亚人使用手机金融支付系统》，雨果网（2014 – 01 – 23）。

③ 《非洲多家移动运营商移动支付收益超 10%》，中国电子商务研究中心（2015 – 07 – 07）。

于转账给 M－PESA 注册用户更便宜，发送方就有动力将业务向接收方介绍和解释。促使业务接收方尽快入网。这样，在移动运营通信网的巨大网络效应基础之上业务很快推广开来。

M－PESA 最初的功能仅包括存款、取款、汇款以及手机充值等最基本的功能；2010 年推出超市付款业务；2011 年推出超市 Visa 卡，用户可以通过其 M－Pesa 账户向国际预付费 Visa 卡转账；2012 年 M－Pesa 与 Equity Bank 和 Diamond Trust Bank 合作，M－Pesa 用户可以在合作银行的 ATM 机上取款。经过 5 年的发展，到 2013 年年底，已经客户数量达到 1710 万人，覆盖了肯尼亚绝大部分手机用户。2007 年推出手机支付业务之后几年的时间，M－PESA 的营业收入和客户数飞速增长；M－PESA 的年营业收入由 2009 年的 2.93 亿肯先令增长到 2014 年的 26.56 亿肯先令，5 年的时间增长了将近 10 倍；截止到 2013 年，M－PESA 客户数量达到 1710 万，为肯尼亚总人口的 35% 左右，覆盖肯尼亚绝大部分手机用户。①

M－PESA 的系统主要分为三大板块：代理系统、客户系统和后台系统。由于肯尼亚的银行网点很少，M－PESA 采取了和小型店铺合作的方式，小型店铺和 Safaricom 签约并注册成为 M－PESA 的代理商，形成了类似于银行网点的线下机构。有汇款转账需求的客户在各个代理商网点简单的录入基本信息，就可以免费注册 M－PESA，并在自己的手机上控制该账户。客户在代理商处实现电子货币和纸币的转换，并且实现异地转账功能。后台系统帮助客户实现在代理商处办理的异地转账业务等。②

M－PESA 取得成功主要取决于两大关键因素：不完善的金融市场和母公司渠道优势。金融服务的落后和金融机构的欠缺为 M－PESA 带来巨大的市场需求，肯尼亚的银行网点只有 1000 多个，定位为服务少数高端用户；在 M－PESA 推出之前，肯尼亚有 38% 的人口从没用过任何金融服务。母公司 Safaricom 的渠道网络使 M－PESA 在肯尼亚的成功成为可能，Safaricom 有 25000 多个多个代理商，而银行在肯尼亚只有月 1000 个网店，M－PESA 的代理机构主要有三类：分布在居住密集区的加油站、超市等小型店铺零售商；具有较

---

① ② 《M－PESA：风靡非洲的移动支付》，未央网（2016－03－24）。

多经营网点的品牌运营商；部分合作银行和小微金融机构。

M-PESA 之所以能够在东非国家里取得成功，关键就在于非洲人热衷于手机相关事物。非洲的手机普及量，以及即使在非洲最遥远的村落里都有不错的信号的事实，保障了这一技术的硬件基础。在一个村落里，对最穷的家庭来说，人们都可以找到一家贩卖手机通话时间的商店。这些店家就是 M-PESA 的骨干，顾客在那里最高可以花 500 美元来购买、交换一组访问代码，透过这组密码，用户就可以在全国各地的其他店家提领金钱。M-PESA 允许消费者、特别是没有银行账户的消费者，使用手机短信的方式实现相互间的转账。M-PESA 能够在肯亚取得成功，与许多肯尼亚的海外工作者有很大的关系。他们是透过西联汇款（Western Union）、速汇金（Moneygram）或是其他像哈瓦拉（Hawala）这种非正式汇款服务来把金钱寄送回家。在这样一个大多数民众都无法接触到金融机构的国家里，银行只为一小部分的精英服务，而 M-PESA 正好填补了这一大块的空缺。

然而，M-PESA 业务在其他非洲国家的推广受阻。Safaricom 的母公司 Vodafone 希望将肯尼亚的成功经验复制到其他国家，在 2014 年将 M-PESA 移动支付系统和 M-PESA 这个东非斯瓦希里语的品牌名复制到南非、坦桑尼亚、纳米比亚等国家。以南非为例，南非最大的移动网络 Vodacom 表示，他们已经开始关闭步履艰难的 M-PESA 移动钱包服务。2010 年，Vodacom 在南非发布了 M-PESA 业务。但是，他们的美好理想很快被现实的坚石所粉碎。公司最初的目标是 1000 万用户，考虑到他们本身的客户基础，实现这一目标似乎不成问题。但是，到 2016 年初，他们也只有 76000 名用户。[①] 经过 2 年多的推广，南非 Vodacom（Vodafone 南非子公司）在 2016 年宣布关闭其南非 M-PESA 业务。究其原因，南非的银行业本身远较肯尼亚的发达，各种金融产品基本面面俱到，遍及各个不同的消费层次，真正留给非银行领域的"外来者"的经营空间有限。南非也不像肯尼亚那样有数量众多的海外低端打工者通过非正式汇款服务把资金寄回国内。南非作为一个人均 GDP 6000 多美金，银行卡渗透率到 77% 的非洲"发达国家"来说，初始设计以面向无

① 《愿赌服输，Vodacom 关闭 M-PESA 移动钱包业务》，非洲时报（2016-05-10）。

银行卡用户的 M – PESA 遇到了前所未有的困难，原有的经验完全不可用，传统的 USSD 和 SIM STK 方式还不如银行卡方便。

二、Konga Pay

非洲尼日利亚电子商务巨头 Konga 于 2015 年 6 月公布了其支付工具 Konga Pay，这为平台用户提供了安全便利的支付方式，对尼日利亚的电子商务市场产生一定的冲击。尼日利亚网络购物主要的支付方式是货到付款，而 Konga Pay 上线后，用户可以在 Konga 网站上一键点击付款。每当消费者发起一项交易后，银行会发送安全验证码到用户的注册手机号上。任何已经在网站注册了手机号码和拥有银行账户的用户都可以使用 Konga Pay。此举也意味着用户不需要再开通网上银行就能实现网络购物。

Konga Pay 的使用方法简单而且安全。买家购物时，Konga Pay 会先保管消费者支付的钱，不会立刻打给卖家，消费者确认收到货且没有问题后再确认付款。Konga Pay 可以保护网站消费者的交易安全。消费者完全掌控自己的钱财，退货或者取消订单之后只要点击下就能立刻获得退款。使用 Konga Pay 不需要输入个人敏感信息如卡号或者网络银行密码。注册 Konga Pay 时，消费者需要选择银行，输入用户名、账号和出生日期，然后再输入发送到用户注册手机的验证码就可以完成注册了。每次用户购物付款时只需要输入银行发送的验证码就能完成交易。

Konga Pay 是尼日利亚许多银行的合作伙伴，双方之间的合作可以改变尼日利亚网络购物目前的状态，让消费者不用担心提前付款后商品质量和服务得不到保证。Konga Pay 已经和多家银行合作，包括 Diamond Bank、Ecobank、、FCMB、First Bank、GTB、、Heritage Bank、UBA 和 Zenith Bank 等，该公司计划与尼日利亚的大多数银行合作以推广 Konga Pay。[①]

---

① 《非洲电子商务 Konga 发布在线支付工具 KongaPay》，雨果网（2015 – 06 – 18）。

三、PayPal 与 PayGate

自 2009 年以来，南非国内电子商务市场保持着 30% 的增长速度，同时，其跨境电子商务销售额也逐年攀升，越来越多的欧美人在南非网站上购物。不过，南非跨境电子商务遇到了一个巨大的瓶颈：很多欧美人不信任南非网站，不敢在站内直接输入信用卡信息并完成支付。一些欧美消费者甚至表示，如果商家不提供西方流行的 PayPal 支付服务，他们是不会下单的。为了解决这个问题，PayPal 与另一个支付平台 PayGate 展开合作，为南非跨境电子商务卖家提供一个易于为欧美顾客所接受的支付方式。

PayPal 是一个颇受信任的世界知名支付平台，为网络购物者提供了简单而安全的支付服务。同时，也是世界上最受信任的收款平台，曾花费十年时间打造风险防控系统，降低网络欺诈的发生率。PayPal 在 200 多个市场里拥有 1.52 亿个活跃账号，为大大小小的公司打开了机会之窗。如今，PayPal 为南非的网络零售商提供这些服务。2014 年 9 月 15 日，PayPal 与支付平台 Pay-Gate 展开合作，旨在推动南非跨境电子商务业务。PayGate 与 PayPal 展开合作之后，PayGate 的用户可以简单地在复选框里添加 PayPal，他们无须设立新的账户或者进行额外的网页设置，就可以轻轻松松地使用另一种支付渠道。

根据 NorthStar 在 2013 年年底进行的一项研究表明，37% 的欧洲买家表示，如果海外卖家不提供 PayPal 的服务，他们不会进行跨境网络购物。对于南非网络零售商而言，增加 PayPal 支付功能将很大程度上促进他们的跨境电子商务销售额。很多海外消费者在南非购物网站里购买东西时都偏好使用 PayPal 进行支付。欧洲或者美国消费者要在一个南非网站里输入自己的信用卡信息，或许会不适应当地的支付系统，如今在 PayPal 的帮助下，这个地域性的障碍得到有效解决。[①]

目前南非当地的移动应用渗透率很低，尽管一些电子商务公司有推出移

---

① 《PayPal 与支付平台 PayGate 合作，为南非跨境电子商务搭桥铺路》，雨果网（2014 - 09 - 16）。

动 APP，但知道的和使用的人并不多。在这方面，零售商们仍然有很大的机会和发展空间。为提高消费者的在线购物体验，零售商都在朝着移动端购物和社交平台方向发展，将社交平台和在线购物结合也是另一个重大趋势。

四、Fortumo

移动支付公司 Fortumo 在肯尼亚推出手机支付 APP（carrier billing），专门服务移动电子商务。Fortumo 与 Safaricom 开展合作，旨在充分开发肯尼亚1800 万用户的大市场。Fortumo 借助于新推出的运营商支付系统，不管肯尼亚消费有没有银行卡，都可以直接用手机进行网上支付。肯尼亚的移动网络覆盖率为 65% 左右，肯尼亚人口约 4200 万人，不过这么多人拥有的手机却只有 2730 万人，其中的 67% 是智能手机。与此同时，肯尼亚国内只有 20 万张信用卡在流通（渗透率只有 0.3%），这让绝大部分肯尼亚人无法进行跨境在线交易。新的移动支付平台无疑可以帮助解决这个问题。肯尼亚成为 Fortumo 在撒哈拉以南非洲地区的推出运营商支付系统的第三个国家，之前的两个国家是尼日利亚和南非。Fortumo 移动支付 APP 将覆盖到中东地区和非洲地区 15 个市场。[①]

货到付款或者支付预付款是手机支付的双渠道选择。非洲电子商务的发展缺乏支付渠道，非洲人很少使用信用卡及储蓄卡，主要的支付手段就是移动手机支付。因汇率变动的影响，平台和卖家都希望资金的回款周期变短，但非洲的不确定性因素较多，因而选择货到付款还是预付款成为困扰电子商务发展的一大难题。

一方面，通过建立手机钱包支付系统可以推广并实现预付款。东非电子商务平台 Kilimal 与当地电信运营商合作，建立手机钱包系统。该系统覆盖了非洲很多国家，成年人几乎都有手机钱包的账号，也使得在线支付比例超过30%。手机钱包系统给 Kilimall 的支付环节提供了坚固的基本条件。Kilimall 除了让商家和消费者对接移动支付渠道外，也提供了货到付款的方式来完善

---

① 《肯尼亚：Fortumo 推出支付 APP，解决移动电子商务支付难题》，雨果网（2015 - 01 - 14）。

用户支付体验。①

非洲新型电子商务平台 KiKUU 希望在非洲市场提高预付款份额。在非洲，由于支付能力和购买能力构建的信用体系没有健全，支付成功率低。KiKUU 在 2016 年 7 月与非洲当地移动运营商进行合作，接入手机钱包，建立自己的支付解决方案 Kpay（类似于早期的支付宝），覆盖了刚果（金）、喀麦隆、坦桑尼亚、加纳、乌干达、尼日利亚 6 个国家。此外，KiKUU 还与当地的银行合作，平台提供的优惠券以及退货款都将直接通过 Kpay 发放给用户，这也是刺激用户二次消费的手段。目前，KiKUU 平台预付款的比例达95%，而货到付款的比例不足 5%。总之，选择便捷的支付服务解决方案，设立一个手机支付运营端，可以帮助非洲消费者完成安全、省心的线上支付。

另一方面，货到付款是实现非洲电子商务安全支付的有效途径。虽然非洲移动端的使用率越来越高，但这不意味着人们都能接受电子支付。很多非洲用户对于预付款的信任度不高，从安全角度上看，很多非洲消费者更愿意接受货到付款的方式，货到付款的转化率更高。不管是非洲、东南亚还是拉丁美洲市场，大部分电子商务转化率都是来源于货到付款而不是预付款。这意味着，跨境卖家的流量转化率没有本地卖家高，因为本地卖家可以做到货到付款。例如，非洲本土电商平台 Jumia 主要推行货到付款。也有专家认为，对于货到付款，只会在新进入的市场试行货到付款 3~6 个月，但还是会采用优惠券的方式来推广预付款，来获得消费者的信任和接受。非洲本土电商平台 Jumia 基本上是从本地取货，所以可以大规模做货到付款，但是货到付款对跨境电子商务的成本则相对较高。②

创新金融科技服务是非洲电子商务支付的重要保障。非洲的金融业原本很不发达，而随着金融科技公司的崛起，给现有的金融服务商带来巨大的机遇，创新金融科技服务是非洲电子商务支付的重要保障。一些特别的金融服务正吸引了数以百万计的使用者，通过智能手机快速在非洲进行汇款，为没有银行账户的消费者提供支付服务。对非洲金融科技初创公司来说，去建立

---

① 《Kilimall 创始人杨涛：咋在电子商务第三世界掘金》，亿邦动力网（2016 - 12 - 20）。
② 《勇闯非洲电子商务"处女地"他们要迈过三道坎》，亿邦动力网（2017 - 01 - 13）。

一个属于自己的全新基础框架，在整个非洲大陆提供移动支付服务，并在移动钱包接入其他的金融服务，如保险和贷款等。

越来越多的传统银行正尝试着在非洲大陆接触这些金融科技初创公司，并计划在非正式市场与年轻消费者连接起来，与更具创新性、更年轻的初创公司合作，从而帮助他们与这些消费者形成良性互动。以 MFS Africa 为例，该公司已经在非洲连接了 8000 万个移动钱包，通过全新的基础设施，MFS Africa 可以实现不同币种、跨境、交叉网络支付。而 Nomanini 公司则是针对整个非洲大陆推出的一个非正式商户支付平台。

事实上，非洲是一个金融服务严重不足的市场，大约有 3.3 亿、超过 80% 的非洲大陆成年人没办法获得正规的金融服务，在非洲大陆的很多地区压根就没有金融服务，非洲地区至今仍然有大量低收入和中低收入人群得不到正规的金融服务。金融服务的匮乏为金融科技公司提供了合适的方式，获得了资本市场的高度关注。国际投资开始大量涌入这些提供金融服务的新兴公司，这些创新的金融科技企业获得了 2015 年整个非洲市场资金总额的 30%，而这个数字今年还在增长中。① 非洲近年来主要金融科技公司，见表 3 - 1。

表 3 - 1　　　　　　　　　　非洲主要金融科技公司

序号	名称	业务经营范围
1	MFS Africa	是一个可以实现资金转移到手机钱包的网关服务商
2	Bitsoko	是一个使用区块链（blockchain）技术的安卓手机钱包
3	IMB	提供了一个钱包，这允许用户进行汇款、购买话费、电费、火车票和其他移动服务
4	Mukuru	可以帮助用户转账时直接绕过非洲，而不用管这些现金是通过银行账户还是移动钱包
5	PayDunya	是一个在线支付解决方案，其使得非洲的电子商务企业能够接受移动支付钱包和信用卡/借记卡服务

① 《蓬勃兴起的非洲金融业，金融科技的潜力到底在哪？》，虎嗅网（2016 - 08 - 24）。

序号	名称	业务经营范围
6	InterSwitch	是一家综合性的支付和交易处理公司，它提供了各种技术集成和咨询服务
7	Kobocoin	是一种类似于比特币的数字货币，也是一种基于区块链的 P2P 支付系统
8	M – PESA	是世界上最早提供手机汇款和小额信贷服务的机构之一，其是沃达丰的非洲子公司
9	Nomanini	是一个专注企业市场的支付平台提供商，能够为正规零售行业的交易提供服务
10	Verifone Mobile Money	为客户提供了一套完整的移动支付解决方案，旨在满足新兴市场移动运营商的转账和支付服务
11	Paga	成立于 2009 年初，其使命是通过提供跨非洲的金融服务创新改变生活。值得一提的是，Paga 是直接由尼日利亚中央银行授权的消费移动支付服务
12	SnapScan	是一种允许人们通过二维码进行手机付款的服务，这使得移动支付更加便捷
13	WIZZIT	通过安全的手机银行技术，实现了经济实惠、简单方便的跨国转账服务
14	VoguePay	提供了一个允许用户接受来自其他 VoguePay 用户或 Visa 卡持有人在线支付的服务解决方案
15	Yoco	为商户提供了一个卡片支付解决方案，该解决方案包括一个移动应用程序以及一个插入式的读卡器或无线读卡器。而另一家公司 PayUp 也提供着相同的服务
16	Peach Payments	提供了在线和移动支付的解决方案，这使得商家能够接受来自全球范围内尤其是那些新兴市场消费者的付款
17	Cellulant	为非洲农民以及数以百万计在非洲的商人提供了数字支付和移动钱包服务，这是一个连接消费者、银行、商家的移动生态系
18	SimplePay	允许用户接受在线支付，通过其现代化的 API 接口

序号	名称	业务经营范围
19	Maxicash	提供了一种快速、便捷、实惠的汇款到非洲的方式，该公司专注为非洲侨民开发的应用程序，可以让他们寄钱给家里时不使用任何传统的金融机构或银行
20	WeCashUp	不仅在非洲提供了一种收受现金和手机支付的新方式，还实现了将所有非洲国家当地现金和手机支付方式集中在了单一的平台上。该公司声称想要在非得电子商务上取得成功，那么必须提供最好的转化率和最先进的技术
21	Remit	是一个移动支付服务，其允许乌干达、肯尼亚和卢旺达的用户通过借记卡或银行卡实时转账到来自世界各地移动支付用户的手机钱包
22	ConnectAfrica	提供了将各种支付网络联系在一起的B2B技术解决方案，其核心成员能够促进跨网络资金转移，其目标成员主要是电子钱包提供商、银行、支付服务提供商等
23	The 3G Direct Pay Group	是一种电子商务在线解决方案，其主要为数以千计的旅游及其他企业提供商业服务，主要专注于肯尼亚、赞比亚、坦桑尼亚、乌干达等数十个国家，其接受所有主流的信用卡、移动支付和电子钱包
24	i – Pay EFT Payment	允许即时、安全、移动的支付服务进入南非的任何银行账户
25	Softeller	是一个利用喀麦隆当地汇款转账低利率优势的在线服务，这让生活在国外的人轻松寄钱回家
26	M – Naira	允许用户将钱从世界任何地方转移到任何尼日利亚的银行账户或移动钱包
27	FETS	是尼日利亚中央银行许可的移动支付运营商，FETS的移动货币使得资金能够从一个点快速转移到另一个（个人、企业、政府）
28	Konga Pay	是一种安全可靠的支付方式，当比在尼日利亚想要确保买卖双方资金安全时，Konga Pay将会是首先的在线支付平台
29	Zeepay	是一家加纳的移动金融服务公司，主要提供综合性移动支付和手机钱包服务，其目标是使得那些非银行用户能够使用主流的金融服务
30	Veneka	提供了一个专注于非洲大陆的定制支付技术解决方案

续表

序号	名称	业务经营范围
31	PayFast	是南非的支付处理服务商，该解决方案使买家的资金能够便捷、安全和即时的转账给卖家。PayFast 允许卖家，无论是个人、企业还是慈善机构接受网上买家各种方式的在线安全支付
32	Zoona	为新兴的企业家平台以及没有银行账户的消费者提供汇款等服务
33	VugaPay	是一种快速和安全发送和接收手机移动钱包支付的方式，在此过程中不会共享个人金融信息
34	Wallettec	是一个 SaaS 平台，这使零售商能够接受任何类型货币的 POS 移动交易。该公司提供的移动支付，甚至可以在没有拥有信用卡或借记卡的情况下达成
35	AMoney	提供了跨境支付、移动钱包和金融包容性的一套完整金融科技（Fintech）解决方案
36	Paystack	帮助尼日利亚企业接受任何人在世界任何地方通过万事达卡、Visa 和 Verve 付款
37	VCpay	是一个 ZAZOO 的移动应用程序，通过使用 ZAZOO 专利的移动虚拟卡技术，使得移动设备能够声称的虚拟的万事达信用卡付款
38	Gust Pay	通过单一的腕带提供了一个无现金的解决方案，这集成了售票、访问控制、互动营销和数据分析等各种功能

资料来源：《蓬勃兴起的非洲金融业，金融科技的潜力到底在哪?》，虎嗅网（2016 - 08 - 24）。

当然，如此巨大且又服务不足的非洲市场肯定也会有危险。当为低收入人群提供金融服务时，银行必须谨慎投资，在没有金融服务基础设施存在的市场，不负责任的发放信贷和提供其他消费贷款将可能会创造成极大的伤害，甚至会产生虚假的信贷泡沫。为了保护非洲的无银行和非银行用户，有必要对非洲移动金融服务更好地进行监督。

第四节　物流：提供优化配送保障

非洲国家基础设施成熟度逐步提高，物流发展迅速，部分非洲沿岸国家逐步铺设了宽带光纤电缆。据 Knight Frank《2017 非洲物流报告》显示，"过去 10 年里仓储及物流业发展速度每年增长 24%。非洲快速消费品价格平均都比发达国家高出 2~3 倍，物流成本几乎占产品零售价格的 50%~75%。"[1]可以看出，非洲物流具有三大痛点：成本高、时效长和政经政策带来的不稳定因素多。物流环节成本较高，时效长，税务、通关、结汇等受到当地政策不确定性而导致成本增加，如何做好因时而变，合理安排对策是解决挑战的关键所在。对此，电子商务平台和服务商都深有体会，并采用自己的方式解决问题。

一、KiKUU：自建物流，月补贴 20 万~30 万元

非洲物流除了成本高、时效长，很多国家和城市没有门牌号也加大配送的难度。2015 年成立的非洲跨境电子商务平台 KiKUU，也采用自建物流配送的方式。KiKUU 一开始也自建物流团队，目前已在刚果（金）、喀麦隆、坦桑尼亚、加纳、乌干达、尼日利亚 6 个国家设有物流配送中心。KiKUU 平台的用户量为 20 万人，每日订单量为 2 万单，每天从中国华南出口到非洲的空运货物有 300~400 吨。根据 similarweb 查询，KiKUU 手机端和网页浏览量月流量在 1 万~4 万左右。据悉，KiKUU 可以做到从用户下单到收货，物流只需 15 天。国内收货时长 4~5 天，收到仓库分拣 1~2 天，中国运到非洲 2~3 天，当地配送 3~4 天。在非洲本地，KiKUU 会采用摩托车配送，配送员都是非洲本地人，对非洲的运送路线更加熟悉，因为非洲很多地区没有门牌号，货物会集中放在某一个商店，再打电话叫买家来取货。KiKUU 加大了其物流协调团队，在办公室设置配货员，客户服务中心 24 小时有人，但因非洲人力成本低，加上 KiKUU 给予卖家的物流补贴，对于 KiKUU 买家而言，其物流成本约占商品单价的 12%~13%。平台每月物流补贴成本大约为 20 万~30 万

① Knight Frank's Africa Report – 2017, Real Estate Markets in A Continent of Growth and Opportunity, see https：//kfcontent. blob. core. windows. net/research/155/documents/en/2017 – 4576. pdf（2017 – 07 – 09）.

元，目前还处于亏钱状态。

二、Kilimall：自建仓配送，"两周达"策略

Kilimall 是自建仓配送，但没有自营。目前，Kilimall 的卖家销售分为两种模式：一是基于数据分析提前备货，自建库存。通过 similarweb 查询发现，Kilimall 手机端和网页浏览量平均为每月为 100 万左右，最高峰为 150 万。Kilimall 首先在中国做市场调查，找到产品优质的供应商，了解其供货能力并签订合作协议，将确保有销量的产品提前运到非洲仓库，实现用户下单后 2 ~ 3 天收货。随后采取"用户预售"，实行"两周达"策略。Kilimall 通过数据分析，会把一些优秀的中国货在平台上推送给用户，卖家可以对其进行预售，非洲消费者下单后，中国卖家再发货到 Kilimall 非洲仓，如果是价值较高的贵重物品可以空运，价值一般的普通产品更适合海运，用户下单后 1 ~ 2周收货。这样不仅能缓解 Kilimall 的库存压力，扩展库存量单位（stock keeping unit，SKU），还能让中国商家风险降低。

三、CHOICE：集货仓 + 海外仓

在非洲深耕物流业务 20 年的赛拾（CHOICE）公司，作为第三方物流服务商，成为了 Kilimall 等电子商务平台青睐的物流合作伙伴。目前，赛拾在海外设立了分公司，通过集货仓 + 海外仓的方式，来降低仓储和物流的成本，提高物流的时效。用户从下单到收货，如果是海外仓模式一般在 3 天左右，若是国内直发则需要 7 ~ 10 天。赛拾买家的物流成本，平均每个单独的包裹大约在 3 ~ 6 美金，手机类如平板等数码产品成本会相对高一些，平均会达到 8 ~ 10 美金。赛拾深入当地非洲物流经营的每个环节，也适应了当地多变的政策调整。同时其也为商家提供供应链解决方案，解决收款问题，对于优质的商家也可垫付一部分回款以提升他们的资金周转率和降低汇率风险。①

---

① 《勇闯非洲电子商务"处女地"他们要迈过三道坎》，亿邦动力网（2017 - 01 - 13）。

总之，物流基础设施发展薄弱，交通拥堵等现状是制约非洲电子商务发展的瓶颈。为此，非洲电子商务平台发挥各自优势，采取有效措施化解物流运输难题。为了解决送货缓慢问题，南非网络零售商 Makro 推出自提货柜服务，将货物集中送至指定的储物柜，让网络购物者自行前往提货，大大提高了送货速度。[①] 尼日利亚 Jumia 供应商通过摩的骑手提供客户服务和及时的物流配送，并以此来争取市场份额。卢旺达有的电子商务零售商甚至试验运用无人机配送产品。[②] 部分非洲国家自建物流体系和海外仓库，解决配送难题，取得了一定效果。在电子商务运营模式下，产品属于卖方，电子商务平台保证其质量，并可负责运输事项，大大降低了交易双方的风险性；面对市场需求、产品范围多元化，电子商务平台可细化产品分类，并实时收录新产品。同时，利用自身的数据库优势，电子商务平台还能帮助企业时刻掌握市场动向。

第五节　安全：提供数据信息保障

毫无疑问，保证支付安全是非洲电子商务发展的重点。虽然非洲的金融体系尚不完善，但移动支付已成为人们转账、汇款和支付的重要手段。越来越多的非洲人开始登录美国、英国、中国的网站实施跨境网络购物，但是很多非洲消费者发现，其银行卡会经常被拒绝支付，同时也有一部分人担心在国外网站上输入信用卡信息将会遇到风险。因此，保证非洲电子商务数据交易安全尤为重要，为此，非洲国家也开始了部分安全支付行动。

一、PayPal 与 FirstBank 合作

为了解决信用支付安全问题，国际支付系统 PayPal 与尼日利亚第一银行

---

① South Africa Quora, 2016, "What is takealot. coms greatest competitor site", retrieved from htts: //www. quora. com/what-is-takealot-coms-greatest-competitor-site-in – South – Africa （2017 – 05 – 09）.

② Esiri, Ejiro. (2015). "E – commerce in Nigeria：Market Trends and Consumer Behavior". Retrieved from https：//static-market. jumia. com. ng/cms/creative-corner/guides/research/E – commerce_NG. pdf. P. 8.

（FirstBank）达成合作协议，欲为尼日利亚民众进行跨境网络购物铺路架桥。[①] PayPal 与 FirstBank 建立合作关系之后，FirstBank 的用户可以使用其网络银行账户 FirstOnline 注册 PayPal 账号。FirstBank 银行的借记卡、预付卡或信用卡与 PayPal 账户接通后，用户可以使用个人电脑、平板电脑、智能手机在全世界各国数以百万计的购物网站里买东西。即便在某个网站里买东西，用户也无须与卖家共享任何银行信息。通过与 PayPal 合作，FirstBank 银行的顾客可以获得独一无二的优势，因为 PayPal 账户将接受自动认证并可以减少交易限制，使消费者更加便捷地实施在线支付。PayPal 被世界大多数国家民众所使用，受到了国际卖家的信任。如果使用 PayPal，用户无须与任何人共享其银行信息。FirstBank 与 PayPal 合作，将推动银行服务系统的持续革新，同时让尼日利亚消费者更加放心地进行跨境网络购物。FirstBank 的银行卡被200 多个国家所接收，在全世界各地分布了数以百万计的 POS 终端机和 ATM。与此同时，双方的合作将推动尼日利亚无纸币化的进程，同时将促进尼日利亚在线支付领域的革新。[②]

二、Jumia 与 Imperva 合作

非洲电子商务平台 Jumia 宣布与数据应用安全技术公司 Imperva 展开合作，利用 Incapsula 服务保护 Jumia 正常交易运作，提高电子商务交易的安全性。作为非洲的第一大电子商务平台，Jumia 很有可能成为网络罪犯的目标，因此这次 Jumia 利用了 Imperva 的 Incapsula 服务来不间断保护平台网站免受 DdoS 攻击和其他网络攻击。同时，Jumia 还使用了 Imperva 的内容发布网络（content delivery network，CDN）功能，即便是处于旺季的高峰期，网站也能保证顺畅运行。[③] Jumia 旨在通过创建一个互联的非洲电子商务平台，已经通

---

① PayPal 是全球性的支付平台，在世界上 203 个市场里拥有大量用户以及 1.48 亿个活动账户。

② 《PayPal 与 FirstBank 合作，为尼日利亚跨境电子商务"铺路搭桥"》，雨果网（2014－07－26）。

③ Imperva Incapsula 服务是基于云计算的应用数据传输服务，旨在让网站变得更加安全、快速、可靠。利用 Incapsula 服务，任何规模的组织都可以用企业级的 Web 应用安全技术、DdoS 攻击缓解技术（DDoS mitigation）、性能优化及负载平衡技术来保护他们的业务。

过线上服务、移动市场和分类广告等业务建立起了一个可持续发展的数字服务生态系统和基础设施。

Jumia 在超过 22 个非洲国家设有 9 种数字服务,支持超过 120 个面向客户和商户的网站以及成百上千的后端运作。随着 Jumia 不断获得成功,电子、时尚及家用电器商店的产品需求不断攀升,Jumia 选择了 Imperva Incapsula 的解决方案以满足平台对技术安全的严格要求。这个解决方案同时也将支持 Jumia 高峰期的销售,包括黑色星期五和其他特殊促销活动。Jumia 的促销活动和广告经常会导致空前的流量高峰,Imperva Incapsula 服务能持续处理高峰时期的流量压力。Jumia 会利用流量分析信息来帮助计划促销活动、分析效果以及从以前的促销活动中得到需要改善的经验。Imperva Incapsula 服务对 Jumia 这种依赖于网站安全性来提高销售的电子商务平台而言是个理想的解决方案。最重要的是,针对 Jumia 这类快速扩张的公司而言,Imperva Incapsula 可以在多个级别上进行服务扩展,包括费用价格。它不仅可以保护电子商务网站免受 DDoS 和其他 Web 漏洞的攻击,还能利用其全面的 CDN 功能来改善网站表现,并且不会超出预算。①

此外,非洲人之所以能广泛接受 Jumia 这个品牌,是因为 Jumia 坚持借助安全的服务器为顾客提供方便、安全的支付选择。通过网站上其他新支付方式的引入(如 Jumia Pay)等,顾客只需要一次身份验证,之后就不需要再提供更多详细的账户信息。另外,该平台上还有一种名为 "Book on hold" 的支付方式,顾客可以在网上下单,然后在规定的时间内通过 ATM 或其他任何支付平台付款。

总之,互联网的发展使非洲本土电子商务日益兴起,国际知名公司也加大了在非洲投资的力度。当前,非洲的电子商务处于培育期,一个市场不可能只是有一个寡头。如何让更多的消费者接受并形成网络购物跨境产品的习惯,同时带动物流、支付以及市场等服务商的共同发展,建立电子商务生态体系尤为重要。非洲电子商务市场还处于做大蛋糕的阶段,并没有到分蛋糕的时刻,无论是平台、卖家还是服务商,都需要提高经营能力,为消费者为

---

① 《护你周全!Jumia 与数据安全公司 Imperva 合作》,雨果网(2016 - 10 - 20)。

商家提供优质的服务。

在电子商务日益兴起的非洲，中国浙江省跨境电子商务是否能找到自己的机会？从目前来看，中国浙江省卖家将商品卖到非洲的案例较少，主要因为非洲电子商务还处在初级阶段，交通基础设施也很落后。同时，非洲网络购物者非常喜欢货到付款，这给外国电子商务卖家造成了巨大的障碍。不过，非洲民众对中国廉价商品的需求非常大，随着非洲电子商务的日益兴旺，未来将商品直接卖到非洲也不是没有可能。据悉，阿里巴巴集团下的支付宝的国际业务涵盖餐饮、超市、百货、便利店、免税店等消费领域，并且在海外退税、海外公交卡、Uber 海外打车等领域迅速渗透。目前，支付宝已经正式进军非洲，在非洲东部的肯尼亚，航空公司官方网站已经支持使用支付宝订机票，未来商机无限。[①]

[①] 《支付宝正式进入非洲：首个国家是它》，快科技（2017 - 04 - 19）。

第四章

跨境电商助推浙非产能合作转型升级

　　跨境电商在推动浙非产能合作的动能转换过程中扮演重要角色。浙江省是外贸大省和电子商务大省。近年来，随着互联网的飞速发展和电子商务交易技术的不断完善，国际市场消费模式发生变化，浙江省企业纷纷开始通过电子商务方式开展跨境贸易，拓展国际市场，并取得了突破性的进展。据商务部相关数据显示，目前浙江跨境电商进出口额约占全国的20%，位居全国第二，仅次于广东。浙江省的玻璃、纺织、造纸等传统优势产业具备富裕产能，可以通过跨境电商作为桥梁，输送到相关非洲国家，对于经济发展水平相对落后但资源丰富、劳动力价格便宜的非洲国家而言，这些产业不仅不过剩，反而是急需发展的支柱产业。

第一节　跨境电商与浙非产能合作的互动

　　跨境电商对促进浙非产能合作转型升级具有一定的积极示范作用。浙江省作为中国率先发展、走在前列的电子商务大省，也是我国对非洲经贸合作的重要省份，在非洲电子商务市场大有可为。当然，跨境电商只是推动浙非产能合作的一个抓手，以跨境电商作为桥梁的浙非产能合作还面临诸多现实困难与挑战，不宜盲目乐观。

一、跨境电商在推进浙非产能合作中面临的机遇

2017 年 6 月，浙江省商务厅、浙江省外侨办、中国进出口银行浙江省分行等三部门共同印发了《浙江省参与"一带一路"建设和推动国际产能合作三年行动计划（2017～2019 年)》（以下简称"行动计划"）。根据行动计划，到 2019 年，浙江省与"一带一路"沿线国家贸易进出口额将达到 1240 亿美元，对沿线国家的境外投资达到 60 亿美元；将与经贸合作关系紧密的"一带一路"沿线国家建立一批地方经贸合作机制；同时，还将围绕轻工、纺织服装、医药为主的传统优势产业，电力设备、光伏、安防等装备制造产业，水泥、钢铁、氧化铝等产能富余行业，采取投资建厂、合作开发、营销网络建设、承包工程以及建营一体化等多种方式分类推进国际产能合作，每年新增各类境外营销机构 500 家。[①]

浙江省电子商务迅猛发展，为"大众创业、万众创新"提供了新空间，成为促进全省经济转型升级的新引擎。在中非产能合作转型升级的大背景下，跨境电子商务的发展也为浙非产能合作创造了难得的发展机遇。在 2016 年全国所有跨境电子商务出口额的统计中，浙江省拥有 6.43 万个从事跨境电商的网店卖家，出口达到 319 亿元，相比 2015 年同期数据增长了 42%，比浙江省的网络零售额的增长幅度高出了 7 个百分点。[②]

1. 人口规模

非洲总人口已达 12 亿，仅次于亚洲。非洲国家经济主要依靠农业和自然资源，本地制造业并不发达，加之非洲的网络和公路铁路等基础设施相对薄弱，此前消费者购买渠道大多来自进口商的线下零售，然而线下物价太高，商品种类单一且低劣。随着当地经济稳步增长，非洲大陆对轻工、纺织、服装、五金、钟表、床上用品、家电和电子产品的需求日益增加，而移动互联

---

① 陈佳莹：《发挥浙江优势　参建"一带一路"》，载《浙江日报》2017 年 6 月 2 日。
② 《深度解读浙江省跨境电商扶持政策措施》，雨果网（2017－01－15）。

网逐渐在非洲各国推广普及，更为非洲国家推动电子商务平台提供了机遇，越来越多的非洲供应商和采购商开始逐渐摆脱传统面对面的交易方式，新型电子商务模式交易在非洲市场开始出现。据世界调研组织调研出来的电子商务市场规模显示，目前非洲是超过 500 亿美元，并且 2020 年以后它的电子商务市场容量将会达到 750 亿美元。非洲的人口结构是比较特殊的，目前他们的人口平均年龄是 25 岁，人口数量巨大且偏年轻化，可见对于电子商务的接受程度是较为乐观的。

浙江省在适应和引领经济新常态的同时，人口发展转型的特点更加明显，并面临一系列新的挑战。首当其冲的是劳动年龄人口持续减少，经济转型升级更为紧迫。2015 年，浙江省常住人口中 15 ~ 59 岁的劳动年龄人口为 3816.78 万人，占总人口的 68.91%。预计"十三五"期末，常住人口中 15 ~ 59 岁劳动年龄人口比重将进一步下降到 65.01% 左右，较 2015 年减少 3.9 个百分点。[①] 同时，劳动适龄人口的年龄中位数不断上升，年龄结构趋向老化；而劳动力素质与北京、上海、江苏等省市仍有差距。劳动力市场的上述变化，使得依赖劳动力要素加大投入来推动经济增长的可能性越来越小。随着劳动年龄人口减退和老龄化程度加深，提升劳动者素质，通过劳动生产率提高来代替劳动力数量增长已成为必然而紧迫的任务。

2. 市场潜力

非洲的数字化发展正在加速，随着非洲大陆互联网覆盖继续增加，它将会创造出更多新的动态商业模式。非洲的互联网市场是一个非常开放的空间，如果企业能够迅速和果断地采取措施，仍然可以捕获大量的机会。麦肯锡全球研究所的数据显示："2020 年非洲电子商务市场规模预计会达到 1.4 万亿美元。2016 年，在撒哈拉以南的 7 个国家，电子商务仅占 GDP 的 1% ~ 3%，预计到 2025 年，非洲主要国家市场的电子商务销售额约占总零售额的 10%，这意味着每年将会带来 750 亿美元的收入，非洲主要国家的电子商务销售额

---

① 《浙江发布人口发展"十三五"规划 优化人口结构 打造健康浙江》，浙台连线（2017 - 02 - 13）。

年增长率甚至会达到40%"。① 有益的人口红利有助于非洲电子商务市场的发展，日新月异的经济增长速度和快速传播的网络化使得跨境电子商务发展的空间更为巨大，广阔的3G和4G推广速度使得移动端的跨境电子商务市场需求较为旺盛。非洲从PC直接跨越到移动端，这使得电子商务平台市场开发基本上都是放在移动端为主，这对用户的个人喜好推荐还有电子商务的发展都非常好。

非洲电子商务市场正处于发展初期，为企业家和投资者提供了广阔的机会，国际资本正源源不断地涌入非洲电子商务市场，非洲大陆正涌现出大大小小的电子商务公司。2016年4月6日，法国最大的电信运营商Orange集团出资7500万欧元入股电子商务巨擘非洲互联网集团（Africa Internet Group，AIG）。② 法国Orange集团首席执行官理查德（Stéphane Richard）表示，Orange公司将逐步进军非洲电子商务领域。公司出资7500万欧元入股电子商务巨擘AIG，这对未来其提升用户体验、扩大客户群来说有着非比寻常的意义。直到2014年12月31日，非洲客户人数占Orange用户总人数的45%，产生的营业额占总营业额的11%，即43亿欧元。而对于AIG来说，该项投资为其强化仓储、物流、技术能力提供了资金帮助，同时该集团可借助Orange在埃及、肯尼亚、摩洛哥等地庞大的用户量提高品牌知名度。③ 2014年，美国对冲基金老虎环球（Tiger Global）向南非电子商务公司Takealot投资了1亿美元。2014年11月份，德国知名创投公司Rocket Internet也向尼日利亚的在线零售商Jumia投资了1.2亿欧元。④

3. 网购趋势

非洲新兴的电子商务企业铆足力量欲图奠定自己的主导地位，同时为顾

① 《非洲电子商务行业大规模发展　科技初创公司涌现》，科技世界网（2016 - 04 - 13）。
② AIG集团成立于2012年，目前旗下拥有"非洲亚马逊"Jumia、时尚网站Zando以及其他8家网络公司，业务辐射全球23个国家。2016年3月，AIG获高盛、南非最大的电信运营商MTN等公司投资的2.9亿欧元融资；2012～2014年，AIG旗下的最大资产Jumia获超1.8亿欧元融资。据分析人士预估，AIG的2015财年营业额约为2.75亿欧元，同比上涨250%。
③ 《非洲电子商务行业大规模发展　科技初创公司涌现》，科技世界网（2016 - 04 - 13）。
④ 《商店不足交通拥堵　非洲人涌向网上购物》，雨果网（2015 - 06 - 11）。

客提供了丰富多样的选购机会。如果顾客需要购买或销售二手商品，南非媒体和科技巨头 Naspers 旗下的二手商品网站 OLX 可以为他们提供在线服务；如果消费者需要购买西方国家的商品，那么尼日利亚大型商场非洲购物中心（Mall of Africa）旗下的网站以及网络零售平台 Jumia、Konga 的商品应有尽有。根据著名会计师事务所毕马威（KPMG）《2017 全球在线消费者报告》（2017 Global Online Consumer Report）的统计，非洲和中东地区市场中有以下网络购物趋势：

第一，每人每年平均网上交易数量达 11 笔。非洲和中东地区每人每年平均网上交易数量达 11 笔，仅比拉美的 9.2 高。亚洲消费者每人每年交易数量最高，有 22.1 笔，其次是北美 19 笔，欧洲 18.4 笔、澳洲和新西兰 16.1 笔、东欧 11.9 笔。非洲和中东地区每人每年平均交易数量落后于其他市场的原因很明显，非洲大陆的数字鸿沟意味着该地区仍然有大部分人口不能获取网络，或是并不知道有网络就意味着他们可以网络购物。

第二，海淘比例高达 50%。非洲和中东市场中海淘比例全球最高，50% 的订单来自海外，因为海淘的大部分产品在当地都没有采购点，再加上许多大型的网上商店都在非洲和中东市场之外，所以非洲和中东地区对海外购物的要求比例明显较其他地区略有提高。据统计，拉美地区消费者海淘比例是 44%、东欧 43%、澳洲及新西兰 35%、亚洲 21%，西欧和北美分别是 15% 和 14%。

第三，网络购物偏好使用 PC 设备。当涉及网络购物时，PC 设备仍然是消费者的首选，尽管使用手机和平板的消费者比例在上升。非洲和中东地区市场中，有 63% 的网络购物发生在 PC 上，这一比例比全球其他地区高很多，仅有 6% 的网络购物发生在移动设备上，7% 发生在平板上，剩下 23% 的消费者没有特殊的网络购物设备使用偏好。全球其他地区也有类似的网络购物设备使用偏好，PC 仍然是最受欢迎的网络购物设备，其次是没有特殊网络购物设备偏好的消费者，平板和手机分别排第三和第四。

第四，决定消费者网络购物的主要因素是价格及促销。非洲和中东市场中有 34% 的网上消费者决定购买是因为产品价格实惠或有促销活动，24% 的消费者基于品牌购买产品，17% 基于产品特性，16% 基于网上评论，剩下的 6% 是由于其他因素。虽然非洲消费市场存在商品匮乏，产量单一的现状，但是并不代表非洲消费者接受次品烂货，而选择网络购物的消费人群，属于非洲主流金字塔的尖端人群，他们讲究商品的信优价好，质量、信誉有保障，价格适中。

第五，消费者最常从纯电子商务零售店购买产品。有近 56% 的非洲市场消费者从纯电子商务零售店购买产品，有 28% 的消费者从零售商的网站购买，11% 从品牌或制造商网站，5% 通过其他渠道。随着网络购物继续发展，逐渐进化成消费者一种购物习惯，非洲和中东地区网络购物市场将出现变化，这就意味着零售企业要继续跟着改变，接受消费者的购物偏好。①

4. 主要国家

非洲各国因不同国家地理环境和经济发展速度的差异，跨境电子商务在非洲发展和深入的速度是不一致的，大经济体量的人口是有利于电子商务行业的发展，对新事物、新市场的需求和接受程度较高。非洲各国的电子商务市场情况不同，但每个国家都有增长的潜力。非洲各国政府非常重视基础设施建设。南非、尼日利亚、埃及、肯尼亚等国交通、通讯等基础设施已能够满足跨境电子商务快速发展需求。整体而言，南非和尼日利亚网络零售的发展处于非洲领先地位，其他地区电子商务发展潜力也很大。

尼日利亚：尼日利亚是西非的第一大经济体，它现在的人口 1.8 亿，人均 GDP 达到 3500 美元，电子商务总值大于 100 亿美元，整个非洲电子商务估值 1000 亿美元，尼日利亚占了非洲市场的 1/5。作为非洲人口最多的国家，尼日利亚的经济规模已经超过南非，而且互联网用户和手机用户数量居非洲首位。Jumia 和 Konga 是尼日利亚最受欢迎的电子商务，且 Jumia 已经发展到其他非洲国家。这两家企业获得大量投资以巩固它们在国内市场的地位，而随着 PayPal 在 2014 年进入尼日利亚，预计会给当地带来更多的竞争。据统计，尼日利亚的网上转账交易次数年增率为 199%，网上转账交易总额年增

---

① 《制胜非洲及中东网络购物市场，中国卖家要掌握这 5 大趋势》，雨果网（2017 - 01 - 25）。

长率则为 190%。电子支付方式发展很快，甚至能够带动当地就业。电子卡使用频率快速上升的原因主要在于尼日利亚民众对电子卡支付方式的安全性越来越有信心。在尼日利亚之外的新兴市场里，电子商务购物网站的低廉价格成为吸引顾客的主要动因，而尼日利亚人则纯粹是为了便利性而上网络购物物，同时也乐意支付网店里的价格，这在新兴市场中可谓凤毛麟角。① 据尼日利亚当地媒体《抨击报》报道，国际电信联盟（International Telecommunications Union）日前发布报告称，截至 2013 年 3 月底全球网民数量达到27.5 亿人。其中非洲网民达到 1.4 亿人，占全球网民比例为 5.1%。而尼日利亚网民数量约为 4500 万人，占到非洲网民总数的 32.1%。②

南非：相比于尼日利亚，南非仍然处于前列，这是因为互联网、手机和支付银行卡的覆盖率高。南非电子商务市场一个重要的发展情况是，消费者在国外网站的购物开支减少。人们不跨境网络购物的原因是担心存在其他收费情况，而且从本地商家购买也很方便。南非消费者在网络购物方面显得更加谨慎。一直以来，南非消费者习惯于通过实体银行来管理财富。他们很担心网络支付信息被盗窃。不过亚马逊是南非消费者最常访问的电子商务网站，并且 Kalahari. com 和 Takealot. com 这两家南非最大的电子商务已经合并，以提高在国内和国际间的竞争力。总体来说，南非的 B2C 市场潜力仍然很大，因为 2014 年网络零售额只占总零售额的 1%。

浙江省向南非主要出口商品包括服装及衣着附件、纺织纱线、织物及制品、鞋类等。浙江省从南非进口主要商品包括铁矿砂及其精矿、锰矿砂及其精矿、未锻造的铜及铜材制品等。2016 年 1~6 月，浙江省与南非进出口贸易总额为 16.0 亿美元，同比下降 22.6%。其中，浙江省向南非出口 12.1 亿美元，同比下降 18.7%；浙江省从南非进口 3.9 亿美元，同比下降 32.8%。另据统计，2015 年 1~12 月，浙江省与南非进出口贸易总额为 42.9 亿美元，同比增长 4.1%。其中，浙江省向南非出口 31.4 亿美元，同比增长 6.2%；浙江省从南非进口 11.4 亿美元，同比下降 1.2%。

---

① 《尼日利亚人比南非人更接受网络购物》，雨果网（2015 – 01 – 12）。

② 《尼日利亚网民数量达到 4500 万》，雨果网（2013 – 05 – 15）。

对于非洲其他国家而言，电子商务仍然处于初创阶段。在北部非洲，摩洛哥和埃及的互联网发展最先进，2014 年互联网在人口中的覆盖率超过一半。虽然这些国家网络购物用户增长迅速，但是比例低于 10%。在埃及，Facebook 不仅能为 Souq. com 和 Jumia 等电子商务生成流量，而且消费者也会在上面直接下单。在东部非洲，肯尼亚的移动互联网发展在非洲处于领先地位，几乎所有的互联网连接都是移动连接，使用移动支付服务的用户数量每年都在增长，用户比例到 2014 年达到了两位数。虽然肯尼亚的电子商务市场规模仍然小于非洲的其他国家，但是移动端消费者的覆盖率和尼日利亚并列第一。① 根据非洲媒体 "ITWebAfrica" 的报道：爱立信移动商务销售部门负责人巴蒂亚（Rajiv Bhatia）在约翰内斯堡的数字支付会议上说："在肯尼亚，人们越来越信任使用手机来管理自己的银行账号。在网络购物等新事物的尝试方面，我认为肯尼亚人比南非人的思想更开放一些。"②

总之，随着网络日益普及以及国际化进程加快，越来越多非洲人开始尝试在电子商务网站购物。据统计，在非洲平均每个商场所对应的人口大约为 6 万人，而这个数字在美国则为 389 人，在东南亚（除中国外）则为 7426人。因此，越来越多非洲居民在电子商务上进行购物。③ 对大部分非洲消费者来说，亚马逊、阿里巴巴等世界级的电子商务巨头是难以企及的，他们只能转向非洲本土电子商务。非洲电子商务发展模式效仿的是更为发达的东南亚国家模式，中国也成为其标杆之一。然而，较为发达国家电子商务的成功模式不可完全复制，非洲还需找到适合自身的发展道路。

二、跨境电商在推进浙非产能合作中存在的问题

可以看到，充分利用互联网资源，拓展浙江省电子商务企业在非洲布局，推动双边跨境贸易的跨越式发展在未来显得尤为重要。然而遗憾的是，从目

---

① 《2015 非洲各国 B2C 市场潜力分析报告》，雨果网（2015 - 10 - 09）。
② 《尼日利亚人比南非人更接受网络购物》，雨果网（2015 - 01 - 12）。
③ 《非洲电子商务正火热　中邮 EMS 却停了肯尼亚线路?》，亿邦动力网（2016 - 09 - 12）。

前的发展现状看，浙江省电子商务企业拓展非洲市场还面临诸多问题。事实上，就相关数据显示，专注于非洲的电子商务公司倒闭的比开张的还多。

1. 缺乏成熟有效的浙非跨境电商平台支撑体系

浙江省将非洲作为经贸投资合作的重要对象，省政府要求省属大学、科研院所助力浙江企业的商品、资本、技术、管理经验等全方位走进非洲。浙江省作为中国率先发展、走在前列的沿海发达省份，也是我国对非洲经贸合作的重要省份，一直以来，双方经贸往来密切，互补性强，合作潜力巨大。浙江省有不少企业对于搭建浙非电子商务平台进行了初步探索，但是以阿里巴巴速卖通、义乌购、中非经贸港、中非桥等为主的电商企业之间缺乏有效的协同创新，专门性的浙非跨境电子商务平台尚未组建。

以跨境电商作为浙非产能合作的主要突破口，其面临的最大挑战是缺乏必要的浙非跨境电商平台支撑体系。比如物流基础不足，特别是小包裹和"最后一公里配送"的基础设施不足。非洲在线支付系统也不发达，很多人对网上支付抱着迟疑态度，而这些对网络零售商来说是非常关键的。那些可以上网的非洲居民依然对网络购物保持谨慎态度。以南非为例，电子商务市场仅占全国消费品市场的1.3%，而美国和英国的电商占比高达14%。[①]

浙非商贸投资发展前景广阔，但缺乏基于信息技术的"一站式"服务平台的有效支撑。在非洲这个固定网络基础设施缺乏的大陆上，人们已经接受了使用智能手机接入网络的方式，这就使得移动运营商成为非洲的主要互联网服务提供商。浙非跨境电商平台支撑体系在实践操作中，应该通过信息娱乐订阅服务和增加消费者的黏性，建立起运营商和用户之间的桥梁，从而增加运营商的平台用户数量。

2. 电子支付安全成为浙非电商企业合作的瓶颈

浙江省电子商务企业在非洲实现电子支付存在一定难度。由于非洲使用大众常用支付方式的用户并不多，大部分消费者对于电子支付安全性存在担

---

① 《非洲电商：不扩张就死亡》，雨果网（2014－12－31）。

忧，货物支付方面存在困难。电商企业要迅速扩张业务需要获得大量的新顾客，不但要缓解顾客对网络欺诈的担忧，同时还需要构建可信的支付平台并掌控运输网络。非洲消费者很少使用信用卡，因此电商公司只能通过货到付款的支付方式克服这一障碍。这意味着，说服零售商相信电子商务并上线销售商品是非洲电商平台必须解决的首要问题。虽然无法吸引来消费水平最高的用户，但互联网业务仍将为以大学生和年轻一代为主要用户的群体提供服务。为缓解这种挑战，有些公司还提供货到付款服务。但是货到付款给卖家造成了很大的困扰：比如诈骗、退货成本、现金回流慢等。

研究表明，非洲电子商务的欺诈率大约是世界平均水平十倍高，欧洲的欺诈率则略低于全球平均水平。由于网络欺诈问题较为普遍，较富裕的非洲人并未大规模接受网购。这种情况类似印度，非洲电商市场绝大部分是依靠货到付款，一些非洲电商公司用货到付款解决人们担心受到欺诈的问题。对电子商务交易的不信任，误以为只有信用卡才可以进行网购。

以南非为例，南非大部分消费者对网络交易的安全性仍然缺乏信心。在网购和实体店消费之间，南非消费者似乎更倾向于选择后者，因为付现金或现场刷卡的支付方式让他们更放心。南非消费者对于线上购物持有更谨慎的态度。在南非，人们已经习惯于通过银行管理自己的钱财，因此对于网购细节部分很在意，担心被偷。万事达在 2014 年 3 月份公布的一项研究发现，90% 的南非网购者表示，如果网购安全性能够改善，将会说服他们花费更多的时间和金钱在线上购物。这份题为"万事达网购行为研究"的报告还表明，42% 的受访者不愿意网购，主要原因还在于潜在的安全隐患。最后，想要吸引更多的顾客到你的网站上购物，最好的方式，就是要创造出一个容易浏览、简单明了的操作平台，此外还应该让顾客们能够随时在网站上分享他们对商品的感想，这样也能够让顾客们感觉到他们正在与商家建立友好关系。[①]

根据卡巴斯基实验室调查结果显示，南非 64% 的网络用户对南非网络交易的安全性缺乏信心。63% 的网络用户表示，如果南非的网络支付系统变得

---

① 《南非：网购安全成电商发展"拦路虎"》，雨果网（2014 - 05 - 26）。

更加安全可靠，并能够有效地使用户免遭受网络诈骗，那么他们将会更加频繁使用网络支付系统。调查显示，77%的用户害怕遭遇网络金融诈骗。45%的人希望金融公司提供的支付应用程序能够提供更全面完善的保护。48%的本土网络用户在进行网络交易过程中，由于担心安全性问题而中途停止网络交易。目前而言，南非许多网络用户仍然觉得，在实体店里支付现金或刷卡消费比通过电脑或手机网购更加安全。这种倾向其实阻碍了南非电子商务的发展，也不利于其网络支付市场的改善。为了鼓励更多消费者更加积极使用电子支付工具，企业必须提供更加先进的、防诈骗的支付应用程序。[①]

另以尼日利亚为例，电子商务在付款方式、网站访问以及消费者的教育程度上仍然存在诸多障碍，网络犯罪分子对电子商务构成的威胁要远大过其他方面。当尼日利亚电子商务正蓄势待发之际，却遭遇了不少障碍，人们怀疑将个人信息留在网络上的安全性。"黑客"侵入企业和政府网站，窃取重要文件和私人密码的网络犯罪行为已经严重威胁到尼日利亚经济的发展。不少网络犯罪分子模仿尼日利亚知名电商Jumia、Konga以及外国电商网站的界面，制作出真假难辨的网站。这些网站推出大幅折扣，诱使消费者输入自己的信用卡信息，从而骗取数以百万计的钱财。例如，在尼日利亚西南部的一个网吧中，4个年轻人正在制作一个假冒的电商网站，他们从Jumia、Konga以及英国的某时尚电商平台上拷贝素材。同时购买了非常美观的WordPress主题，当一切都已准备就绪，他们开始计划正式推出该网站了。在非洲充斥着许多技术高超的图形设计师，他们中的一些处于失业状态，正游荡在大街上，而架设一个电商网站又相对容易，导致此类行为层出不穷。因此，在这些犯罪行为在非洲互联网上泛滥成灾之前，Jumia、Konga以及其他正规电商平台需要连同相关政府部门携手找到解决办法，消除网购者的顾虑。不然，假冒电商平台的冲击会对非洲电商造成难以想象的后果。[②] 据统计，发生在尼日利亚的网络犯罪每年都给该国造成2亿美元的直接经济损失，而对尼日利亚国家形象产生的损害则更是难以估量。有关专家和业界人士呼吁该国政

---

① 《因网络支付不安全，南非人网购时犹豫不决》，雨果网（2014 – 11 – 24）。

② 《非洲出现大量假冒电商网站，以高折扣骗取顾客信任》，雨果网（2014 – 12 – 16）。

府采取强有力的措施，加大力度，严打日益猖獗的网络犯罪活动。[①]

从 2014 年 7 月 1 日起，尼日利亚在全国范围内实施无现金化政策，鼓励人们使用 POS、网上银行等电子支付系统，而尽量减少现金使用量。无现金化政策益处多多，除了抑制腐败还能减少抢劫、绑架、选举舞弊和税收流失。不过，尼日利亚骗子横行，在电子支付系统上渗透得很深。尼日利亚央行及网络支付系统营运商对尼日利亚电子支付方式使用频率低表示强烈不满，并称现金仍是尼日利亚各种交易的主要支付方式，其次是支票。电子支付方式在尼日利亚支付系统所占的比例很低。出于安全起见，民众对电子支付系统抱有抵触情绪，而偏好使用现金，哪怕每次得去银行柜台前排队也不能阻止他们使用现金的热情。很多人认为该政策的实施将遭遇困难，因为尼日利亚电子化支付系统的基础设施和技术不足，同时腐败横行。正是由于尼日利亚人对电子支付诈骗深恶痛绝，因此政府要全面推行无现金化政策将会遇到重重困难。[②]

3. 高额的宽带成本阻碍浙江电商企业进入非洲

非洲的移动互联网现正处于一个新兴市场，宽带费用成本相对较高，昂贵的费用导致浙江省基于视频的互联网电商企业进入非洲面临资金短缺等困境。非洲移动互联网的宽带成本较高，这也是因为移动互联网在非洲还属于新行业。尽管未来竞争会在一定程度上降低费用，但是费用高是非洲市场行情的体现，因为非洲的政治危机和不稳定会影响经济，所以公司必须收取较高的费用以平衡投资风险。此外，移动互联网本身也比有线互联网更贵。例如，偷盗电缆是非洲国家面临的一个主要的问题，它每年给南非造成了 5 亿美元的损失。在这种环境下，互联网初创公司不得不依靠成本更加昂贵的无线网络传输，最后他们还是会把成本转嫁到消费者身上。

非洲的移动互联网业务发展迅速，人们普遍通过此方式上网。虽然通过某些电信网络可以免费登录 Facebook，但在刚果（金）通过慕课（Mooc）网

---

① 《尼日利亚：黑客猖獗，网络安全隐患威胁经济发展》，雨果网（2013 – 05 – 29）。

② 《尼日利亚力推无现金化政策，骗子横行将成最大障碍》，雨果网（2014 – 07 – 05）。

站 Coursera 或 edX 学习三小时的教育课程仍需预先缴纳 50 美元的费用。宽带费用的昂贵导致非洲基于视频的互联网业务开展困难，该行业领导者尼日利亚电影流媒体服务商 iROKOtv 的主要收入也是来自散居在国外的人民。

尽管光纤网络在南非全国家庭中的普及率不断上升，但是接入互联网的高成本仍然限制南非大多数的消费群体实现网购。以全球标准来看，大部分南非消费者还是会选择在实体商店购物，虽然网购正在以惊人的速度增长，但目前在南非仍然只有一小部分精通科技的消费者才会选择网购。限制非洲网购发展的原因是购物中心在市场上根深蒂固，所以一些零售商仍然忽视电商这个渠道。南非房地产研究公司 Urban Studies 的最新数据显示，南非的购物中心已经饱和了。据 Urban Studies 称，南非有超过 2000 家购物中心，总面积达 2300 万平方米，这相当于 163 家桑顿城市购物中心的大小。①

浙非跨境电商产业要走的路不会是平坦的。很多非洲顾客在网上查找并浏览产品，但是不会真正地在网上购买，而选择到线下实体店购买。非洲的政治风险和不稳定因素也会转化为经济风险，这意味着初创公司不得不收取更好的费用来应对更高风险的投入。

4. 供应链基础薄弱导致浙江电商企业成本增加

非洲国家供应链基础薄弱，物流配送与货物清关成为难题。很多国家的快递公司仍然使用摩托车或电动车来处理"最后一公里"送货，这不仅成本昂贵，而且效率也很低。多数非洲国家的邮局都处于瘫痪或半瘫痪状态。事实上，配送问题并非只出现在非洲。很多国家（包括中国）的快递公司都会使用摩托车或电动车来处理"最后一公里"送货，但这不仅成本昂贵，而且效率也很低。非洲大部分地区交通基础设施并不完善，例如肯尼亚内罗毕，目前已经交通拥堵严重，很多人外出进行日常生活的采购已然成了每天生活最大的问题。

非洲的露天市场随处可见，以保安人员在受雇者家门口开店铺为首。在各大城市可见露天市场、超级市场，甚至还有失业青年在交通站点做起买卖

---

① 《网购只占南非零售总额不到 1%！是什么阻碍它的发展？》，雨果网（2016 – 07 – 12）。

的情况。因此，电商公司必须在价格上拼过这些商业点。虽然各方努力支撑非洲的电商市场，但并未达到理想效果。由于跨境支付方式、语言文化差异以及其他因素的影响，各公司需要针对不同的国家建立不同的网站，这影响了经济效益以及有效的资金分配。

以尼日利亚为例，中国浙江省电子商务企业与尼日利亚经营海港清关业务的公司纷纷抱怨，尼日利亚海关对所有的进口货物重新实施了颇具争议的收费标准，导致货物清关成本增加了 200%。海关新标准的出台大大增加了清关成本，比如用来制造面条的玉米淀粉的清关成本在 2013 年大约为 500 万奈拉，而 2014 年同量同质的玉米淀粉的清关成本高达 1700 万奈拉。这一现状将影响整个清关过程，更严重的是没有任何人站出来投诉。即便有投诉的渠道，人们依然愿意硬着头皮往前赶，因为他们心里清楚，投诉将导致清关延迟而不得不缴纳高额滞留费，这样反而会损失的更多。在尼日利亚清关是一个很有风险很有压力的工作，首先要找到诚信的人合作，要有犀利的眼光发现他们的问题，因为他们的海关腐败无处不在，不少中国朋友谈到货柜被没收、拍卖等很多事情。[1]

尽管尼日利亚已花费 7050 亿奈拉（约 44 亿美元）巨资用以提升港口装卸能力和作业效率，但尼日利亚港口入境货物清关时间在西非国家中最长，导致实际入境货物量减少 40%，不少进口货物被迫分流至贝宁、多哥和喀麦隆等周边国家港口。目前，尼日利亚港口进口货物清关时间为 14 天到 21 天，而加纳仅为 2 天、贝宁和多哥也只有 5 天到 7 天。尼日利亚港口现年平均入境货物量为 7700 万吨和 87.8 万个标准箱（TEUs），若缩短货物清关和在港停留时间，入境货物通过能力每年可达 1.5 亿吨。尼日利亚海关等部门对入境货物检查环节较多、手续烦琐、效率低下等是影响港口清关效率的主要原因。由于货物滞港严重，进口商往往需交纳滞港费等，导致进口成本增加。[2]

---

① 《尼日利亚海关清关成本上升 200%！》，雨果网（2014 - 06 - 16）。
② 《尼日利亚：电子商务的传奇正在被撰写》，雨果网（2013 - 10 - 17）。

5. 专业性人才相对紧缺限制浙江电商企业发展

当前，浙非跨境电商发展仍处于初始阶段，浙江省企业对既精通国内电商市场又了解非洲情况的专业人才需求较大，浙非商贸领域的高等教育和职业培训体系还没有完全地建立起来。

跨境电子商务需要专业的电商人才，尤其是跨境电商人才，在中国国内也是非常稀缺。如果派到非洲去，则非常具有挑战性。现有的专业性人才体系还不足有效支撑浙非产能合作的强大需求，这需要系统的向海外输送人才，在当地安居乐业，能够真正沉下心来爱上非洲这片土地、爱上非洲的生活，因为只有热爱才能够在非洲坚持。①

即使所有的基础设施问题和综合问题都得到了解决，那些没受过良好教育的非洲公民可能也无法成为电商网站的直接用户，因为他们不具备读写技能。许多非洲国家文盲率很高，有些国家人口识字率还不到30%，以乍得、尼日尔和布基纳法索为例，电商初创企业在这个国家拥有的潜在顾客数量大大减少。非洲居民网购购物需要以识字为基础，具备一定的文化素养，所以非洲电商市场存在很多挑战，但是能克服这些难题的公司无疑可以获得巨大收益。②

总体而言，在非洲发展的电商都非常注重提升用户体验，但现实中还是有不少掣肘。比如，由于交通运输、仓储等物流基础设施不到位，货物难以保证按时交付；许多人习惯于"一手交钱、一手交货"的方式，对网上支付的安全性缺乏信任；因为购买力有限，大家似乎更愿意在圣诞节促销时进行采购；此外，"赶大集"的生活方式在一些地方仍是主流，网络购物并不流行。

然而，非洲的电子商务发展还是非常有潜力的，只是需要长期投入时间和精力。为了利用网络为业务服务，非洲的领衔电商应当将更多的注意力放在实际的商业生态系统，而非致力于增加网络注册的域名数量。浙江省跨境

---

① 《Kilimall 创始人杨涛：咋在电商第三世界掘金》，亿邦动力网（2016－12－20）。
② 《非洲电商发展滞缓，只因文盲太多?》，雨果网（2016－03－02）。

电商企业要想拓展非洲市场，必须懂得除了推出网站、建立海外仓之外，想要成功盈利还有很多因素需要考虑，这些因素包括：更好地与非洲大陆上不同的经济体相融合；投资邮政系统、宽带和交通网络此类基础设施建设；助推非洲国家设立泛非洲体系以检举欺诈行为并改善非洲互联网的商业信托情况；最重要的是，帮助非洲国家提升教育的普及率。

第二节　非洲跨境电商对浙江产能的接纳

跨境电商不仅冲破了国家间的障碍，使国际贸易走向无国界贸易，同时它也正在引起世界经济贸易的巨大变革。对非洲国家的企业而言，浙非跨境电子商务构建的开放、多维、立体的多边经贸合作模式，极大地拓宽了进入非洲乃至国际市场的路径，大大促进了浙非双边以及多边资源的优化配置与企业间的互利共赢。对非洲消费者而言，借助 Kilimall、Amanbo、Jumia、Takealot 等中非跨境电子商务平台，使他们很容易地获取来自中国浙江省的信息并买到物美价廉的商品。非洲跨境电子商务平台对浙江省产能的接纳，促使双方经贸合作逐步进入快车道。

一、非洲跨境电商 Kilimall 对浙江产能的接纳

Kilimall 致力于在非洲本土运营，是一个集多国订单、交易、支付、配送等功能于一体的一站式国际线上交易服务平台。近年来，Kilimall 加大了在中国浙江省的宣传力度，逐步接纳中国浙江省企业走进非洲，转移部分优质富余产能，开拓非洲市场。非洲跨境电商 Kilimall 对浙江产能的接纳主要体现在物流、安全支付和品牌建设等方面。

1. 物流配送方面

Kilimall 采取了自营物流加第三方的形式建构配送体系，接近京东和天猫

的模式，自建仓库配送，但是没有自营，主要接受平台入驻。非洲的物流服务商十分缺乏，而且物流费用昂贵，体验也不好，这是 Kilimall 自建物流的重要原因。自建物流看似投入大、模式重，但以 Kilimall 主要布局点肯尼亚为例，网络购物用户主要集中在肯尼亚的四五个核心城市，其他边缘城市或乡镇地带则暂无网络购物需求。只要把这四五个城市的同城物流做好，就能提升用户体验，建构竞争壁垒。

Kilimall 自营的同城物流，在每个城市都自建由非洲当地人组成的物流团队，处于干线的城际配送则由第三方物流大巴承接。城际大巴每天都有几班发车，将货品运到指定地点，直接发往对应城市。现在非洲民众可以看到并购买 eBay、亚马逊上的产品，但卖家无法触达非洲当地的邮政配送系统和私营物流服务商，更难以做到深入本土自建物流，平台方短期内也束手无策。所以自建物流体系是 Kilimall 很重要的一步棋。Kilimall 在肯尼亚有一两万平仓库，希望能够成为全球品牌进入非洲的入口，全球品牌以中国品牌为例，到达中国客户，传统渠道需要层层分销，就是中间层级太多，各个渠道层级被不同集团所垄断。①

Kilimall 非常大的特点和优势在于它在东非、西非和北非都有当地的仓储，最后一公里的运输都是自建物流派送的，非洲当地核心地区是能够实现当日达的；部分主要地区和主要国家，那些首都以及港口城市，能够实现次日达；在偏远地区也是能够实现 3 日达。为了提高配送效率，Kilimall 建立了适用自身的 IT 订单管理系统和物流配送系统，并明确责任到人的配送考核机制，一旦有发生客户投诉就发现原因，进行调整和优化。Kilimall 在每个城市配备 20～30 位配送员，设立 8～10 个配送点，货物送到配送点后靠摩托车分发到附近地区，配送点的物流员数量根据不同时段业务量的变动有所调整。如果货物是放在我们肯尼亚的仓库，1～3 天可寄到全国，即便稍微偏远一点的地方 Kilimall 也有跟很多线下自提点合作。而从中国小包直发非洲超不过2～3 周时间。不过，非洲人口密集度较高，相对而言最后一公里的配送还是比较好做。

---

① 《Kilimall 创始人杨涛：咋在电子商务第三世界掘金》，亿邦动力网（2016 - 12 - 20）。

Kilimall 在物流领域实施了"两周达"策略。为确保物流体验，大多数产品是先存在 Kilimall 的仓库里面。但实际上，对于中国商家而言，很多时候是不愿意把货运到非洲的海外仓的，因为在海外当地囤货却卖不好会造成很大的损失。而且 Kilimall 的库存能力也不能对接大量的中国货，所以其提出了一个"用户预售"的概念。Kilimall 通过数据分析，会把优秀的中国货在平台上推送给用户，用户可以对其进行预售，用户下单后直接从中国发到非洲，物流时长一般两周左右。这样不仅能缓解 Kilimall 的库存压力，扩展库存量单位，还能让中国商家风险降低。Kilimall 既支持小包直发也有海外仓服务。按照正常逻辑，商家应该是先在中国卖一段时间（也就是小包直发），看一下各种商品的销量，并等它达到一定的稳定程度，然后再考虑海外仓备货。这样一是杜绝备货备不准的情况，二是当地发货的话，买家体验会更好、购买欲望也会更高。Kilimall 不建议卖家一开始就用海外仓，尽管这部分是 Kilimall 的增值服务。目前，Kilimall 已做到下单后 2 ~ 3 天到货的速度。①

2. 安全支付方面

Kilimall 与当地移动运营商合作实现手机便捷支付的交易闭环。对于先把钱支付出去这种方式，非洲消费者是不太能接受的，他们更倾向于货到付款方式。Kilimall 从网站的访客跳出率上看也是这样，如果是先支付再发货可能对用户来说就有很大的障碍，但如果提供货到付款，相应的跳出率就明显低很多。另外，因为非洲很少有人用信用卡及储蓄卡，主要的支付手段就是移动手机支付，手机号码相当于银行卡号码。而这种支付渠道缺乏导致亚马逊、阿里巴巴、eBay 等国际电子商务巨头很难进入。所以，Kilimall 在非洲也是提供货到付款服务的。而且，Kilimall 创始人杨涛此前正好是在肯尼亚做手机支付项目，很大程度上解决了做电子商务的一个门槛。Kilimall 想在传统的渠道之外重建一条电子商务的信息高速公路，电子商务高速交易的平台以保障用户体验。

与中国浙江省相比，肯尼亚的智能手机普及率并不高，未来这部分市场

---

① 《非洲电子商务很难做？Kilimall 要解决支付和物流》，亿邦动力网（2016 – 12 – 20）。

可能会不断增加。目前出口非洲的国内手机中，出货量排名第一的是华为，排名第二的则是专注非洲市场的传音科技。Kilimall 已接入传音科技的货源，对于其他在非洲市场需求旺盛的产品会进一步挖掘各类源头供货商。由于非洲几乎没有人使用信用卡、储蓄卡等，但当地的移动运营商兼有银行的功能，钱可以直接存在手机号里，因此非洲的移动支付及手机转账体系很发达。Kilimall 与非洲移动运营商合作，用手机支付实现交易闭环。同时，Kilimall 通过自营物流体系实现货到付款，目前货到付款的比例占据60% ~ 70%，其他均为手机转账。

3. 品牌建设方面

在非洲，高端的产业都被欧美的商人把控了，而中端产业却被印度人所控制。品牌所属地已经深入非洲人的骨髓里，所以中国品牌要进入当地市场是非常难的。此外，尽管中国制造物美价廉，但中国人却缺乏品牌观念，所以在非洲中国品牌没发展起来。为此，Kilimall 已经在非洲本土开展了本土运营，引入了本土的商家进行入驻，以构建 Kilimall 在本土的电子商务品牌属性并完善其支付及物流等体验。Kilimall 会针对中国商家进行品牌建设及代运营服务，给中国商家在非洲开店做一些指导。此外，Kilimall 还会根据当地的需求情况，来让商家清晰非洲当地的热卖产品情况。

传统的电子商务营销渠道 Kilimall 都有涉及，例如买关键词在搜索引擎进行投放、社交网站营销等。不过，从品牌宣传的角度来讲，Kilimall 可能更倾向于精品策略。第一，Kilimall 的营销是希望通过产品本身的优势来建立人传人的方式，而不是完全靠广告拉动。所以，Kilimall 在挑选产品上倾向于寻找物美价廉的，然后通过平台本身的活动，例如团购、秒杀、限时促销等，让用户进行自发的传播。第二，Kilimall 会和中国品牌会建立一些互动的营销。例如，在对于中国产品的卖点非常了解的情况下，迎合当地市场的热点做品牌包装，并借助当地的媒体渠道做推广。第三，Kilimall 还和当地的名人、明星做联合营销，邀请他们来平台开店，利用他们的影响力吸引用户。例如，非洲有个明星叫丘吉（Churchill），他做一场脱口秀有数万人聚集，他和 Kilimall 合作，帮助 Kilimall 宣传产品，同时也会把自己的产品放上 LOGO 拿到 Kilimall 平台上卖，他所产生的名人效应是非常好的。第四，Kilimall 也会借助很多线下渠道做推广。例如，Kilimall 跟线下的网吧、便利店建立加盟合作的关系，在这些有目标人群出现的地方加强宣传、品牌露出。

现在，Kilimall 已经把跨境电子商务流程框架构建完毕，并在广州及义乌已经开始有商家进行入驻。今后，Kilimall 也将在中国成立专门的代运营公司，以给中国商家进行品牌策划及非洲市场分析。[①]

二、非洲跨境电商 Jumia 对浙江产能的接纳

目前，Jumia 已经覆盖尼日利亚、埃及、摩洛哥、肯尼亚、乌干达、喀麦隆、坦桑尼亚、加纳等 11 个非洲国家，是非洲第一大电子商务平台，有"非洲的亚马逊"之称。近年来，Jumia 加大了在中国浙江省的宣传力度，逐步接纳中国浙江省企业走进西部非洲，转移部分优质富余产能，开拓非洲市场。非洲跨境电商 Jumia 对浙江产能的接纳主要体现在物流、支付等方面。

1. 物流配送方面

非洲跨境电商 Jumia 自营物流，降低成本至每单 2 美元。作为非洲本土的 B2C 电子商务平台，Jumia 覆盖了包括尼日利亚、喀麦隆、埃及、加纳、科特迪瓦、肯尼亚、摩洛哥等 11 个非洲国家。通过 similarweb（提供竞争对手流量对比的网站）查询发现，Jumia 尼日利亚站点，其手机端和网页浏览量平均每月为 500 万，最高峰为 750 万。在非洲的物流运营商屈指可数，物流费用昂贵但物流体验并不好。Jumia 从 2012 年起就开始自建本地末端派送团队，独立完成从购买到最后配送的闭环，主要城市区域末端派送时间为 1~2 天，每个订单的费用约为 2 美金，但具体要实际情况来定。

Jumia 在平台创建之初，"最后一公里"配送物流服务是个巨大的挑战。一开始 Jumia 在赢取顾客信任方面有很大的挑战，因为尼日利亚没有物流基

---

① 《中企成非洲第二大电子商务 支付物流为关键》，亿邦动力网（2015 – 05 – 14）。

础设施支持人们日常网络购物活动。为此，Jumia 通过不断创新，把最后一公里配送分为几个步骤，包括包装好手机等商品，再从仓库出货运送给顾客，通过自建服务公司 AIGX 来弥补市场的不完善。同时。Jumia 与尼日利亚邮政（NIPOST）谈判，由对方负责一部分物流服务。Jumia 只需自建一个仓库，包装好产品并把他们送到距离顾客最近的 NIPOST，让顾客自己取货。此外，Jumia 采取了创新性战略，如货到付款和 7 天退货等政策，改变了尼日利亚电子商务购物市场面貌。总之，Jumia 不得不克服尼日利亚实体店系统和交通运输基础设施薄弱、网络犯罪率高、用户主要通过手机访问网站以及巨大的技术开发差距等问题，从而重新定义尼日利亚电子商务的购物体验。[1]

由于缺乏最起码的贸易便利条件，尼日利亚对外贸易中单据和规章等方面复杂性常常使贸易商陷于被动尴尬的境地。为了加速实现国际贸易和投资便利化，尼日利亚联邦政府已正式批准在本国各个港口实行单一窗口货物清关系统。单一窗口系统的实施将彻底消除贸易中现行的各种重复烦琐的做法和规定，极大地推进贸易便利化的落实和发展，对 Jumia 等电子商务平台而言无疑是利好消息。[2]

2. 安全支付方面

为了提供更加安全、快捷和方便的网上支付体验，非洲电子商务平台 Jumia 在 2016 年 8 月 23 日宣布推出 Jumia Pay。Jumia Pay 旨在建立买卖双方信任，提供更加安全、便利的网络购物体验，让非洲人民享受互联网普惠金融的便利。

Jumia Pay 在 Jumia 的最大市场——尼日利亚开始实施，后续将会有更多创新措施。根据 Jumia 公司称，已经有 50% 的客户通过手机浏览不同的购物平台，而尼日利亚市场上这一数据达 70%。移动支付是非洲最值得信任的一种支付方式，通过使用秘密代码，Jumia Pay 将成为非常安全的移动支付系统。

---

① 《配送是关键！来看 Jumia 如何重新定义尼日利亚电子商务？》，雨果网（2016 - 10 - 26）。
② 《尼日利亚将实施新清关系统》，雨果网（2012 - 08 - 24）。

Jumia Pay 作为一种新型支付方式，进一步对客户提供更加安全、便捷的网络购物体验，为平台数千万卖家和买家之间建立起信任，为无银行账户或未能得到充分金融服务的非洲人群构建包容性金融体系。Jumia Pay 是 23 个非洲国家中出台的第一个电子商务支付解决方案，将在加速网上支付、推动无现金化方面起到决定性的作用。Jumia 平台最受欢迎的支付方式是货到付款（70% ~ 90%），Jumia Pay 的出现具有重大里程碑意义。[①]

三、非洲跨境电商 Takealot 对浙江产能的接纳

目前，Takealot 作为南非最知名的跨境电子商务企业，其业务已经覆盖南非、莱索托、斯威士兰、博茨瓦纳、纳米比亚等南部非洲国家，是近年来非洲发展速度较快的电子商务平台。Takealot 与南非知名电子商务平台 Kalahari 合并之后，加大了在中国各地尤其是浙江省的宣传力度，逐步接纳中国浙江省企业走进南非乃至整个非洲，转移部分优质富余产能，开拓非洲市场。非洲跨境电商 Takealot 对浙江产能的接纳主要体现在物流、支付等方面。

1. 网站建设方面

Takealot 是南非市场的电子商务领头羊，该平台主要销售书籍、电子产品、园艺用品、母婴等产品。Takealot 的前身为南非网络零售商 Take2，在被对冲基金游戏巨头老虎全球管理公司收购之后更名，于 2011 年 6 月正式上线。2015 年 2 月，南非知名电商平台 Kalahari 与 Takealot 正式合并，新合并的电子商务平台以 Takealot 为名，并使用 Takealot 的平台和技术运营。

Takealot 在初期发展过程中，特别注重网站建设。据统计，Takealot 的搜索引擎优化得分高达 89%。在网站的访客中，大多数消费者花了 7 分半钟浏览网站，网站跳出率为 58%。Takealot 的登录页面表达清楚，该网站

---

① 《Jumia 推出 Jumia Pay，要做非洲第一个电子商务支付解决方案？》，雨果网（2016 - 08 - 25）。

购买产品只需完成鼠标滚动即可实现简单的操作。网站的访问者不需要点击所有类别,因为左侧菜单清楚说明了所有产品类别。登录页面右上角的"喜结连理"标语保证了顾客对 Takealot 品牌的信任。Takealot 在左侧菜单中有小册子下载选项,这是吸引访问者注意力关注的好地方,但几乎没有人想在这方面浪费时间,因此可以更好地利用这部分空间。如果访问者想要了解更多有关它们是如何运作的信息,那么访问者需要向右翻到很长的登录页面的底部。鼠标滚动就会造成客户流失。总之,Takelot 在网站建设方面颇有成效。

2. 物流配送方面

Takealot 在南非是首屈一指的在线购物平台,在物流配送方面独具特色。在 Takealot 和 Kalaharai 于 2015 年 2 月合并之后,其资本实力大增,增加了对供应链各个环节的资金支持。随着时间的推移,Takealot 的服务质量以及对市场变化的适应能力会改变中国浙江省与南非电子商务发展的市场格局。随着中国市场的进一步发展,Takealot 计划提供更多的商品类目供用户选择和交易,同时也要保持很高的服务质量标准,特别是在物流这一方面,可以帮助 Takealot 塑造自身的品牌形象以及保持消费者的忠诚度。

Takealot 宣称要建立自己的物流体系,确保在南非全国范围内能够快速配送货物。现在,Takealot 正尝试创立了自己的物流企业,通过在全国各个主要地点建立小仓库,确保以后能够快速交货,这样就不再使用 DHL 类第三方物流公司。由于 Takealot 在供应链管理方面的创新以及物流配送方面的优化,现在它已经能够很快将货物送达南非约翰内斯堡、开普敦等大城市民众的住处和办公场所。当地民众不用再像以前那样亲自频繁去逛超市,只需在家里浏览网页就可以购得所需的日用品,节省了不少交通费用。总之,Takealot 在南非各地商品销售的物流体系涉及面非常广泛,特别注重设立国际物流与货物处理标准,为南非货物运往全国各地乃至出口至中国浙江省都提供了便利条件。

第三节　浙江企业为非洲电商发展注入新动能

经过 30 多年改革开放，浙江省发展进入了新阶段，拥有大量优势产业和富余产能，具备为非洲国家提供先进装备和产品的生产能力。大多数非洲国家则处在工业化起步阶段，普遍谋求实现经济独立和自主可持续发展，急需外来投资和技术转让，可以承接来自中国的部分优势产业和富余产能。目前，浙江省大量劳动密集型企业由于省内劳动力成本增加，需要到非洲等发展中国家谋求新发展。相较大型央企，浙江"走出去"以中小企业、民营企业为主，"抱团出海"是浙江在"一带一路"沿线国家和地区开展国际产能合作的最优选择和最大特点。

近年来，中国跨境电子商务发展迅猛，浙江省有基础、有条件发展涉非跨境电子商务，有能力、也有需要推动产业和产能到非洲国家发展，进一步强化浙江省企业对非洲国家的市场输送能力，在带动非洲相关国家发展的进程中实现自身再发展。由阿里巴巴发起的世界电子贸易平台（eWTP）建设开局良好，2017 年初在马来西亚正式落地。凭借物流、支付、通关、大数据方面的创新，浙江企业正在"一带一路"沿线国家加快布局，与沿线国家共享浙江在结算支付、智慧物流等跨境电商领域的创新发展成果，共建互联互通大平台。

一、浙江纺织企业对非洲电子商务发展的推动

浙江跨境电商对非洲纺织市场的输送能力主要取决于浙江省纺织行业本身的综合实力以及对非洲国家市场变换的灵敏度。然而，浙江省中小企业在加快"走出去"的同时，仅仅靠一两家企业在境外办厂风险大，成本也高，如何充分发挥自身优势、带动更多企业在境外快速良好发展，成为他们面临的迫切问题。随着浙江劳动力价格优势的丧失，越南、斯里兰卡、非洲等具

备大量廉价劳动力地区成为浙江企业进一步实施走出去战略的首选目标。经过多年的发展实践，现在的浙江省纺织行业已经摸索出了一条全新的发展战略——"抱团出海"战略，即由一家纺织企业牵头，办理境外工业园或贸易城，其他企业进驻其中，优势互补，共同发展。其中，浙江省纺织企业运用电子商务等模式，在非洲国家综合布局、快速发展的企业有两个突出典型代表，分别是浙江越美集团和浙江米娜纺织公司。

1. 越美集团：浙江纺织企业拓展非洲市场的典范

越美集团有限公司（以下简称"越美"）创办于 1992 年，是一家集纺织印染、国际贸易、房产开发、境外投资、金融服务、商贸市场等产业并行发展的国际化大型民营企业集团，总部位于中国浙江省诸暨市，注册资本 2 亿元人民币，法定代表人徐志明，下辖企业 20 多家，员工 5000 余人，总资产已突破 20 亿元。浙江越美集团在非洲尼日利亚带头建立的纺织开发区就是一个比较典型的例子。由于尼日利亚不允许纺织面料进口，越美集团通过开发区，计划引进 15 家产业链上下游企业进入园区，形成纺纱、织造、绣花、针织到整套服装的完整产业链。目前开发区已经吸引了 6 家绍兴的企业投资。

纺织印染是越美的主营产业，是越美发展壮大的起点。集团旗下有浙江美绮尔纺织有限公司、浙江越威达纺织有限公司、湖北越美纺织印染集团等控股企业 10 家，有在俄罗斯、刚果、喀麦隆、迪拜、马里、安哥拉的纺织品境外贸易公司 6 家，有在尼日利亚、塞内加尔的纺织品境外生产加工企业 2 家，在尼日利亚的境外纺织工业园区 1 家。拥有先进的棉纺设备 30 万锭，织布机 5000 多台及 6 条印染生产线，已形成从棉花种植、收购、轧花、纺纱、织布、印染、销售一条龙的国际化产业链。年产各类纱线 5 万吨，提花布、印花布等纺织面料 23000 万米，产品畅销非洲、中东、欧美等国家和地区，是中国主要纺织品进出口企业之一。越美已连续 5 年被评为绍兴市"境外市场开拓先进企业"，连续 7 年被中国银行浙江省分行、中国农业银行浙江省分行评为 AAA 级信用企业，连续 3 届荣获"中国民营企业 500 强"，并获得中国"实施'走出去'战略先进企业"、"中国民营企业国际竞争力 50 强"等荣誉称号。"越美"商标被评为中国驰名商标，"越美"牌全棉大提花布被评为中国名牌产品。

越美集团面对不同时期的不同发展条件，根据企业自身经营状况，科学地进行了六个步骤的"走向非洲"发展历程，即对非出口、在非开设贸易公司、在非创办生产企业、在非兴建工业园区、参与非洲大陆资源配置、开拓服务新领域。六个步骤的目的都是为了通过"走向非洲"来谋求更好发展，但各阶段具体实施目标不同，发展特点也各不相同。事实证明，越美集团在"走向非洲"的发展历程中赢得了自身丰硕的发展成就，创造了可观的经济价值和社会价值。

第一，产品间接出口至非洲。

成立初期，越美公司主要以坯布生产为主，将生产好的坯布出售给印染企业，印染企业印染加工后再出售给香港贸易商，最后以批发的形式出售给尼日利亚的销售公司。越美公司处于产业链的中间环节，并依附于中间贸易商，不能独立掌握销售渠道。1992年到1999年，越美公司一年销售收入不足300万美元，且由于位于价值链的底端，平均利润率仅为5%。

而20世纪末21世纪初，中国国内纺织品竞争激烈，这一情况在纺织业密集的绍兴尤为明显，低价恶性竞争致使纺织企业利润微薄。而此时，越美公司的企业规模较小，没有形成规模效益，生产成本较高，也并未在产品及技术上进行创新，故而在激烈的同质竞争中处于劣势。在1999年，越美公司的资金回笼出现困难，资金链周转出现问题，企业面临着极大的发展危机。

在这一发展阶段，越美公司的产品虽然远销非洲，但是由于从事间接出口，并未独立掌握销售渠道，越美集团"走向非洲"的程度并不高，对海外最终市场的控制力非常小，利润微薄，且在国内纺织业日益激烈的竞争市场中处于劣势一方，发展情况并不理想。

第二，在非洲开设贸易公司。

为了改变依附中间贸易商的局限，化解资金周转困难的危机，2000年越美公司开始推行更为彻底的"走向非洲"的战略。了解到非洲是自身企业产品的最终市场，越美公司董事长徐志明在进行了实地市场调查与试营业后发现，非洲尼日利亚的纺织品需求量极大，且供求关系不平衡，属于完全的卖方市场，市场前景广阔。

随后，越美公司选择以尼日利亚为投资地，于 2000 年在尼日利亚创办了中尼纺织品公司，从事服装、纺织品的进出口贸易。越美从此在非洲市场打开新局面，并平安走出经营困境。在此基础上，越美集团"顺势而上"，以尼日利亚市场为基础，在安哥拉、迪拜、喀麦隆、马里等地开设境外贸易公司 6 家，构建国际营销网络。境外贸易公司的建立使越美的纺织品出口跳过了层层中间商，产品平均利润率增长至 40%，销售额较往年激增 5 倍，获得了较大的经济收益。在这一阶段，越美公司成果颇丰，发展迅速。

第三，在非洲创办加工企业。

位于尼日利亚的销售公司让越美集团攫取了"走向非洲"的第一桶金。但与此同时，尼日利亚市场蕴藏的潜在危机也随之浮现。由于越来越多的国家、企业将尼日利亚视为纺织品市场，出于对本国弱小产业的保护，尼日利亚的纺织品国际贸易壁垒逐渐建立。2004 年，尼日利亚政府正式宣布禁止纺织品进口，越美集团的出口贸易难以正常进行。但尼日利亚巨大的市场潜力和良好的企业发展前景让越美集团不愿就此放弃。初期，越美采用灰色清关以走私方式进入尼日利亚，一度出现了 20 余个集装箱共计价值 5000 万人民币的产品被扣押，境外工作人员以走私罪被海关关押的情况。[①] 企业面临着严重的经济损失和名誉伤害，商贸活动的开展陷入困境。为了解决这一困境，越美公司于 2004 年在尼日利亚创办了纺织品加工贸易公司——金美（尼日利亚）纺织品有限公司。该公司建立于卡拉巴保税区，兴建厂房 7000 多平方米，招聘当地工人 130 余名，累计投资超过 1088 万美元，又从国内引进先进设备和技术人员。在非洲加工生产公司的建立让越美集团在非洲的纺织品销售合法化，并赢得了更大的发展机会。2006 年 8 月，越美集团又在西非国家塞内加尔投资 500 万美元，在非洲创建了第二家加工贸易企业。

创办境外加工贸易企业，改变商品原产地信息，让越美成功地将贸易壁

---

① 王瑾、李国胜：《民营企业越美集团——实施"走向非洲"规划的风险应对》，载《对外经贸实务》2012 年第 8 期，第 79~81 页。

垒带来的冲击转变为自身发展的机遇。在当地组织加工生产，使得越美集团对于市场动态的反应灵敏度大大提升，在短时间内就能了解市场需求和流行风向，能够快速组织生产，免去冗长的运输时间，热销产品能够迅速地大批量投入市场。越美集团在规避贸易壁垒的同时还享受着尼日利亚保税区企业的政策优惠，不受征纳税、关税、外汇等法律法规约束，进出口畅通自由，外资设立与撤销变更自由，并且不受配额限制。越美集团还利用了非洲国家与欧美国家纺织品免配额进入的优惠政策，以非洲为跳板更好地进入了欧美市场，享受高额出口退税奖励。在巧妙规避了贸易壁垒后，越美集团稳定并进一步开拓了自己在非洲的市场，得到新的发展。

第四，在非洲兴建工业园区。

在非洲加工贸易公司的兴建为越美集团在非洲的发展扫清了政策上的障碍，但与此同时越美集团还面临着非洲国家经济发展现状上的种种制约。尼日利亚 80% 的纺织品依赖进口，国内的纺织业极其不发达，产业链上下游衔接不紧密，整体产业框架并未形成。在这样的条件下，越美集团的境外加工贸易公司只能对国内运输过来的半成品进行加工后出售，不能利用当地产业链上游的资源组织加工生产，因而生产成本居高不下难以压缩。而另一方面，中国国内纺织业产能过剩，劳动力价格逐渐升高，企业面临转型升级的压力。同时，自 2006 年 11 月中非合作论坛北京峰会召开以来，中国政府出台了一系列对非投资的优惠政策，非洲也以其巨大的市场容量和市场潜力被越来越多的中国企业所重视，但由于对非洲市场的不了解以及境外投资高风险的存在又让很多纺织企业望而却步。

越美集团审时度势，抓住机遇，于 2007 年投资 5000 万美元，在尼日利亚 Calabar 自由贸易区建立越美（尼日利亚）纺织工业园。该园区占地面积600 亩，建筑面积 28 万平方米，是中国第一个海外纺织工业园，也是尼日利亚最大的纺织工业园区。经过面向国内的招商引资和筛选后，有涉及棉纺、织造、印染、绣花、服装、针织等产业的 15 家中国企业入驻，形成了一条完整的纺织品产业链，也促成了集群式对外直接投资模式，这种投资模式促成了专业化分工和协作，节约了采购成本，降低了海外投资风险，避免了恶性竞争，形成了组合优势。[①] 而纺织产业向非洲转移也化解了国内纺织业产能过剩的情况；另外，工业园区享受着我国商务部的"纺织企业走出去专项资金"和尼日利亚优惠政策的双重支持。纺织品工业园区的兴建，为越美在非洲的发展扫除了产业链不完善的障碍，节约了采购、运输成本，降低了海外投资风险，让越美集团得到了更为良性的可持续发展。据了解，2008 年越美集团年销售收入高达 21 亿元，平均每年增长 65% 以上。越美集团因此赢得了更大的发展机遇。

第五，在非洲优化资源配置。

近年来，中国国内棉花价格上涨迅速，从 2009 年均价 1545 元/吨上升至 2010 年的 3012 元/吨，致使国内纺织企业的生产成本大幅提高。面对这一情况，越美集团继续深入地"走向非洲"，以国际化视野进行产业链布局，把战略眼光投向了西非国家马里。马里是非洲第三大产棉国，棉花是该国第二大出口品，年产量超过 40 万吨。2010 年，马里在棉花行业推行私有化改革，越美利用这一机会，以并购的方式收购了马里纺织发展公司，这家公司是马里最重要的棉花生产和收购企业，拥有马里占地数百万亩的种植面积以及 17 个棉花加工厂。越美集团在完成收购后直接控制了马里每年 35 万吨的棉花资源，占马里年产量的 80%。与此同时，越美集团还将当地棉花的收购权、定价权和经营权掌握在自己手里，可以以低于中国国内价格 60% 的价格将大批棉花运至生产国。为了进一步完善产业链，越美从中国进口优质的棉花种子、化肥和农药，引进先进技术、设备和工作人员，在当地建立了棉纺厂，以更少的成本将原料资源在当地进行深加工，实现了国际资源的优化配置。

第六，开拓新型现代服务业。

随着中国民营企业"走出去"规模的加大，扩大境外融资渠道成为中小企业亟须解决的问题之一。越美意识到这一市场需求，大胆提出在境外创办金融机构为中资企业服务的战略目标。2012 年 12 月经坦桑尼亚政府批准，"坦桑尼亚中国商业银行"正式立项注册，2014 年 1 月 16 日通过坦桑尼亚央

---

① 钱建民：《坚持"走向非洲"规划构建"浙式"跨国公司——越美集团境外投资发展模式的调查与启示》，载《政策瞭望》2009 年第 1 期，第 45 ~ 46 页。

行审核取得了银行牌照，正式营业。作为中国民营企业在境外创办的第一家中资商业银行，一年以来该银行推出具有竞争力的产品和服务，吸引存款，扩大融资渠道，为在坦桑尼亚及周边国家的中资企业提供了优质的金融服务。

自 2013 年"一带一路"倡议提出以来，越美为抓住这一历史发展机遇，开展了"以国际轻纺城为主体，以东非商贸物流园、埃塞俄比亚工业园为支点，建设中非经贸合作互通互联纽带"的发展计划。该计划预计投资建设占地 70 公顷的"东非商贸物流园"，该园区作为集贸易、商务、金融、物流、休闲等多行业、多功能发展的商贸综合体，将充分发挥坦桑尼亚的经济、港口、商品等的辐射能力。该计划还提出将在埃塞俄比亚投资建设越美工业园，更好地发挥埃塞俄比亚政局较为稳定，水电能源充沛、电价便宜、劳动力丰富且成本较低的优势。这两个园区将成为国家"一带一路"建设的重要支点，为中国与非洲经贸合作搭建互联互通的桥梁。

在非金融机构的创办，使越美在扩大自身融资渠道的同时又为其他中资企业提供了优质的金融服务；两个新的在非园区建设，让越美从纺织业拓展到现代服务业新领域；并更积极地融入国家"一带一路"倡议的构建当中。越美集团"走向非洲"的程度不断深入，先由点到线，再从线到面，直到促成了现在的全方位、立体化的发展模式。这一阶段，越美的总资产、销售收入、利润总额等继续逐年稳健提升。在这一模式下，越美集团可以更加稳健的步伐和更加可持续的方式继续前行。见图 4-1。

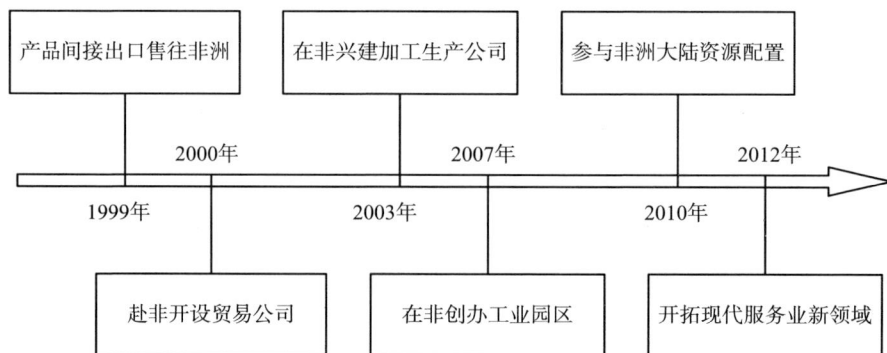

图 4-1　越美集团"走向非洲"发展历程示意

自 2000 年以来，越美开始实行"走向非洲"战略，截至 2015 年累计对非投资 7576 万美元，获得了丰硕的发展成果。在自身发展陷入僵局时变对非间接出口为对非直接出口，在非开设贸易公司，实现了销量与利润的大幅上升。当在非面临贸易壁垒时，通过创办生产加工企业来改变产品原产地信息，确保生产合法化，市场进一步打开。为解决在非生产成本过高的问题，越美在非创办纺织工业园区，完善产业链，利用集群式对外直接投资模式实现组合优势。为进一步实现利润最大化，越美积极参与非洲大陆资源配置。结合当下越来越多中国企业积极"走向非洲"的具体情况，并顺应现阶段中国提出的"一带一路"倡议，越美集团开始开拓现代服务业新领域，以实现更进一步的转型升级。越美集团在发展中始终坚持"走向非洲"战略，不断深化"走向非洲"的广度和深度，合理解决了自身发展问题、巧妙规避了贸易壁垒，正确应对了来自内外部的挑战，实现了自身快速稳定的可持续发展，企业规模不断扩大，综合实力不断增强。

2. 米娜纺织：埃塞俄比亚纺织品行业的知名企业

浙江省米娜纺织公司是埃塞俄比亚知名的纺织企业。10 多年前，米娜纺织公司还是浙江省绍兴市柯桥区众多纺织企业中不起眼的一员。但是，米娜企业通过与非洲国家客商贸易往来，抓住商机，于 2008 年投资 625 万美元在埃塞俄比亚开办了木材厂，第一年便收回投资成本。2011 年、2014 年，该公司又多次追加投资超过 1 亿元人民币，项目拓展到纺纱、印染等纺织领域，收购了当地最大一家国有纺织企业。

米娜纺织公司利用跨境电商平台，对埃塞俄比亚产能合作的执着和成效，引起了当地政府的高度重视。2014 年 5 月，米娜纺织公司第三次在埃塞俄比亚投资，购买 30 多亩土地，建成了占地 3.6 万平方米的印染生产车间、5 条集针织、梭织、印花、染色于一体的生产线。该印染车间生产参照欧洲标准，相关生产设备来自韩国、日本、意大利、美国等国家和中国台湾地区，生产的产品全部销往欧美市场。2015 年，在米娜纺织公司的牵线搭桥下，埃塞俄比亚中国特使及上海领事馆的领事在绍兴市柯桥区举办了专场招商会，争取更多浙江企业赴埃塞俄比亚投资合作。

作为一家纺织品出口企业，浙江米娜纺织有限公司在出口企业云集的绍兴市柯桥区，是一家"名不见经传"的外贸企业。但是在非洲的埃塞俄比亚，米娜纺织有限公司却颇有名气，公司8年来相继在当地投资木材、纺纱、印染等项目，累计投资达1亿美元。其中，纺纱项目收购了当地最大的一家国有纺织企业。目前，米娜纺织有限公司投资6400万美元的埃塞俄比亚印染项目，已经正式投产，每日能加工染色20万米。

米娜纺织有限公司的发展思路值得思考。与很多中国企业在非洲经贸合作强调"短平快"不同，米娜纺织公司在新投产的印染项目上，加强人力资源建设，在人才队伍组建及管理上下功夫，在国内组建了45人的管理团队，送优秀员工到意大利等国际时尚之都学习培训。此外，公司主要负责人每周一次与当地所在团队举行视频会议，及时了解企业动态。

二、浙江电力企业对非洲电子商务发展的推动

随着非洲人口大规模增长和城市化进程加快，非洲电力需求正在不断增加。撒哈拉以南非洲的大多数国家正在大力实施电力私有化改革，把电力生产、运输、配送分开，明确划分公共部门和私营机构的角色，这为中国浙江省电力企业进入非洲提供了难得的发展契机。其中，浙江永达实业集团和浙江正泰集团，发挥各自企业发展的优势，依托中非跨境电子商务，加大对非洲电力市场的输送能力，不断深化浙江电力企业及配套企业与非洲国家当地电力生产企业、电力配送企业以及客户之间的关系。

1. 浙江永达实业集团：赴非洲化解电力行业过剩产能

浙江永达实业集团是中国最大的水泥电杆生产企业，同时生产高低压输变电线路器材等。由于国内产能过剩、成本上涨等众多原因，永达的电力相关产业一直处于保本微利状态。在扩大产能出口的过程中，公司自2008开始向安哥拉销售水泥电杆。2010年初，永达集团董事长张发庆受邀与浙江商务

部门一道，考察安哥拉市场。他从当地电力市场杂乱，用电不普及，尚未形成统一大电网的现象中，看到了开发安哥拉电工产品市场的美好前景，下决心投资开发这一市场。历经长期战乱实现和平的安哥拉，电力发展百废待兴，不具备统一的电力产品行业标准。为此，永达已和安哥拉政府相关部门就当地电力标准的设立进行了广泛接触，希望帮助安哥拉建立一套具有中国知识产权的安哥拉电力行业国家标准。

浙江永达实业集团在安哥拉实体加贸易的经营模式和良好的市场前景受到中非发展基金的青睐。双方已经在香港成立控股公司，占安哥拉永达90%股份。新改组的安哥拉永达实业有限公司将由浙江永达集团、安哥拉华丰建设和中非基金、中葡基金四家单位共同投资组建，并由浙江永达实业集团有限公司占股51%绝对控股，该公司是中非发展基金在安哥拉的第一家投资合作企业。2010年6月，永达集团与安哥拉华丰建设有限公司共同出资成立了安哥拉永达实业有限公司，投资2300万美元建设电杆生产线和从事水电配套产品贸易销售。2012年，安哥拉永达正式规划建设安哥拉永达工业园项目，当年6月，该项目被安哥拉政府列为安哥拉新投资法出台后的第1号外资投资项目，填补了在安哥拉没有中国工业园的空白。

浙江永达实业集团的子公司——安哥拉永达实业有限公司在罗安达建成的1个电杆厂（安哥拉目前唯一的圆形水泥电杆现代化生产厂）和1个电力器材销售商场的基础上，完成另外5个输变电专业商场和2个电杆生产基地，建立起了覆盖安哥拉全境的电力销售网络，旨在成为安哥拉乃至非洲最大水泥电杆生产商和最大输变电器材贸易商。根据前期规划，安哥拉永达实业有限公司拟陆续投资5亿美元，在安哥拉建设占地面积500公顷的电力产业园。一期定位为电力产品工业园区，计划总投资1.5亿美元，占地3000余亩，建成了电力电杆、PE管材等生产区域及产品展示区、员工办公区等，采用"前店＋前厂＋后厂"的运营模式。一方面引入中国电力器材企业投资，将中国目前已经产能过剩的中低端输变电器材生产能力转移出来，另一方面迎合安哥拉经济多元化发展的需要，为安哥拉带来先进的生产技术和设备，为市场提供质优价廉的产品，为当地社会提供更多的就业机会，帮助安哥拉建立本国电力器材生产基础，并将市场辐射到刚果（金）、刚果（布）、赞比亚等国家。

2. 浙江正泰集团：非洲电力能源设备行业的佼佼者

浙江正泰集团始创于 1984 年，经过 33 年创业创新，已发展成为中国新能源与电力能源设备制造领军企业。浙江正泰集团产业覆盖"发电、储电、输电、变电、配电、用电"全产业链，布局智能电气与高端装备、清洁能源与新材料、智能家居与传感技术、物联网与新一代移动技术以及金融、物流与现代服务等板块。产品畅销世界 130 多个国家和地区，综合实力连续多年名列中国民营企业 500 强前茅。

浙江正泰集团旗下的浙江正泰电器股份有限公司系国内低压电器行业产销量最大的企业，也是 A 股首家以低压电器为主营业务的上市公司。正泰新能源产业在全球建成 200 多座光伏地面电站，实现光伏组建生产国际化，并因地制宜开创"沙光""农光""林光""渔光"互补发电模式，是国内民营企业规模最大的光伏电站投资运营商。建成全国首家单体产能最大"光伏制造＋互联网"透明工厂，体现业内最高制造水平。联合国际知名石墨烯公司，探索新材料新技术应用，研发生产高性能电池，抢占"石墨烯＋"发展先机。积极推进产融结合，助力实体经济发展，先后发起成立温州民商银行、浙江民营企业联合投资机构。

非洲是正泰集团海外业务的重要市场，公司参与了尼日利亚、卢旺达等 40 多个非洲国家的电网建设、输变电改造工程、光伏电站建设等。近年来，正泰电气利用自身在产品、技术、资质等方面的优势，凭借着完整的产业链，强大的系统总包能力和完善的系统解决方案，正泰电气国际市场实现快速发展，已为 130 多个国家和地区的用户提供解决方案和服务，特别注重开拓非洲市场。2016 年年底，正泰电气成功签订乌干达 10MW 太阳能项目，此项目为正泰输配电在乌干达执行的第一个新能源的总包项目，合同金额逾千万美金。目前该项目已经进入设计阶段。正泰电气产品一直应用于乌干达电力公司，助力乌干达电力公司电力系统安全、高效运转。在与客户共同进步的历程中，正泰电气的产品与服务得到了一致的认可和赞誉。此次太阳能项目的签订，有助于推进正泰电气在乌干达以及东非市场电力和新能源市场的拓展步伐。

正泰电气在非洲总包市场接连取得突破。2016年3月，正泰电气与合作伙伴组成联合体，中标中非某电力公司161kV变电站扩展工程的总包项目，项目金额逾千万美金。同时，正泰电气近期还签约了西非某国家电力220kV变电站扩建项目，继之前成功完成该电力公司多个变电站建设之后，业主向正泰直接伸出橄榄枝，成熟的市场经验，使得该项目快速完成了商务和技术谈判。目前，正泰电气在非洲市场目前总包业务已经覆盖十余个国家，设备供应到了20多个国家，为海外市场拓展做出了突出贡献。2017年3月19日，正泰变压器成功中标马达加斯加国家电力公司电力建设项目，开启正泰参与马达加斯加电力工程建设的序章。正泰集团与中国企业一道，携手中非基金和民间资本，发挥正泰智慧能源全产业链优势，在传统电力能源改造、新能源发展、工业园区建设等领域，加强与非洲国家的商贸交流与合作。

此外，2017年3月，正泰电气还牵手大型国企一举中标赞比亚100万吨水泥厂工业园132kV变电站和线路总包项目。在为期两个月的项目谈判中，正泰电气利用专业的技术支持，在赞比亚多年丰富的施工和项目管理经验，以及与赞比亚电力局良好的合作关系，成功斩获该项目订单。同时作为此项目重要的合作伙伴，正泰电气积极帮助水泥厂快速地与当地电力局沟通并解决了变电站以及线路总包项目的技术问题，成功协助相关协议的签订。赞比亚一直是正泰电气的重点市场之一，该项目的一举中标不仅为正泰电气在赞比亚市场的发展蓝图写下辉煌的一笔，更为正泰电气在非洲市场的发展提供了助力。

三、浙江农化企业对非洲电子商务发展的推动

非洲轻工农化市场潜力巨大，是国际轻工农化投资的热土，是知之甚少的新兴市场。从近些年农化跨国公司公布的种种战略规划，不难发现非洲的

身影，伴随着全球其他区域市场的逐渐成熟与饱和，非洲这块地广人多，相对落后贫穷但对粮食和技术需求增长迅猛的大洲让农化公司看到了未来在这一地区的巨大增长潜力。浙江省新安集团、浙江巨石集团是该领域浙江民营企业拓展非洲市场的佼佼者。

1. 浙江巨石集团：非洲玻璃纤维制造的主力军

浙江巨石集团是全球最大的玻璃纤维专业制造商，国家重点高新技术企业、国家创新型试点企业、中国大企业集团竞争力 500 强、浙江省"五个一批"重点骨干企业和绿色企业，获得全国质量奖，并拥有国家级企业技术中心、企业博士后科研工作站。现有总资产超过 200 亿元，员工总数 8000 余人，玻璃纤维生产能力超过 110 万吨，拥有浙江桐乡、江西九江、四川成都、国外埃及四个生产基地，并设立了巨石南非、埃及、韩国、意大利、西班牙、法国、加拿大、印度、新加坡、日本、美国、中国香港等生产和贸易型控股境外子公司。

全球玻纤生产消费大国主要是美国、欧洲、日本等发达国家，其人均玻纤消费量较高。其中欧洲仍然是玻璃纤维消费的最大地区，用量占全球总用量的 35%。早在 2008 年，巨石集团就成为全球规模最大的玻璃纤维制造企业，产量占全球总产量的 20%。作为全球最大的玻纤生产国，国内市场饱和，产能过剩，生产玻璃纤维所需要的原材料石英砂、石灰石、高岭土等，以及天然气、电等能源，成本节节上涨。特别是 2008 年金融危机后，作为主要消费市场的欧洲对玻璃纤维需求量锐减，为了保护本土企业，欧盟对中国玻璃纤维企业设置贸易壁垒，采取反倾销策略，大幅提高关税。2011 年，在巨石集团花费大量人力物力积极应诉的情况下，仍被裁定最终的反倾销税率高达 13.8%，加上原有中国玻璃纤维到欧盟的 7% 关税，总计 20.8% 的综合税率使得产品的竞争力严重削弱。2014 年底，欧盟又提起反补贴，这样一来，"双反"的综合税率高达 24.8%，这对于同属外向型的中国玻纤企业来说，无疑是沉重打击。

浙江巨石集团曾经每年向南非出口玻璃纤维，但在 2003 年下半年，一家竞争对手以倾销玻璃纤维短切毡等产品为由，把巨石集团送上被告席，原因是巨石集团在南非的销售，严重冲击竞争对手原本相对垄断的市场地位。2005 年初，南非法院判决对巨石集团征收高达 30% 多的反倾销关税。2005 年末，巨石集团投资 270 万美元，与南非当地一家公司合资，在开普敦建设一条年产 6000 吨玻璃纤维短切毡生产线。巨石南非公司发展良好，不仅为非洲填补了几乎空白的产业，也为非洲人民提供了多种产品选择。

2012 年 1 月，巨石集团埃及公司正式注册成立，计划在埃及投资 5 亿美元，建设年产 20 万吨玻璃纤维生产基地，成为巨石集团继浙江桐乡、江西九江、四川成都后的第 4 个生产基地。首期工程投资 2.23 亿美金，建设年产 8 万吨玻纤池窑拉丝生产线。2013 年 12 月试生产，2014 年 4 月全线投产。截至 2014 年底，巨石集团埃及公司在当地纳税已超过 1.7 亿埃镑。

尽管首期投入较高，制造成本跟国内成都生产基地相比并没有明显优势，但随着第二、三期项目的推进，仅制造成本就能降低 10% 以上。加上其他边际效应，成本可降低 15% 以上，有显著的成本优势。同时，埃及和欧盟之间玻璃纤维的贸易是零关税，巨石集团能至少能够节省 30% 左右税费，时间成本也是大幅缩减，以前从中国出口玻璃纤维到欧洲需要一个月的时间，从埃及出口只需要一周。尽管近年来埃及国内政局动荡，经济不景气，但是埃及拥有得天独厚的地域优势，不仅可覆盖欧盟和土耳其市场，还能辐射整个中东和非洲地区；制造玻璃纤维的原材料高岭土、石英砂、石灰石等可以就地采购，价格较低，供应有充分保证；作为能源密集型企业，埃及的天然气、工业用电有着非常明显的价格优势；中国人口红利逐渐消失，而埃及当地劳动力资源丰富，失业率较高，用工成本相对较低；更重要的是，在埃及建生产基地能有效地避开欧盟贸易壁垒，有效突破欧盟针对原产于中国的玻璃纤维的反倾销、反补贴贸易壁垒。

2. 浙江新安集团：非洲农化市场领域的开拓者

浙江新安集团创建于 1965 年，2001 年 9 月上市，连续多年进入"中国最具价值上市公司"之列，属中国制造业 500 强、全球农化销售 20 强企业。

浙江新安集团通过实施集团化、国际化、品牌化战略，新安集团以遍及全球的运营网络、优质的产品与服务不断满足人类生产生活的需求。新安集团主营作物保护、有机硅材料两大核心产业，开发形成以草甘膦原药及剂型产品为主导，杀虫剂、杀菌剂等多品种同步发展的产品群；围绕有机硅单体合成，完善从硅矿冶炼、硅粉加工、单体合成、下游制品加工的完整产业链，形成硅橡胶、硅油、硅树脂、硅烷偶联剂四大系列产品，新安集团成为拥有全产业链优势的有机硅企业。产品被广泛应用于农业生产、生物科技、航空航天、医疗卫生、建筑材料、电子电气、新能源等多个领域，畅销于全球几十个国家和地区，并在北美、南美、非洲等地区设立了海外子公司，使国际知名度和市场占有率稳步提升。

　　浙江新安集团是国家创新型企业、重点高新技术企业和全国知识产权示范创建单位，建有完善的创新体系，拥有国家认定企业技术中心、博士后科研工作站、省级企业研究院和杭州市院士工作站。新安集团始终坚持"绿色化学、生命恒远"的发展理念，不仅首创氯元素、磷元素、硅元素的循环利用先进技术，实现两大核心产业的良性互动与协调发展，更成为行业内循环经济模式的先行者，而且坚持通过发展循环经济、实现清洁生产，走资源节约型、环境友好型的发展道路，从而开发出更多优质产品，更好地服务社会、造福人类。

　　为了加快西非市场的开拓，2009年12月新安集团收购加纳阳光农资公司70%股份，并将该公司更名为新安阳光加纳公司，新安集团派人介入实质性管理和市场运作，开始了自主品牌的培育和本土渠道的建设。通过国内产品出口、当地本土化人才团队运作、品牌建设与市场渠道构建，当地的农资市场被极大开发，新安阳光加纳公司的年销售额5年里翻了10倍，从一年不足500万美元至2014年突破5000万美元。以草甘膦为例，仅一个产品，加纳市场的年需求量可达25000千升。经过近5年的运作，新安加纳公司销售规模从当初不到500万美元，到2014年已经突破5000万美元，5年时间销售规模增长了10倍，以加纳市场为中心，先后设立了科特迪瓦、尼日利亚和马里三家子公司，新建了加纳第一家现代化的农药工厂，主导产品草甘膦占到了当地草甘膦市场份额的30%以上。未来，公司还将进一步布局市场需求量可观的东非和南非市场。

新安集团利用海外仓，立足加纳，贸易辐射非洲。发现当地巨大的市场需求后，新安集团决定在加纳投资建立农药制剂工厂和海外仓。2012年3月，首批海外仓建成，面积3780平方米。2014年3月二期建成仓库2000平方米，加上外部租用，目前新安集团在加纳的两大城市拥有海外仓共计7300多平方米。新安集团的海外仓前期以公司自用为主，如今该集团与国内相关企业开展合作，转型为公用仓，产品品类从农资扩大到建材，同时还针对当地市场，把国内厂家五金、小家电、童车、纺织品等产品向当地分销商进行展示和推广。上述产品通过海运整柜发至加纳海外仓，利用已经架设好的市场网络体系，通过边贸，产品销售可辐射至塞内加尔、多哥、贝宁等多国，进而扩展到其他非洲国家。

2015年12月，新安加纳海外仓入选浙江省级公共海外仓名单。通过轻重货拼柜走海运，利用海外仓这样的保税备货形式，至少能节约1/3的出口物流成本。在此基础上，2015年新安集团自主开发的跨境电商平台——"加纳中国商品城"上线，以海外仓为支点，利用跨境电商，吹响了深度开发非洲这片新兴市场的号角。根据新安集团的战略，利用本土化的人才团队、海外仓内线下体验店和终端店以及物流清关优势，加上跨境电商平台APP上线，从线下到线上全渠道打通，2018年通过海外仓实现的销售规模可突破1亿美元。

浙江新安集团在走出去开展本土化的市场营销、品牌推广基础上设立海外仓，最初以自用为主，渐渐发展为公共仓，现已可以为合作入驻企业提供清关、仓储、物流、配送、收汇、售后等一条龙服务，形成行业龙头企业带队"走出去"，企业抱团海外发展的规模化效应，远优于一家企业单打独斗。2015年下半年以来，新安集团所在的建德市已开展两次公共海外仓推介对接会议，组织有意向拓展非洲市场的生产出口企业对接新安化工集团加纳海外仓，已成功协助5家非化工企业入驻加纳仓，打开了非洲市场销售。按照《建德市人民政府关于进一步加快电子商务发展的若干意见》等相关政策，结合建德跨境电商出口产品特点以及出口主要市场情况，鼓励、支持企业通过租用、独立运行、自建等方式建设公共海外仓，分批推进公共海外仓建设和认定工作，给予一定扶持。

截至 2017 年 4 月底，新安加纳全月完成销售收入近 800 万美元，净利润突破 110 万美元，超越了历史最好水平，再次验证了新安加纳在西非农药行业的主导者地位。面对当前西非农药行业严峻的挑战、恶劣的竞争环境和不稳定的经济形势，新安加纳在困难面前不止步，在竞争面前不退缩，积极贯彻集团"抢抓市场、把握机会，实现效益最大化"的工作要求，各部门有劲往一处使，有力往一处发。生产上，不断以新技术、新工艺提高生产效率，在保证质量的前提下降低生产成本，将精益化生产与质量意识及时传达给每一位员工，让他们在工作中培养质量意识，完善作业流程，养成良好的工作习惯；销售上，营销部与市场部通力合作，结合西非市场的特点，制定并实施各项营销举措，通过积极研究分析市场走势，走访农民和客户，扩大市场影响和渠道建设；汇率上，营销与财务、尼日利亚、马里等各子公司通过实践，摸索出应对汇率变化的定价机制与货款账期控制模型，通过采取各种渠道销售结合，换汇与销售同步的方法，为公司抢占西非市场，完成销售任务提供了坚实的基础。

| 第五章 |
浙江跨境电商开展浙非
产能合作：案例分析

　　本章内容从浙江省跨境电商产业园区、浙江省跨境电商平台、浙江省跨境电商服务平台三个方面入手，以浙江省跨境电子商务企业开展浙非产能合作为主题，以服务浙江省对非洲经贸发展为目的，进行了针对性的案例分析。本部分提供的案例素材包括中国（杭州）跨境电子商务综合试验区、中国（宁波）跨境电子商务综合试验区、金义综合保税区、义乌跨境电子商务园区；阿里巴巴集团、义乌购、非洲机械网；中非商贸投资服务平台、中非桥跨境贸易服务平台、中非经贸港等。

第一节　浙江跨境电商产业园区开展浙非产能合作

　　目前，在中国（杭州、宁波）跨境电子商务综合试验区的引领下，浙江省主动参与全球电子商务规则制定，积极建设"一带一路"倡议的电子商务中心，对非洲国家电子商务市场的辐射能力不断增强，在多种合力作用下，浙江省跨境电子商务试验区对非洲市场的输送能力不断提升。根据浙江省电子商务发展的整体安排，可以分为中国（杭州）跨境电子商务综合试验区、中国（宁波）跨境电子商务综合试验区、金义综合保税区、义乌跨境电子商务园区四大主体功能区。

一、中国（杭州）跨境电子商务综合试验区

中国（杭州）跨境电子商务综合试验区是国务院批准成立的由浙江省人民政府主管，为推动全国跨境电子商务健康发展而成立的全国首个试验区。中国（杭州）跨境电子商务综合试验区面积达 147 平方公里，营造了良好的供电、供水、供热、道路、电信、宽带、排污、排水、地块平整等"九通一平"投资发展环境。作为全国首个进口业务全覆盖园区，中国（杭州）跨境电子商务综合试验区在试点业务覆盖、交易规模、模式创新、产业集聚等方面取得明显成效，走在全国前列。通过积极引导和大力培育，园区吸引了包括：天猫国际、网易考拉、银泰网等在内的国内知名电商企业入驻，目前园区共注册跨境贸易企业 141 家，商品备案已超过 3 万种品类，覆盖 60 个国家和地区。截至 2016 年 10 月 14 日，中国（杭州）跨境电子商务综合试验区累计实现 B2C 进口业务 3360 万单，交易金额突破 61 亿元。其中网购保税 3041 万单，交易金额 53.8 亿元，直邮 319 万单，交易金额 7.2 亿元。目前日均单量 6 万单，业务量占杭州综合试验区业务总量的 90% 左右。另外，开园以来，海关累计代收税金 2.20 亿元，跨境进口已成为税收增长的新亮点。在跨境出口方面，园区正积极创新跨境 B2B 出口模式，目前已引入敦煌网等国内知名跨境出口平台，目标是创建全国首个出口网货中心和配送集散中心，推动区域传统外贸企业上线，培育国际一流出口品牌，实现出口增量。见图 5－1。

中国（杭州）跨境电子商务综合试验区对园区在进口直邮、网购保税等方面用足用好海关特殊监管区域的政策优势，大大提高了海关通关率。杭州海关在下沙园区实行了"提前备案、即时验核"模式，将跨境电商数据接入海关监管系统，在全国试点城市中率先打通了跨境网购的下单、支付、物流等环节，实现了海关监管系统与电商企业数据的实时互通。消费者只要在跨境平台下单，订单信息会第一时间同步到海关监管系统，计算机自动计算所需税费，提升了跨境商品流转效率，可为企业节省约 60% 的通关时间。虽然

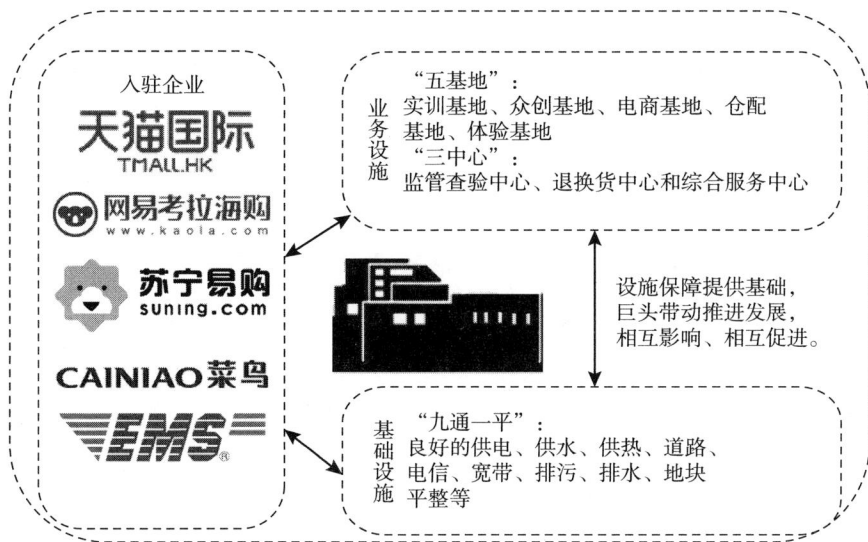

图5-1 中国（杭州）跨境电子商务综合试验区架构

中国（杭州）跨境电子商务综合试验区的日监管最高峰值曾达12万单，但由于信息化监管能力已渗透于跨境商品运输、报关、仓储、订单生产、查验、二次配送的全过程，杭州海关基本做到了"当日出单、当日验放"。

中国（杭州）跨境电子商务综合试验区将围绕"产城融合"的发展思路，全力打造国际一流的跨境电子商务产业园区。发挥海关特殊监管区域政策优势，加大力度建设杭州唯一进口肉类指定查验场、新型公共监管场站、冷链物流、智能一体仓库、场站信息化管理系统等；积极引入金融服务等机构，创新园区服务模式，全面提升公共服务水平；构建跨境电子商务健康生态圈，实现园内园外、区内区外、网内网外、线上线下、进口出口融合发展。

中国（杭州）跨境电子商务综合试验区具有以下优势：一方面，政策支持。杭州作为国家第一批综合实验区试验点，国家、省政府、地方政府为其颁布一系列优惠政策，鼓励杭州跨境产业的发展。例如，广阔的保税仓库又享有海关特殊监管区域政策，在仓储，报关等方面具有强大的优势。另一方面，拥有高效的信息平台。中国（杭州）跨境电子商务综合试验区聚集了阿里巴巴、网易、银泰网、敦煌网等一批电商龙头企业，为产业园的信息提供来源。并且，全国第一个"云服务＋大数据"的智能信息系统服务平台"壹路通"首先在下沙跨境产业园启动。当然，中国（杭州）跨境电子商务综合试验区也存在某些发展不足，包括物流成本高，时间长；杭州近乎无港口状态，尤其是空港不发达，不利于货物运输，是做跨境直邮的短处。

二、中国（宁波）跨境电子商务综合试验区

中国（宁波）跨境电子商务综合试验区是继杭州获批首个跨境电子商务综合试验区之后，国务院批复的第二批国家跨境电子商务综合试验区。中国（宁波）跨境电子商务综合试验区依托宁波区位优势及产业现状构建资源平台为电商企业提供进出口贸易服务。2012 年 12 月，宁波列入国家跨境贸易电子商务服务首批试点城市；2016 年 1 月，宁波获批设立中国（宁波）跨境电子商务综合试验区，在原有宁波市电子商务产业园区基础上建立的以电子商务及相关产业为核心的电子商务产业集聚区。中国（宁波）跨境电子商务综合试验区位于宁波中心城区——海曙的西北、西南两翼，共 4.9 平方公里。

为推进中国（宁波）跨境电子商务综合试验区建设，宁波市专门成立了由区政府主要领导任主任的宁波（国际）电子商务产业园管委会，管委会下设宁波（国际）电子商务产业园管理中心和宁波市海曙区城市开发投资有限公司，具体负责园区规划、建设、管理、运营、招商等各项工作（见图 5 - 2）。目前，园区通过积极盘活区域内楼宇资源，着力拓展产业发展空间，先后吸引京东商城、敦煌网、中兴通讯、中烟集团、甲骨文等众多知名电商企业签约入驻园区，国家跨境贸易电子商务服务出口试点基地建成投入使用，产业集聚规模效应逐步显现。

中国（宁波）跨境电子商务综合试验区为入驻企业提供注册、经营、纳税退税、医疗健康、法律援助、进出口、社会保障、雇佣等服务。自《实施方案》提出，以跨境电子商务综合信息平台为基础，推进各项服务功能的线上集成，建设品牌、法律、技术、运营、客服、物流、金融、供应链、软件、数据、翻译、人力资源、知识产权等服务的完整生态链。同时，简化个人电子商务外汇结算（见图 5 - 3）。

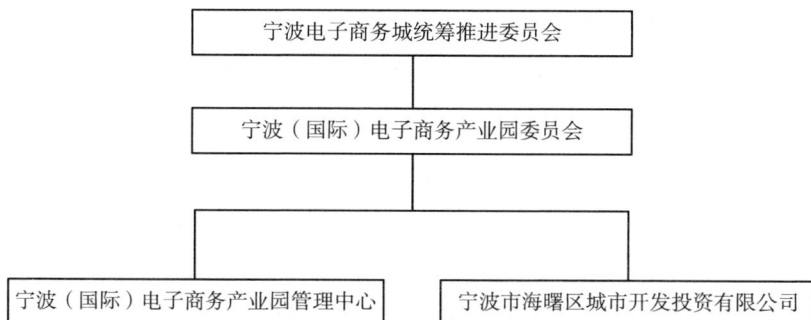

图 5-2 中国（宁波）跨境电子商务综合试验区建设组织架构

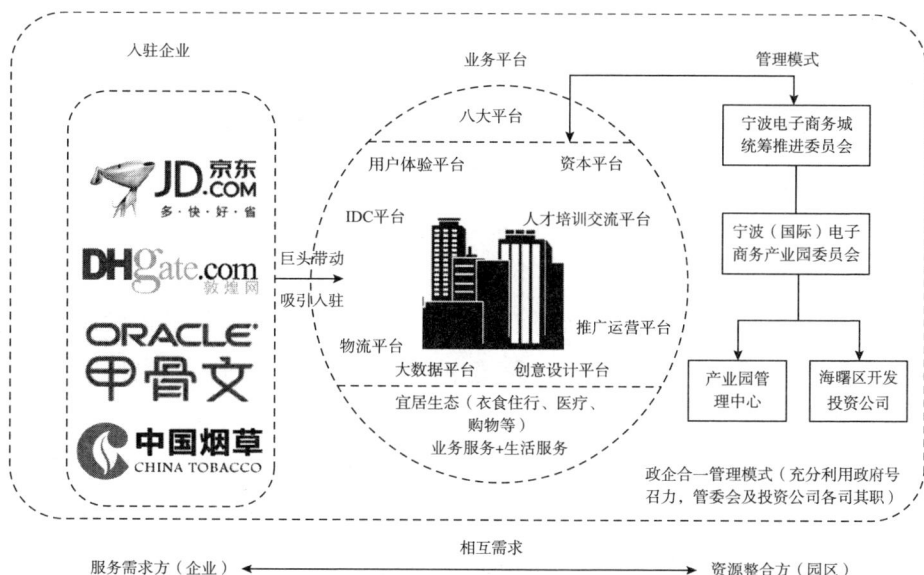

图 5-3 中国（宁波）境电子商务综合试验区架构

宁波跨境电子商务发展十分迅猛。2015 年，宁波跨境电子商务试点业务进出口总额达 81.4 亿元，比上年增长 22 倍。2016 年前 7 个月跨境电商进出口总额比上年同期增长 186%，其中进口规模居全国第二。宁波跨境电商完整生态系统已经逐渐形成，涵盖跨境电商平台企业、贸易企业和服务企业等。截至 2016 年 7 月，备案跨境电商市场主体共 990 家，与 2014 年底的 79 家跨境电商备案企业相比已经增长了近 80%。备案的跨境电商贸易企业，其来源主要有两类：一是电子商务类企业；二是外贸公司，约占宁波外贸公司总数的40%。根据规划，到2018年，宁波跨境电子商务年交易额将超过150亿美元，其中出口额约130亿美元，进口额约20亿美元，累计培育20个跨境电子商务产业集群和100个跨境电子商务公共海外仓。

中国（宁波）跨境电子商务综合试验区拥有以下优势：首先，区位优势明显。距离城市核心近，靠近机场、高速公路，交通便利，配套设施齐全。在海上，宁波面朝繁忙的太平洋主航道、背靠中国最具活力的长三角经济圈，两年来，全球第一大港宁波舟山港顺势而动，成为服务"一带一路"建设的重要支点。集海洋经济发展示范区、舟山群岛新区、舟山江海联运服务中心、中国（浙江）自由贸易试验区、义甬舟开放大通道建设等"五大战略"于一身，宁波舟山港俨然已成为浙江与"一带一路"沿线国家和地区互联互通的最前沿。其次，经济基础雄厚。全国计划单列市里经济总量15名；外贸进出口近千亿，全国第八。第三，信息基础良好。浙江首个光网城区，智慧城市试点城市，重点区域Wifi全覆盖。第四，政策配套完善。税收、人才、物流、"1＋X"扶持、八大服务平台支撑。第五，配套设施齐全。居住区、大卖场、医院、学校等各种生活配套设施齐全。最后，政策支持。中国（宁波）跨境电子商务综合试验区受浙江省及宁波市政府政策支持。

当然，中国（宁波）跨境电子商务综合试验区也面临若干个发展瓶颈。首先，企业规模小人才储备少。宁波作为全国首个交易额破10亿元的试点城市，跨境电商发展势头良好，然而人才供给短板却成为产业持续快速发展的制约因素。跨境电子商务复合型人才需要具备外语、国际贸易、电子商务专业知识和能力，并熟悉相关国际规则。中小型企业缺少此类综合型人才。其次，通关服务存在以邮快件方式通关时难以快速通关、无法正常结汇及难以退税等问题。2016年宁波设立国际邮件互换局，但是难以快速通关、无法正常结汇及难以退税等问题还亟待解决。最后，缺少跨境电商综合服务平台。目前宁波只有"天易通"等跨境平台。

三、金义综合保税区

2015 年 10 月 21 日，国务院批复同意金华设立金义综合保税区，这对主动融入"一带一路"建设，着力做强做大跨境电商经济的金华来说，是一项重大利好。根据现行有关政策，海关对保税区实行封闭管理，境外货物进入综保区，实行保税管理；境内其他地区货物进入综保区，视同出境。同时，外经贸、外汇等管理部门也对综保区实行相对优惠的政策。企业在综合保税区开展口岸作业业务，海关、检验检疫等部门在园区内查验货物后，可在任何口岸（海港或空港）转关出口，无特殊情况不再开箱查验，提高通关效率。

金义综合保税区落户金华，并在浙中城市群金义主轴区块——金义都市新区开建，将为浙中城市群真正实现优势互补、联动发展，构建更加完善的服务支撑体系，释放集群效应。

（一）规划布局

金义综合保税区四至范围：金华市金义都市新区（东至正涵街，西至广顺街，南至孝川路，北至集贤路）区块，规划面积 1.79 平方公里，其中，一期 1 平方公里，二期 0.79 平方公里。按照"南北两期、五大分区、统筹布局"的要求，具体划分为口岸作业区、保税加工区、保税物流区、国际贸易区和综合服务区五大功能板块。

第一，口岸作业区。口岸作业区的主要功能有进出口货物通关监管、虚拟口岸服务、场站服务、集装箱拼装转运、检验检疫、国际贸易及海关、商检、税务、外管、金融等一站式服务功能等。口岸作业区主要建设司机休息室、堆场业务办理中心、拆封区、海关查验区、检验检疫查验区、集装箱堆场、停车场等。

第二，保税加工区。保税加工区主要进行高新技术产品、汽车、轻工产品、装备制造等产品的研发设计、加工、制造、维修。主要建设内容包括：

高新技术产品加工区、轻工产品加工区、装备制造加工区、检测维修区。

第三，保税物流区。保税物流区主要是服务于浙中西部及浙闽赣皖四省九地市的工业企业和商贸企业，为其提供原材料、中间产品和产成品的保税仓储、拼箱、中转等分拨配送服务，以及跨境电子商务、VMI 和 DC 等物流增值服务与供应链管理服务，并随综合保税区物流金融业务的逐步完善，开展仓单质押、流通监管等供应链金融业务。保税物流区内主要建设保税仓库、货物拼装分拣仓库、分拨配送中转站等，另根据综合保税区的功能需求，建设跨境贸易电子商务保税仓库。

第四，综合服务区。综合服务区主要建设综保大厦、国际金融服务中心、研发设计中心、综合保税区服务中心、展示交易中心、生活配套服务区、总部大楼、培训中心、停车场等。

第五，国际贸易区。国际贸易区主要建设进口产品电子商务中心、全球采购中心等。进口产品电子商务中心，提供高端奢侈消费品、汽车、机械、高新技术产品等线上线下交易、订单生成、商品配送与售后服务，达到"一站式采购"效果。全球采购中心主要是结合金义综合保税区的跨境贸易电子商务平台和离岸金融中心进行高端奢侈消费品、汽车、机械、高新技术产品的全球采购信息发布、采购计划生产、采购执行等业务内容。

（二）发展定位

金义综合保税区利用特有的功能政策优势，积极连接国际国内两个市场，集聚各类高端生产要素，着力打造国家战略性新兴产业加工制造基地，服务浙中辐射华东的保税物流基地，国际高端进出口商品交易展示基地，跨境贸易电子商务综合服务基地，努力将金义综合保税区建设成为服务闽浙赣皖九方经济协作区开放型经济和浙江省对接 21 世纪海上丝绸之路的国家示范型内陆综合保税区。

金义综合保税区利用长江经济带区域通关一体化的新模式，加强与上海、杭州、宁波等空港、海港的区港联动，促成内陆与港口间"无缝对接"，并实行"一次申报、一次查验、一次放行"，提高通关效率。

金义综合保税区内涉及的主要产业为保税加工业、保税物流业、货物和服务贸易产业、物流信息处理及咨询、高新技术研发、进出口商品交易及会展相关服务业、新能源汽车加工制造、现代五金研发设计加工、跨境贸易电子商务产业。

金义综合保税区分期建设方案一期规划面积 1 平方公里，先行完成保税封关运作，主要建设口岸作业区、保税加工区、保税物流区和综合服务区以及区间道路。二期规划面积 0.79 平方公里，主要建设保税加工区、保税物流区和国际贸易区以及区间道路。

根据金华市产业特点，参照我国综合保税区有关管理办法，金义综合保税区由海关按照"一线放开、二线管住、区内自由、入区退税"的监管原则，实行全域封闭化、信息化、集约化的监管。

金义综合保税区充分发挥区位优势和政策优势，发展保税加工、保税物流、保税服务等业务。金义综合保税区实行封闭管理。要按照海关特殊监管区域有关规定组织综合保税区隔离监管设施的建设，待条件具备后，由海关总署会同有关部门进行验收。

金义综合保税区享受现行综合保税区相关税收和外汇管理政策。主要税收政策为：除法律、法规和现行政策另有规定外，境外货物入区保税或免税；货物出区进入境内区外销售按货物进口的有关规定办理报关手续，并按货物实际状态征税；境内区外货物入区视同出口，实行退税；区内企业之间的货物交易免征增值税和消费税。

（三）功能安排

金义综合保税区将充分利用金华现有交通、产业、市场、物流等优势，发挥好保税加工、保税物流、进出口商品展览展示、物流信息处理及咨询服务、货物及服务贸易、高新技术创新、跨境贸易电子商务、总部经济、供应链金融、虚拟口岸等十大功能（见图 5-4）。

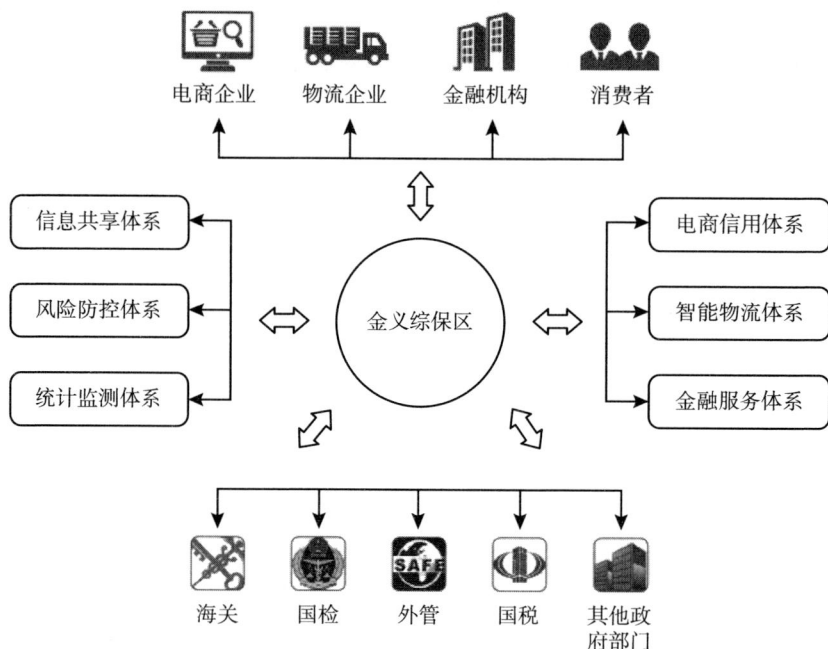

图 5 - 4 金义综合保税区功能结构

　　金义综合保税区是具有保税港区功能的海关特殊监管区域，由海关参照保税港区相关规定对综合保税区进行管理，执行保税港区的税收和外汇政策，集保税区、出口加工区、保税物流区、港口的功能于一身，可以发展国际中转、配送、采购、转口贸易和出口加工等业务，是我国除自贸区外开放层次最高、优惠政策最多、功能最齐全、手续最简化的海关特殊监管区域，是对保税区、保税物流园区、出口加工区、保税仓库、出口监管仓库、保税物流中心（分为 A 型和 B 型）等保税功能区（或监管场所）的整合。

　　金义综合保税区保税仓储主要有三种操作方式：一是存储进出口货物。企业可以将从国外采购的货物在综保区内储存，可暂缓缴纳关税和进口环节代征税，降低企业垫资成本，增加企业资金流转。例如，某火腿加工企业，在综保区内办厂，每年要从国外进口带骨冻猪腿，进入综保区，不需要缴纳关税、增值税，以 2000 万元计算，关税 12%、增值税 13%，企业可暂缓缴纳各类税款约 530 万元。另外，企业将从国内采购的货物存入综保区，视同出口，可予以办理退税，比离岸退税速度快，节约企业成本，从综保区出口到国外不再征收出口关税。二是存放未办结海关手续的货物。未办结海关手续主要是指许可证未办理的、报关未完成的等，综合保税区有免许可证功能。例如，A企业从国外进口一批机器设备，由于时间紧还没有办理许可证件，但货物已经到达上海港，如果等到许可证件办出来可能要等上十天半个月，产生滞箱费等其他额外的费用，该企业就可将该机器设备从上海港提出存入综保区，等许可证件办理完成后再向海关申报从综保区内提出。三是出口拼箱。例如，某国外企业可以从我国国内或国外将采购的原材料或者产品汇集到保税区，然后按照销售合同组合成不同的货柜发至世界各地。

金义综合保税区保税加工有两种主要操作方式：一是商业性加工。可以在区内对保税货物进行贴标签、分装、再包装等商业性加工。例如，从国外进口葡萄酒原浆，在保税区内灌装成瓶装，再进行销售。二是加工贸易。进料加工：从国外购买原材料、元器件、零部件在保税区内生产加工成品后再从保税区运至国外。这就是我们通常讲的两头在外的出口加工模式。来料加工：国外客商将一定的原材料、元器件、零部件委托保税区内企业根据外商要求进行加工装配，再从保税区内运至国外。如富士康公司的模式。

金义综合保税区保税服务主要包括物流服务，检测和售后服务维修，港口通过服务。第一，物流服务。进口分拨：如国内有若干个厂家，同时到国外一个厂家进口原材料，但是每次的量又不是很大，国外厂家可以将产品存储在综保区，根据厂家的要求批量送货，减轻进口商的进口税费压力。国际配送：国外客商国内的客户遍布全国各地，他可以在综保区内设立办事处，将产品大量进口放置在综保区，然后根据客户不同的需求从综保区定时定量地供货。第二，检测和售后服务维修。综保区对区内货物无限期的保税政策使得跨国公司可以把一些零部件长期储存在综保区内，以便随时响应售后服务部门的需求。如奔驰公司可以将某个零件放在综保区内，需要时将其提出综保区进行维修，也可以在综保区内开设进口汽车维修部，将车子放到综保区内维修。第三，港口通关服务。综合保税区一般通过区港联动来加强与港口的业务联系，且从目前综合保税区的运作情况来看，区内为企业进出口提供的一般都是"一站式"服务。即从综保区出去的货物，到港口不需再办理报关手续，即可上船。

金义综合保税区保税贸易会给市民消费带来积极影响。保税贸易的方式有寄售、拍卖，进口商品直销，进口商品展示，跨境电子商务，国际转口贸易等。比如通过寄售、拍卖，国外客商可以将物品如贵重的艺术品，放到综保区内委托某个代理人进行销售，也可以在综保区内开展拍卖活动。综保区还可以超市的形式专营进口商品。利用综保区的保税优势，从国外进口奶粉、化妆品、保健食品，在综保区内开展跨境电子商务。如现在很多知名的网络公司旗下的海淘、代购网站，都是通过综保区发货的。

金义综合保税区有诸多政策利好。综合保税区政策体系主要涵盖税收优惠、保税监管、外汇管理、检验检疫、加工贸易等五个方面。在税收优惠方面，一是国外货物进入综保区予以保税，免征关税和进口环节税，除法律、法规和规章另有规定外，不实行许可证和进出口配额管理。货物出区进入国内销售视同进口，办理报关手续，并按货物实际状态缴纳进口关税和进口环节税。二是国内（指境内区外，下同）货物入综保区视同出口，可按规定办理出口退税手续。三是综保区内企业之间的货物交易免征增值税、消费税，区内企业直接出口的货物免征出口关税。四是综保区与其他海关特殊监管区域或者保税监管场所之间的流转货物，不征收进出口环节的有关税收。①

四、义乌跨境电子商务园区

义乌跨境电子商务园区是一个以海关监管为核心，面向跨境电子商务企业及上下游服务企业的开放性平台。园区集行政监管、物流集散、电子商务、信息交流、金融服务、生活餐饮等功能于一体，主要面向跨境网商、服务商、培训咨询机构、协会、金融、跨境物流代理、国际快递等网商产业链上下游企业及机构招商。浙江省正在全力打造的义甬舟开放大通道，是联通"21世纪海上丝绸之路"和"丝绸之路经济带"的大平台（见图5-5）。

---

① 《国务院批准设立金义综合保税区》，金华日报（2015-11-5）。

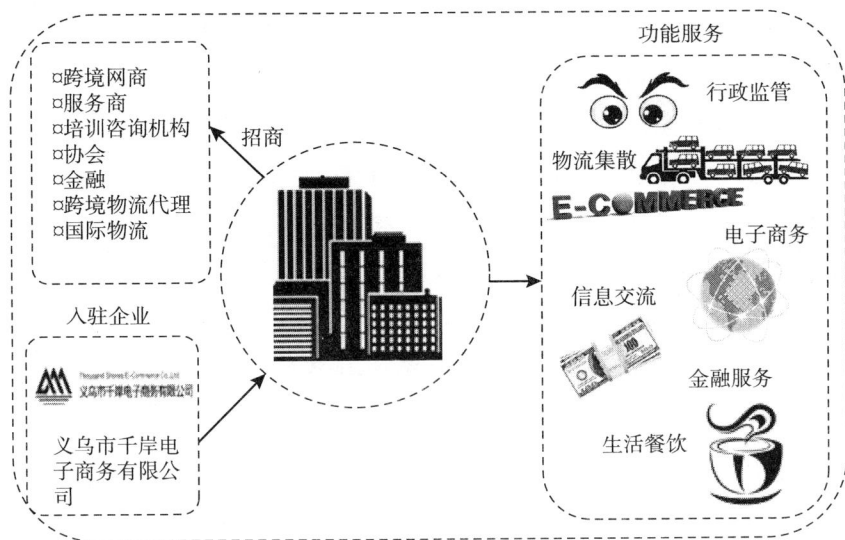

图 5 - 5 义乌跨境电商园区架构

义乌跨境电子商务园区已经成为义乌跨境电子商务出口邮件、进出口快件的集散处理中心。2014 年 12 月 26 日，由国际陆港集团投资建设的园区监管中心正式投入使用。监管中心总占地 13000 平方米，操作场地 5000 平方米，设有邮件作业处理区、海关监管查验区、备货区等，日处理邮件高可达 10 万件。目前监管中心内已入驻邮政速递并引进多家跨境电商企业开展业务。目前日通关邮包已达 4 万余件。在此，货物经分拣设备上线查验后，通过快速验放、快速清关，迅速转运至杭州、上海等国际机场，直接送达全球各地买家手中。从 2014 年 12 月 26 日义乌跨境电子商务出口试点启动以来，小商品跨境电子商务出口持续升温，日出口量从启动初期的每天 2000 票，增长至目前的 5 万票左右，单日峰值达 11.7 万票；出口目的地从欧美等发达国家扩大到目前遍及全球 127 个国家和地区。2015 年 10 月 22 日，义乌市海关公布数据，义乌跨境电子商务监管中心运行近 10 个月，义乌海关累计监管跨境出口包裹突破 1000 万件。

义乌跨境电子商务园区具有以下优势：首先，资源优势。原有的小商品货源市场让义乌迈向国际电商的小商品集散地。其次，政策扶持。政府鼓励支持企业入驻电子商务园区，企业获批电子商务园区将享受租金补助。最后，区位发展良好。义乌国际陆港发展喜人，中欧班列（义乌）从 1 条线路增加到 8 条线路，从原来的"有流即开、无流即停"，发展到每周 3～4 列常态化开行，境外到达国家和地区已达 33 个，是我国到达境外城市、运送货物品类最多的中欧班列，开辟了一条中国与"一带一路"沿线国家和地区间全新的物流通道。

义乌跨境电商园区也面临诸多发展瓶颈。首先，人才稀缺。2013 年跨境电子商务迅速发展，紧接着几年，义乌跨境电子商务进入发展黄金期。因此大量人才涌入义乌市场，义乌网商数目也大量增加。但是，义乌跨境电子商务在发展时出现了缺少专门人才的问题。在国际物流管理、小商品出口监管等方面缺少大量人才。现在，对外贸易、语言方面的沟通交流也对人才市场增加了考验。其次，小商品出口包装物流。义乌小商品具有量少单数多的特点，每日出口商品数以万计。大量的商品出口为监管带来了困难，以及高额的运输费用无形之间增加了成本，有时，运输费甚至高于生产成本。最后，跨境电商对在线支付要求高。在线支付是跨境电商平台中十分棘手的环节，受制于诸多因素。

第二节 浙江跨境电商平台参与浙非产能合作

浙江跨境电商企业参与浙非产能合作，主要以搭建跨境电子商务沟通服务平台为依托，以向非洲国家输送浙江省优质、富余产能为宗旨，以促进双边合作共赢共同发展为目的。浙江省专门面向非洲国家的跨境电商重量级企业非常多，本节主要以阿里巴巴集团、义乌购、非洲机械网为例。

一、阿里巴巴集团：非洲是跨境电商的下一个"金矿"

阿里巴巴集团高度重视非洲市场。2017 年 7 月 21～23 日，阿里巴巴集团董事局主席马云访问非洲肯尼亚大学，出席中肯企业家高峰圆桌会议，该团队涵盖科技、健康、保险、金融等各行业的企业家，与非洲本土顶尖企业高管以及深耕非洲多年的华人企业家探讨非洲商路，并就非洲未来经济发展方向，面临的主要机遇及挑战，合作机会与趋势等方面展开讨论。他还携手联合国贸发会议秘书长基图伊（Mukhisa Kituyi）并作为该会议特别顾问为500名年轻的企业家进行演讲。马云非洲行程还造访了卢旺达，并作为Youth Connekt峰会的主讲人，此次峰会由卢旺达政府、联合国贸发会议以及联合国开发计划署共同举办。

同时，阿里巴巴集团旗下有专门的平台扩展非洲市场。"阿里巴巴国际站"（B2B）是帮助中小企业拓展国际贸易的出口营销推广服务，它基于全球领先的企业间电子商务网站阿里巴巴国际站贸易平台，在非洲埃及、南非等国家设有专门的服务。"阿里巴巴全球速卖通"（B2C）是阿里巴巴旗下面向全球市场打造的在线交易平台，被广大卖家称为国际版的"淘宝"，其业务覆盖整个非洲大陆。

1. 马云非洲之行："四个小计划"助推非洲电商发展

2017年7月21日，马云在卢旺达首都基加利举行的Youth Connket非洲青年峰会上宣布"四个小计划"，其中包括资助200个非洲年轻企业家到杭州学习、与非洲大学和政府合作对学生进行培训、设立保护区巡护员奖励基金以及成立一个1000万美元的非洲年轻创业者基金。

第一，阿里巴巴决定与联合国贸易和发展会议合作，邀请200位年轻非洲创业者前往杭州，到阿里总部学习电商、人工智能、互联网方面的知识。"我们将倾囊相授，让这些年轻人回到非洲后，可以发展自己的事业，更能够帮助他人。"

第二，阿里巴巴将与非洲的大学和政府合作，教授学生有关电商、互联网、人工智能、大数据、云计算的知识。教育、培训尽量多的学生，帮助他们应对DT时代（数据时代）的挑战。

第三，是一个公益项目。马云作为桃花源生态保护基金会联席主席，代表桃花源基金会及阿里巴巴公益基金会宣布，桃花源基金会将开设非洲项目，阿里巴巴基金会将一同出资，设立保护区巡护员奖励基金，每年奖励 50 名一线巡护人员，每人奖金 3000 美元。据介绍，该项目将持续 10 年，总奖金额为 150 万美元，将于 2018 年 8 月开始第一次颁奖。

第四，是成立一个 1000 万美元的非洲年轻创业者基金。在峰会后的媒体见面会上，马云详解了成立非洲青年创业基金的资金来源和出发点。1000 万美元的非洲青年创业基金，资金完全来自于马云个人的基金。马云公益基金会成立一个 1000 万美元的非洲青年创业者专项基金，来帮助非洲的年轻人实现他们的梦想和理念。这是为非洲专门量身打造的，支持非洲，支持非洲创业者，通过互联网支持非洲的发展。

2. 阿里巴巴国际站（B2B）：中小企业拓展国际贸易的平台

阿里巴巴国际站（https：//www.alibaba.com/）是帮助中小企业拓展国际贸易的出口营销推广服务，它基于全球领先的企业间电子商务网站阿里巴巴国际站贸易平台，通过向海外买家展示、推广供应商的企业和产品，进而获得贸易商机和订单，是出口企业拓展国际贸易的首选网络平台之一。

阿里巴巴国际站提供一站式的店铺装修、产品展示、营销推广、生意洽谈及店铺管理等全系列线上服务和工具，帮助企业降低成本、高效率地开拓外贸大市场。另外。微软也在中国推出了出口通业务，主要是通过 Bing 把为中国外贸型企业提供基于关键字的营销手段，主要面对海外用户进行推广。

阿里巴巴国际站的核心价值包括三大领域。其一，买家可以寻找搜索卖家所发布的公司及产品信息。其二，卖家可以寻找搜索买家的采购信息。其三，为买家卖家行为提供了沟通工具、账号管理工具。阿里巴巴国际站具有四大特点：其一，互动性。设有专门的社区频道，方便买卖双方交流。其二，可信性。设有第三方的认证机构。其三，专业性。具有人性化的网站设计、丰富类目、出色的搜索和网页浏览，简便的沟通工具、账号管理工具。其四，全球化。"阿里巴巴国际站"的客户遍布全球。

阿里巴巴国际站创新模式，设有外贸机器人。阿里巴巴外贸机器人（Alibaba Robot，AliRobot），是中国第一款阿里巴巴国际站自动化营销多功能软件，通过类似机器人的软件实现高质量产品智能海量发布，多关键词全方位覆盖，产品定时批量更新，关键词排名一键查询等功能。在30天内曝光增加一倍，6个月内订单翻番。

阿里巴巴国际站提供的线下服务包括五大领域。其一，客户经理上门服务，一对一专业辅导，助您操作无忧。其二，Call Center服务专线，365天为客户服务。其三，360度客户培训，帮助客户成为电子商务专家。其四，走近国际大买家，开拓贸易新商机。其五，全球商展推广，直面买家采购。

3. 阿里巴巴全球速卖通（B2C）：国际版的"淘宝"

阿里巴巴全球速卖通（http：//www.aliexpress.com）是阿里巴巴帮助中小企业接触终端批发零售商，小批量多批次快速销售，拓展利润空间而全力打造的融合订单、支付、物流于一体的外贸在线交易平台（见图5-6）。此平台适合体积较小，附加值较高的产品，比如首饰、数码产品、电脑硬件、手机及配件、服饰、化妆品、工艺品、体育与旅游用品等相关产品。速卖通订单最多的国家和地区包括俄罗斯、巴西、以色列、西班牙、白俄罗斯、美国、加拿大、乌克兰、法国、捷克和英国等。

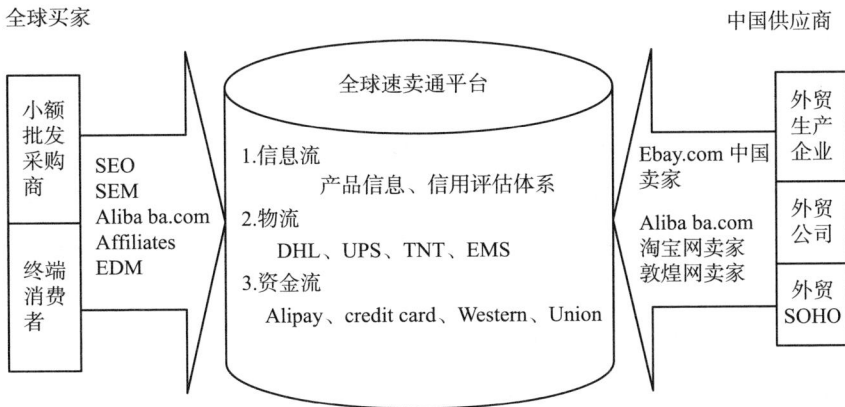

图5-6 阿里巴巴全球速卖通平台示意

（1）阿里巴巴全球速卖通在线交易平台发展历程。

阿里巴巴全球速卖通于 2010 年 4 月上线，经过 7 年多的迅猛发展，目前已经覆盖 220 多个国家和地区的海外买家，每天海外买家的流量已经超过 5000 万，最高峰值达到 1 亿；已经成为全球最大的跨境交易平台之一。但由于多国为了保护本国电商，限制或禁止本国人员跨境网购。

2013 年的阿里巴巴全球速卖通网站上有这样一句广告语：错过了 2003 年的淘宝，不要再错过 2013 年的"国际版淘宝"。早在 2010 年初，阿里高管就表示希望借鉴淘宝的逻辑，将国内制造商发展到跨境贸易的 B2C 上。先是针对海外的中小型买家，纯粹做外贸，后来转型针对个人用户，对接一线的外贸工厂，把货源抢到手，从以往的服装、鞋品等小件扩展到家居等行业，拓宽商品的种类，使全球速卖通平台变身为"淘宝海外版"。2013 年 3 月初，速卖通的后台与淘宝后台打通，进一步加速了淘宝卖家入驻速卖通的步伐。目前，淘宝卖家已成为速卖通的最大卖家群体，从速卖通赋予卖家的功能而言，这个平台确实能给卖家带来不少机会，说它是国际版淘宝也算是实至名归。

阿里巴巴全球速卖通最初以在线小额外贸批发为业务重点，集中了大 B（企业）类或者小 B 类客户，而买家人群多为国外小 B 商家，从事小额批发、代购等业务。之后，在业务快速发展的同时，速卖通的买家人群却发生了变化越来越多的个人用户聚拢到速卖通，取代小 B 商家成为主流买家群体。目前，速卖通平台 65% 的买家为个人用户，另外 35% 的买家主要从事小额批发业务。互联网的运用促使国际买家市场转变，越来越多的个人买家希望通过网络购买到中国物美价廉的商品。在这样的背景下，速卖通开始加速转型。2012 年，为了满足个人消费者的需求，速卖通开始主动引流淘宝卖家和 C 店商家，扩充商品数量，丰富商品类目。

（2）阿里巴巴全球速卖通在线交易平台商业模式。

全球速卖通平台是为中国供应商（生产厂、国际贸易公司）和国际中小采购商提供在线交易服务的互联网平台。通过使用全球速卖通平台的服务，国际采购商能够直接采购到最低价格的中国制造的全线产品，并享受到安全、快捷（如同 B2C 交易方式）的贸易过程。通过全球速卖通平台的服务，中国供应商能够直接把产品在平台上进行出售。

全球速卖通平台上的"目标客户"主要是两类人，一类是买家，另一类是卖家。这两类人群中，全球速卖通平台只向卖家收费。买家主要是包含两类人群，线上的是在诸如 eBay、Amazon.com 等平台上的零售商；线下的主要是一些实体店中的中小零售商。全球速卖通平台上的主要卖家为 Alibaba.com 平台上现有的中国供应商会员。此类卖家主要由外贸生产型企业、外贸公司、外贸 SOHO 一族组成，这类人群同时也很有可能是 eBay、Dhgate.com、Tradetang.com 以及淘宝等各类 C2C 平台上做生意的卖家。这几类卖家中，主要以中小型的外贸公司以及外贸 SOHO 一族为主，一些有实力的外贸生产型企业参与的比例较小。

全球速卖通平台因目前只是 Alibaba.com 的一个子频道，故其买家主要来源为 Alibaba.com。另外，还靠搜索引擎优化、付费搜索引擎推广、网站联盟、许可电子邮件营销等方式把海外买家吸引到全球速卖通平台上。想要成为全球速卖通平台会员，需要首先成为阿里巴巴中国供应商会员（目前年费为人民币 19800 元）。而阿里巴巴现有的中国供应商会员则可免费入驻全球速卖通平台。故目前而言，全球速卖通平台的主要卖家来源是 Alibaba.com 平台上的现有存量客户，即现有的中国供应商。除此之外，全球速卖通平台还通过深入对手内部、在线方式、线下拓展等方式把国内卖家吸引到全球速卖通平台上（见图 5 - 7）。

（3）阿里巴巴全球速卖通在线交易平台业务特点。

全球速卖通业务作为阿里巴巴公司重点推出的一个平台业务，其与传统国际贸易有着众多区别。通过分析，可以得到全球速卖通业务发展特点，即与传统的国际贸易业务模式相比，全球速卖通业务具有以下特点。

第一，进入门槛低，交易活跃，能满足众多小商家迅速做出口业务的愿望。阿里巴巴的速卖通平台对卖家没有企业组织形式与资金的限制，进入门槛低。公司、SOHO、个人都可以在平台上发布产品。发布 10 个产品后，卖家就可以在平台上成立自己的店铺，然后可以直接面向全球 200 多个国家的

怎样生产　　　　生产什么　　　　为谁生产

合作伙伴网络

客户关系

核心竞争力　　　搜索引擎
网上支付厂商

价值主张

目标客户

阿里巴巴现
有品牌优势
支付宝国际
版本
搜索引擎优
化能力

资源配置

分销渠道

买方:
采购渠道
消费保障
卖方:
销售渠道
销售保障

买方:
全球实体店
中的中小零
售商
全球C2C网上
零售商
卖方:
生产型企业
外贸公司
SOHO一族

网站平台
卖家拓展团队
买家拓展团队
客服服务团队
技术研发
后勤保障

财务

成本结构

盈利模式

人员成本
运营费用
推广费用

以下均向卖方收取:
3%~9.15%的交易佣金
会员费
广告费

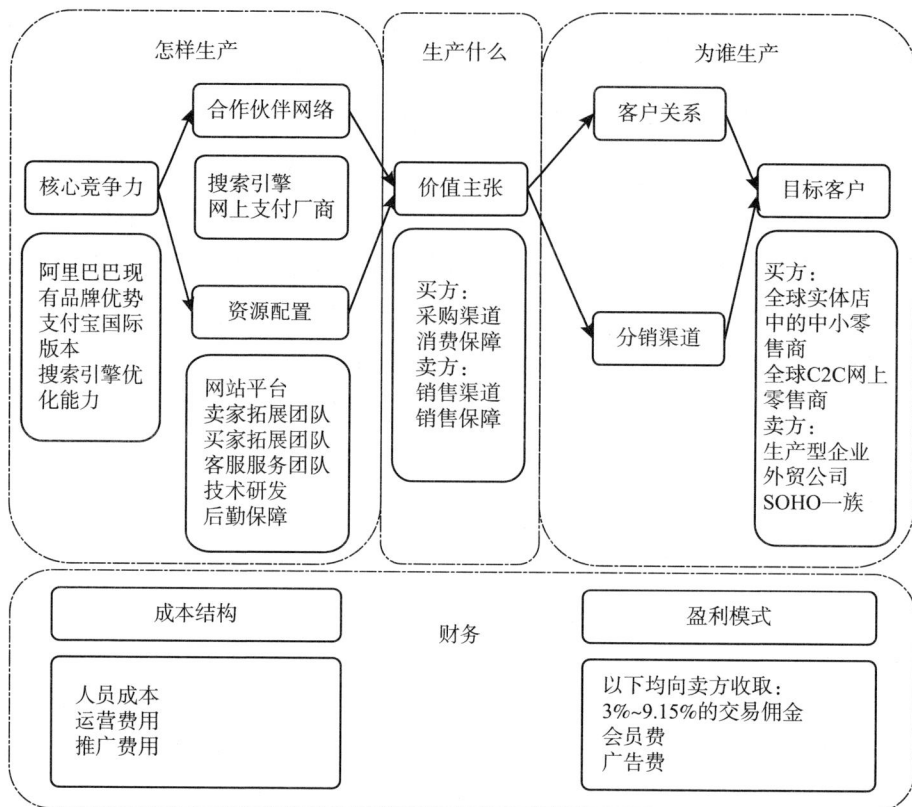

图 5－7　阿里巴巴全球速卖通商业模式示意

消费者或小型商家，沟通、交流、发布、推广商品，订单反应迅速，交易活跃，这极大地满足了中国小供货商迅速做出口业务的愿望，也刺激了双方交易的活跃性。

第二，交易流程手续简便。速卖通的一大优点就是做出口省力了，交易程序非常简便。出口商无须成立企业形式，也无须外经贸委和外汇管理局等备案。无须出口报检。出口报关、进口报关全由物流方简单操作完成。买卖双方的订单生成、发货、收货、支付，全在线上完成。双方的操作模式，犹如国内的淘宝操作，非常简便。卖家通过第三方物流迅速发货，买家通过银行卡进行交易支付。双方不需要 T/T、信用证、贸易术语等外贸专业知识。进出口业务的门槛低了。

第三，无关税支出。由于速卖通业务的单笔订单成交金额少，因此送出去的包裹价值普遍较低，没有达到进口国海关的关税最低起征点，因而无关税支出，这大大降低了消费者的购买成本。速卖通平台上的商品具有较强的价格竞争优势。

第四，商品选择品种多，价格低廉。鉴于中国制造业的聚集优势，中国目前是全球众多国家销售商品的货源国。国外消费者利用网络和阿里巴巴全球速卖通平台，越过自己国家的零售、批发商，直接向货源的供应基地——中国供货商购买产品，面临的商品选择品种多，价格低廉。因此，全球速卖通业务跟传统国际贸易业务相比，具有无比强大的市场竞争优势。

第五，近期无贸易摩擦压力。由于速卖通业务订单金额小，因此该商品往往以礼品或样品方式进入进口国，其对进口国的同类产业影响往往被进口国所忽视。因此，近期来看，小额跨境电子商务可以避免中国产品出口到国外的国际贸易摩擦问题。

总之，阿里巴巴集团于1999年成立以来，基于阿里巴巴价值观体系的强大的企业文化已成为阿里巴巴集团及其子公司的基石。他们在商业上的成功和快速增长以企业家精神和创新精神为基础，并且始终关注于满足客户的需求。阿里巴巴集团有六个核心价值观，它们支配他们的一切行为，是公司DNA的重要部分。在有关雇用、培训和绩效评估的公司管理系统中融入了这六个核心价值观。当新员工加入阿里巴巴时，他们要在杭州总部参加为期两周的入职培训和团队建设课程，课程的重点集中于公司的远景目标、使命和价值观。

二、义乌购：义乌小商品对非全景式在线购物平台

义乌购隶属浙江中国小商品城集团股份有限公司旗下，是义乌小商品批发市场官方网站。义乌购依托实体市场，服务实体市场，以诚信为根本，将7万网上商铺与实体商铺一一对应绑定，为采购商和经营户提供可控、可信、可溯源的交易保障。

1. 义乌购的发展定位

义乌购为市场经营户和全球采购商提供具有实体市场特色的电子商务服务，经营户可通过平台进行商铺管理、商品展示、在线交易、外贸预警、商业交流等操作；采购商可通过义乌购浏览 3D 实景商铺、发布采购需求、投诉商铺信用，并可享受价格诚信、品质诚信、服务诚信三大采购保障。义乌购现有商铺商品、市场地图、商业资讯、论坛、巨便宜等主功能版块，辅以求购、转租转让、投诉处理、经侦平台、担保交易、展会等多种特色服务，并独有 3D 实景商铺展示功能，让人身临其境畅游义乌市场。

其中，"商铺商品模块"主要提供优质诚信的商铺信息，丰富全面的商品资源，该版块与中国小商品城 7 万实体商铺一一对应，为实体市场建立了一个完整翔实的网上数据库。"义乌看"是义乌购倾力打造的一个明星版块，包括市场二维地图浏览，市场 3D 实景体验，市场实时视频观赏三大功能，用户可以根据自己的喜好多角度多层次选择，身临其境畅游网上小商品市场。"巨便宜"是义乌购在线零售商城，帮你抢购最物美价廉的义乌小商品，同时也欢迎各类厂家商家进驻巨便宜商城，助你拓宽网上销路，打造企业品牌。"义乌购论坛"是为商家与客户提供沟通服务的论坛，双方可以在此交流商业经验，提升商业技能，预警外贸诈骗，反映商人心声，供需双方友好互动窗口，包括经营户网上家园、采购商线上俱乐部。"商业资讯"模块旨在为用户提供即时的市场动态，专业的行业资讯，热门的产品专题，新鲜的看图购物等内容，是小商品行业信息的风向标。

2. 义乌购的商业模式

实体市场是以做批发为主的，义乌购网站则是以做批发为主的 B2B 模式，网站服务于实体。2013 年以来，义乌购开始试水网上全景购物模式，即通过拍摄义乌小商品市场内的实体店铺真实场景之后，再通过技术处理后以 3D 的形式把商铺展示在义乌购的网上商铺中的新颖购物模式。

义乌购在功能性上开展了具有创新性延伸，开发出了允许买家通过点击商铺全景中的商品发起在线购买的全景购物功能，通过线上的途径模拟还原了线下实体商铺的购物体验。一方面，对经营户来说，借用这种 360 度全景购物技术，用户可自己设立商品坐标点，录入商品简要信息，并与由义乌购影像采集人员拍摄的高像素店内实景照片相结合，最大限度免去大量商品需要经营户自己频繁手动上传的烦恼，让网上商铺日常管理更为便捷。另一方面，从采购商的角度来讲，无须亲临现场，就能通过无缝浏览身临其境地将所有商品尽收眼底，特有的购物车标识，能在全屏浏览实景相片的同时快速看货和下单，配以义乌购上原有的各项商家服务，可以实现 24 小时不间断的一站式采购。

近年来，义乌购斥资 1000 万元在北京建立仓储基地，旨在让遍布全国的各地小商品终端批发商以最快的速度批到厂家货物，打造出 B2R（Business to Retailer），即商家或厂家直接与终端零售商之间进行贸易的商业模式。此外，义乌购还新成立合众网，采购商可以进行网络采购，货品可以直接从北京发送。义乌购在北京的仓储基地面积约为 1.2 万平方米，备有 8000 ~ 10000 种货品。B2R 是义乌购的延伸服务，通过缩短中间环节，来为义乌购的客户服务。这样，商户的进货成本会有一定比例的降低，义乌购也可以把一部分中间环节的利润收归己有。

义乌购的 B2R 模式有待进一步完善。"仓储 + 互联网"模式的商业逻辑核心是零售商网上采购，义乌购通过仓储基地实现就近送货。通过 B2R 模式，帮助厂家跳过一、二级，甚至三级批发商，实现了渠道扁平化，提高了竞争力；而零售商则避免了线下采购的辛苦与麻烦，让采购更轻松、更快捷、更方便。但是，此模式在现实运作当中将会面临诸多问题，需要继续完善。义乌这样的小商品批发市场是一片同质化竞争激烈的红海，产品批发价格、销量及新产品信息等方面都是商业机密，而义乌购的网络下单和全景购物将商户的保密信息公开，肯定会引发入驻商户的担心。据了解，许多商户都是在市场管理机构的强制下"被上线"。所以，如何针对义乌市场的特殊性，解决入驻商户商业机密外泄的担忧，是义乌购迫切需要思考的问题。总之，建立一个 B2R 的全新电子商务模式十分必要，而 B2R 模式是"仓储 + 互联网"，针对的是零售批发商。当然，B2R 的模式最终能否成功，还需要通过实践来最终检验。

3. 义乌购的非洲特色

义乌购作为义乌全球小商品贸易的在线共享式平台，是浙江乃至中国对非洲贸易的桥头堡。2007 年起，义乌小商品市场商品已出口到 46 个非洲国家和地区，多个非洲国家近 10 年来成为义乌小商品十大出口国。为吸引更多有实力的非洲企业和贸易商来义乌从事贸易活动，促进义乌——非洲经贸合作向纵深发展，推动市场贸易结构向"买全球货、卖全球货"转型提升，2009 年 9 月，义乌市政府向浙江省政府提出申请，要求支持在国际商贸城进口商品馆设立"展销中心"，引进并展示经营适销、纯正的非洲商品，帮助非洲企业、贸易商和产品拓展中国市场和转口贸易，提升非洲商品美誉度，促进中非经贸合作向更深层次发展。在浙江省和商务部、外交部等关部委的大力支持、推动和促成下，2009 年 11 月，"展销中心"作为中方支持非洲国家发展的举措，被纳入中非合作论坛第四届部长级会议行动计划。

2010 年 10 月，商务部正式为"义乌非洲产品展销中心"授牌，中心于 2011 年 5 月正式开业，设在义乌国际商贸城，总面积 5000 平方米，重点引进非洲特色商品。为吸引非洲客商，中心对入驻的非洲企业给予一定期限的免场地使用费、物业管理费等多项优惠措施。目前已汇集了津巴布韦、突尼斯、埃及、南非、加纳、塞内加尔、贝宁、尼日尔、埃塞俄比亚等来自非洲 29 个国家地区的 5000 余种商品，包括蓝博士、葡萄酒、民间古董、皂石摆件、乌木雕刻、咖啡、纺织品、草编工艺品等特色商品，出口非洲的小商品大大高于义乌市出口的平均增速。

义乌非洲产品展销中心是政府主导的，集中、成规模的非洲商品平台，是众多非洲客商展示和销售非洲特色产品的聚集地，已成为浙江对外贸易多元化战略的重要组成部分，提升了义乌市场的国际品牌形象和国际贸易龙头地位，极大促进和加强了浙非经贸、产能合作。

截至 2016 年底，义乌非洲产品展销中心共有 37 个经营主体，其中 24 家入驻主体由非洲驻中国大使馆或中国驻非洲大使馆、中国驻非洲经商处推荐。这 37 个经营主体经营来自非洲 29 个国家和地区的 5000 余种商品。根据义乌海关统计，2015 年义乌市出口非洲地区小商品货值达到 492.1 亿元，贸易额同比增长 50.9%，义乌从非洲国家累计进口 6.1 亿元，同比增长 65.3%。非洲已经成为中国最大小商品市场外贸发展的新引擎。另据统计，目前在义乌有来自非洲 50 多个国家和地区的 3000 多名常驻外商，以及每年 8 万多人次的入境非洲客商。

三、非洲机械网：工程机械类跨境电商企业生力军

非洲机械网隶属于九宙电子商务有限公司，创建于 2015 年。九宙电子商务有限公司是中国和非洲之间迄今第一家工程机械类跨境电商企业。旗下非洲机械网作为首个中、非机械设备电商平台正在大力挺进非洲市场。

1. 非洲机械网的平台概览

非洲机械网在线上将入驻上百家国内外知名品牌的商户，形成完备的商品类别，为商家和用户的沟通关联提供优质的桥梁服务。平台线下在肯尼亚、乌干达、坦桑尼亚等东非各国设立保税库，配合平台的线上订单，拥有强大的市场竞争力和仓储优势，最终打造为各国的工程机械及配件交易中心。在国外参股和整合综合性大修厂，以服务、维修带动整机及配件市场，如已成立九宙工程机械（乌干达）有限公司和坦桑尼亚永达工程机械有限公司。平台投资千万美元，致力于打破中、非之间现有的传统配件运输交易模式，打造贸易更便捷，服务更优质的电子商务模式。

2. 非洲机械网的服务宗旨

非洲机械网以提高非洲中资企业工程机械的使用效率和价值为前提，打造后续市场，为国内整机、配件企业打开进入非洲新市场的通道；打破中、非机械传统贸易信息严重不对称的现状，为非洲客户提供有效数据和产品，

为国内企业提供商机；以自建保税库为中心点，整合各类产品，打造各国本地机械、配件交易中心。

3. 非洲机械网的平台架构

非洲机械网线上实现中非配件、整机供需信息交流。线下由上海唐壹达国际贸易公司，东非 STC 保税库管理公司和非洲各国的维修服务点组成。其中上海唐壹达国际贸易公司专门从事针对非洲的工程机械类贸易业务，为我国的货物出口提供贸易和物流渠道，是平台原来配件贸易的主体。东非 STC 保税库管理公司是平台在非洲当地客户对接点，处理当地客户沟通协调工作和管理当地保税库。非洲各国的服务点，提供维修服务和技术支持，平台结构如图 5 - 8 所示。

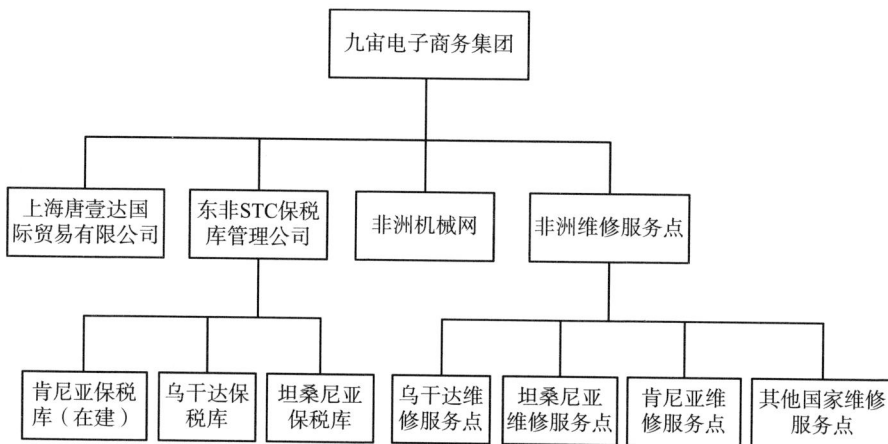

图 5 - 8　九宙电子商务集团组织架构

中非国际贸易与普通的国内贸易相比，流程更加复杂，涉及了海关、商检、外管等多个职能部门的监管。同时还受各国间关税制度、货币汇率、度量衡等因素的影响。目前，国际贸易普遍采用集装箱的运输方式，以增加运输效率，降低物流成本。因此九宙电子商务平台选择集中发货的方式，采用统一的贸易链和物流链。平台指定拥有多年中非贸易经验的上海唐壹达国际贸易有限公司，熟练按照各监管部门的要求，打通贸易壁垒，保证资金流安全；同时指定大型物流供应商克运集团，集成式解决国际海运、非洲当地转运、报关清关的问题，保证物流顺畅。目前，将所有通过平台出口非洲的商品主要有三种发货方式，即铺货式发货、订单式发货和紧急式发货。

第三节 浙江跨境电商服务平台参与浙非产能合作

浙江跨境电商平台参与浙非产能合作，主要以搭建跨境电子商务沟通服务平台为依托，以向非洲国家输送浙江省优质、富余产能为宗旨，以促进双边合作共赢共同发展为目的。浙江省专门面向非洲国家的跨境电商重量级平台机构有多个，本节主要对中非商贸投资服务平台、中非桥跨境贸易服务平台和中非经贸港进行重点介绍。

一、中非商贸投资服务平台：公益性的浙非商贸服务平台

在"一带一路"建设和中非全面合作伙伴关系各项进程的持续推动下，非洲和中国浙江省电子商务企业急需一个全面涵盖双方经济基础信息及环境状况的服务平台，实现双方的商贸服务、基础经济信息的有效对接。为此，浙江师范大学经济与管理学院、中非国际商学院与企业、政府部门合作，共同开发了一个公益性的中非商贸服务平台——中非商贸投资协同服务平台。一方面解决市场信息不对称的问题，另一方面通过留学生资源服务于非洲的教育事业。同时，资金保障也伴随服务平台一并形成，在协同体系的统筹下，投资基金为浙江商电子商务企业"走出去"提供可能。

中非商贸投资协同服务平台致力于建设共建共享、公开透明的一站式公共服务平台，解决中非商贸投资中市场信息不对称、缺乏深度沟通和信任、国际汇率不稳定导致贸易增长缓慢等问题，开展以留学生创业为基础的中非文化交流，推动中国海外投资，助力非洲国家发展经济，吸引外资。平台整

合中国与非洲双方资源，实现优势互补，为商贸投资注入新动力，开启中非合作共赢、共同发展的新篇章。中非商贸投资协同服务平台为政府、第三方服务商、进出口贸易商、商贸投资商和专家学者等提供服务。平台以公共服务为宗旨，以公益服务、共建共享、公平透明为原则，建立共享共建的生态圈，形成协同服务体系，降低投资风险，提升合作效率。

中非商贸投资协同服务平台通过挖掘信息数据，建立类型丰富的数据库，并与外部机构协同运作，打造深度沟通服务体系。平台提供南非投资项目风险指数、商品需求类别、人才需求情况等数据服务，帮助双方企业发布项目信息，实现信息数据匹配；与涉非投资机构合作，提供对非投资专业咨询服务。平台充分了解非洲各国的政治、经济、文化、教育等领域信息构建基础数据库，提供情报服务，做投资活动的前期基础，避免投资项目产生过大风险；构建有管理的深度沟通服务体系，打造商脉圈，促进双方沟通交流，建立信任关系。同时，平台进行系统化的监管，保证平台上用户的各项权益。对平台用户进行身份认证和资信认证，构建信誉体系，提供评价反馈机制和信用评级，营造良性的竞争环境。提供第三方服务集成，协同金融、法律等各个机构，为整个投资活动的进行保驾护航。

中非商贸投资协同服务平台提供专门的留学生服务和培训服务。平台培养中国和非洲的留学生，使其相互了解与掌握两国的政治国情与市场行情，服务于投资、贸易、项目合作等，培养中国的"非洲通"和非洲的"中国通"。培训服务，为企业提供专业培训，进行商旅考察，实地了解两国市场环境，为投资项目合作提供更多的便利。

中非商贸投资协同服务平台共建、共享的宗旨为中国与非洲双方电子商务发展提供了项目来源，通过在平台上发布项目信息，帮助投资商找到市场，并提供可行性分析，提供合作伙伴推荐服务，增强投资效率，降低投资风险；依托第三方服务商，为投资活动提供经贸、政策、法律等方面保障，借助进出口银行等大型机构的力量，进一步提高投资的成功率。同时，各行各业的专家形成强有力的咨询团队，帮助两国更好地分析了解对方的国情、省情、社情，剖析当地政策与投资环境，为企业、投资商、服务商等相关人员提供决策咨询和投资论证服务，并能为企业提供人才培训等衍生服务，帮助企业储备高水平人力资源。平台设立项目分享渠道，为决策制定、金融合作、企业贸易、资本投资等提供服务。

二、中非桥跨境贸易服务平台：小平台撬动大市场

中非桥跨境贸易服务平台隶属于杭州中非桥电子商务有限公司，平台为出口企业特别是中小企业提供了丰富的出海路径，助力杭州乃至全国的生产企业通过跨境电商平台将优质产品销往全球。中非桥旨在中非商贸节点国家（或城市）建立海外仓及国际营销中心，打造"中国质造"走向非洲的B2B、F2B线上线下营销平台，通过线上的中非跨境电商平台，线下的中非国际营销渠道两座桥梁连接中非青年、商品和文化，从而实现"品质浙货营销非洲"的理想目标。

与发展成熟、市场日趋饱和、竞争激烈的欧美、日韩市场相比，非洲、南美、中东等发展中国家的人口密集，对商品需求量大，互联网正在快速发展，成为跨境电商出口的"新蓝海"。但也正因为这些市场起步晚，基础设施不完善、双方信息不对称等因素也成为中国企业走出去面临的壁垒。有"走出去"的意愿，没有"走出去"的方法和策略。这正是传统制造业"出海"面临的一大问题。而跨境电商平台的兴起，为这个问题的解决提供了方案。

2016年11月16日，中非桥与非洲第一本土电商B2C平台Kilimall签订了战略合作协议书，旨在更好地携手打造中非跨境贸易的B2B、F2B、B2C通路。随后，双方主要围绕如何合作打造中非桥肯尼亚运营中心以及Kilimall杭州分公司等问题。中非桥与Kilimall的深入合作，是B2B模式和B2C模式的无缝对接，能够有效地实现"1＋1＞2"的效果。中非桥将大力支持Kilimall建立杭州分公司，对接省内产业带资源，同时与Kilimall共同挖掘更多中国制造的优质品牌供应商。2016年12月20日，以"信息经济与跨境电商新机遇"为主题的2016首届中国（杭州）跨境电商国际论坛在杭州洲际酒

店·杭州厅顺利举行。中非桥应邀出席本次论坛，并荣获"2016 浙商跨境电商优秀示范平台"。

2017 年 1 月 4 日，中非桥与舟山的舟码头合作，双方就建立舟山港综合保税区中非贸易大宗商品交易中心、进出口货物仓储集散中心、跨境贸易人才培训基地等方面达成了共识，并于当天下午签署了战略合作协议。这标志着中非桥海内仓及舟山跨境贸易运营中心的建设，迈出了实质性的一步。3 月 8 日，中非桥团队走访浙江省贸易促进委员会，同省贸促会一起在中非各地区举办国际商品展览会、国际贸易资源对接会等活动，从而将省内优质商品成功行销非洲，为省内众多产能过剩企业打开非洲市场。

2017 年 7 月，中非桥跨境贸易服务平台 PC 端以及移动端正式上线，将通过 F2B、B2B 的经营模式为中非企业的商品销售、商品采购以及贸易服务提供支持，除线上平台外，"中非桥"在非洲的首个本地化运营中心南非海外仓也正在紧锣密鼓的筹备中，7 月份落成，年内计划建成 3 个非洲运营中心。中非桥将通过网上展贸、海外营销中心和终端本地推送线上线下并举等方式，帮助中国"质造"企业实现商品成功的行销非洲。

三、中非经贸港：一站式外经贸综合服务平台

浙江中非国际经贸港服务有限公司（简称"中非经贸港"）成立于 2015 年 4 月，是集金融服务、跨境电子商务、海外业务拓展、总部经济和物流服务于一体的一站式外经贸综合服务平台。中非经贸港积极响应国家"一带一路"倡议和政府服务经济持续增长的号召，持续为客户创造更高价值。作为浙江省国贸集团"浙商回归"和"四换三名"重点项目，中非经贸港将立足中非、面向全球，通过资源整合和基于大数据的技术创新，实现外贸经营模式的信息化再造。

为响应国务院积极推进跨境电商和外贸综合服务企业发展的号召，加快培育台州外贸新业态，增创竞争新优势，中非经贸港作为台州地区首家一站式外经贸综合服务平台，经过前期业务开展，资源整合下的集聚效应日益凸

显，为台州市行业转型升级和外经贸工作起到了示范、引导作用。目前，浙江中非国际经贸港服务有限公司与坦桑尼亚联合建设集团已签署战略采购协议，联合建设集团 2015 年将向中非经贸港采购 2000 万美元以上的建筑材料。

浙江中非国际经贸港作为台州生产性外贸企业综合服务平台项目，由浙江省国贸集团旗下全资子公司浙江汇源投资管理有限公司与浙江宝石投资有限公司、台州市开发投资集团三方共同投资。项目将通过要素整合和模式创新，借助投资股东的优势力量，致力打造集金融服务、一站式跨境电子商务服务、海外业务拓展服务、总部经济、物流服务等于一体的全省第一个立足非洲、面向全球的创新型综合外贸服务平台。项目股东之一、浙江省国贸集团视之为集团介入外贸行业发展新领域——跨境电商综合服务行业的又一尝试。国贸集团传统外贸方式由于缺乏自主品牌和面临日益上升的成本压力，短时间很难有突破性的改变。代理业务由于局限于制单、通关与结汇等服务，服务内容单一，竞争激烈，导致利润率亦很低。

中非经贸港抓住近几年对非贸易和投资的黄金机遇，中非经贸港将以一站式 B2B 跨境电子商务综合服务平台为基础，打造成由龙头企业带动的、中非国际贸易要素高度集聚的、服务功能完善的、具有较大产业服务和贸易辐射效应的外经贸商务生态圈。为此，中非经贸港计划搭建八大平台：一站式跨境电子商务平台、海外业务拓展平台、总部商务平台、会展和展示平台、对非培训基地和中非国际经贸港电商学院平台、综合配套服务平台、投资服务平台和物流综合平台。外贸综合服务是中非经贸港的核心所在。具体业务包括：为中小微企业提供海外签约客户信息，由平台公司分别与中小微企业和海外客户签订合同，并为中小微企业提供供应链金融、物流、通关、保险以及退税等外贸一站式综合服务等。中非经贸港就是要为中小微企业提供打通跨境贸易业务流程与环节所需的服务。

发展中非跨境电子商务正当其时。建设浙江中非国际经贸港、发展跨境电子商务，既是响应浙江省委、省政府"大平台、大产业、大项目、大企业"战略的具体行动，也是台州顺应发展大势、全力打造电子商务强市作出的战略选择。浙江中非国际经贸港的启动，填补了台州市跨境电子商务平台的空白，对于提升台州国家级电子商务示范城市形象、增强区域产业竞争优势和集群优势、引领台州乃至浙江对外贸易转型，都将产生深远影响。台州市委、市政府将深化与省国贸集团的合作，全力支持并服务好中非国际经贸港的建设和发展。

中非经贸港立足台州、面向全国，聚焦非洲、放眼全球，主动对接国家"一带一路"倡议，以更加开放的思维、更加先进的理念和更加贴身的服务，帮助台州中小微企业在全球化趋势中找准定位，提高"走出去"能力。浙江省广大企业充分利用好这一平台，为拓展海外贸易市场、创新发展方式、推进区域经济社会发展作出新的贡献。

|第六章|
发展跨境电商，促进浙非产能合作

本章从政府层面、企业层面和学界层面三个方面综合协调，以跨境电子商务为抓手，以服务浙江对非洲经贸发展为内容，提出促进浙非产能合作健康可持续发展的若干政策建议。

第一节　政府层面：政策引导，高效服务

从政府层面而言，浙江省各级政府职能部门通力配合，进一步制定与完善浙非跨境电子商务扶持政策，举办浙非跨境电子商务交易博览会暨高峰论坛，推进浙非跨境电子商务公共海外仓建设与运营。

一、进一步制定与完善浙非跨境电子商务扶持政策

结合目前跨境电商在浙江省的发展现状来看，中非跨境电商总体量还不是非常大，但是明显增加的幅度说明了中非跨境电商在浙江省的发展势头是非常好的，逐渐完善发展的跨境电子商务也影响着跨境电商模式的创新和发展，各种综合性的研究和论断也层出不穷。作为外贸大省和电子商务强省，浙江各地市拥有良好的电商发展环境和丰富的市场商品资源。依托这些资源，杭州、金华等地的跨境电子商务正在快速集聚，成为全省跨境电商出口的先

139

发优势地区。

浙江省工商、电信、质检等多部门联合共同制定涉非跨境电商扶持政策，整合阿里巴巴速卖通、义乌购、中非经贸港等涉非电商平台，在海外仓、售后服务、跨境支付与结算、代运行等方面统一规划管理，对涉非电子商务企业为出口货物投保出口信用保险支付的保费给予一定补助，帮助企业积极参与策划"义新欧非"国际物流，服务"一带一路"非洲相关国家。

浙江省各级部门制订相关评审标准，选择一批有代表性和创新性的跨境电子商务企业予以重点扶持。整合优质浙非跨境电子商务平台、金融支付、物流仓储、市场营销、品牌策划、通关报检、协运营、代运营、专业培训、信用评估、商事法律、安全认证、交易追溯等服务商资源，为浙非跨境电子商务企业提供有针对性的服务，构建跨境电子商务全流程服务体系。与重点扶持的浙非跨境电子商务企业建立调研与信息交流机制，跟踪企业发展共性问题，提出政策建议，代言工商。

二、举办浙非跨境电子商务交易博览会暨高峰论坛

组织浙江省内涉及非洲的电子商务经营企业与非洲 Jumia、Kilimall、Takealot、Konga 等第三方电商平台、电商服务企业等进行业务对接和洽谈，打造浙非电子商务交易博览会品牌。通过举办中非智库论坛—中非经贸分论坛、浙江省—非洲电商业务对接会、主题论坛和研讨活动等，扩大浙江省电商在非洲的影响力，加强对浙江省阿里巴巴速卖通、义乌购、中非经贸港、中非桥、中非商贸投资沟通服务平台等涉非电商发展的宣传推广，积极营造跨境电商发展的良好氛围。

以高峰论坛为契机，通过线上线下相结合的方式，帮助浙江省跨境电子商务企业在非洲宣传推广，扶持一批有品牌、讲诚信的中小企业借船出海，开拓海外渠道，树立品牌形象。以跨境电子商务重点扶持企业为试点，建立信用数据共享机制和系统内信用信息查询平台。整合系统资源，推动建设中国跨境电子商务云统计监测预警系统，定期发布市场饱和度预警以及亏缺度

预警。建设中国与非洲贸易"红榜""黑榜"专栏，帮助投资者、企业和消费者了解各地电子商务企业国际贸易运营情况。建立中非跨境电子商务网络投诉中心，及时向工商、质检等部门反馈。

三、推进浙非跨境电子商务公共海外仓建设与运营

传统外贸形式的利润空间十分狭小，多数在广交会上交易下单、遵循外商生产和采购需求进行贸易的商家可以赚取的利润额是十分薄弱的，在整个产业链低端、没有完善的前提下，商家实际上获得的只是一些初级基础生产加工、从工厂出去到码头的血汗钱，真正高端的产品设计、研发和售后服务都掌握在外商手中，中方商家所占份额十分有限。

因此，需要大力推进建设浙江省省级公共海外仓工作，支持有实力的企业在尼日利亚、南非、肯尼亚、埃及、乌干达等非洲主要出口国家设立海外仓，通过集货仓＋海外仓的方式，来降低浙江省电商企业在非洲的仓储和物流成本，提高物流的时效。同时，对接和把控非洲等本地化电商的选品和批量采购需求，由此来筛选和匹配中国优质供应商，配合海外仓项目，完成全球物流仓储链路布点，直接输送终端买家。

在兴建非洲海外仓的同时，积极淘汰和改善传统的低端外贸形式，真正享受涵盖市场信息获取，品牌的形成包括商标注册、网络零售终端设计和终端建设，跨境物流、海外仓、售后服务和咨询等整个跨国贸易链的利润空间，致力于使产品价格从我们离岸价格变成我们的零售价格，而不单单只安于享受一个环节的利润。

第二节　企业层面：主动出击，务实合作

从企业层面而言，浙江省各类国有企业、民营企业等需要主动出击，多企业联动打造非洲"黑色星期五"购物狂欢节，在非洲建立自营物流加第三

方形式的配送体系，在非洲加快实施本土品牌宣传推广与综合运营，共建浙非跨境电子商务示范区和单品直供基地等。

一、多企业联动打造非洲"黑色星期五"购物狂欢节

尽管大多数非洲国家正朝着现代化方向发展，但依旧保留给家人、朋友和爱人赠送礼物的习俗。如今很多人厌倦了像以往一样购买贺卡作为礼物，而是找到新颖而实用的东西，电商网站则恰恰满足了他们的需求。近年来，电子商务在亚太和世界其他地区迅速发展。作为连锁反应，推动了各行各业（比如旅游业、服务业）的兴起，特别是在非洲等发展中国家集中的地区。以"黑色星期五"为主题的促销活动在部分非洲地区非常流行，很多电商平台每年 11 月 24 日或者 25 日都会举行，南非、加纳、尼日利亚和肯尼亚等较发达的非洲国家一直有举办"黑色星期五"为主题的促销活动的传统。非洲人通常会在重要节日里给亲朋好友赠送各种礼物，在此期间推出促销活动效果无疑会很好。

非洲电商巨头 Konga 和 Jumia 将感恩节、圣诞节和万圣节西方传统节日引入尼日利亚，并借此推出各种节日促销活动。这些优惠活动满足了当地人的需求，销售效果非常显著。例如，Jumia 在 2014 年推出的"黑色星期五"促销活动，当天销量相比 2013 年就增长了 10 倍。在 2013 年 11 月 29 日，电商 Konga 在"黑色星期五"举办了名为"Yakata Sales"的促销活动，结果当天的销量就创下新纪录，比 2012 年整年的销量还要多。[①] 作为一个重要的酒店在线预订平台，Jumia Travel 数据显示，2015 年在线预订酒店订单达 25 万以上，来非洲旅行的游客超过 500 万人。[②] 表示，2016 年非洲电商平台 Jumia "黑色星期五"促销活动于 11 月 14 日至 26 日举行，目标受众数量达到了 600 万。Jumia 在这个活动中投入巨大，约有 130 个卖家注册加入该促销活

---

① 《非洲电商引入西方情人节，与杜蕾斯避孕套合力搞大促》，雨果网（2015 - 02 - 09）。
② 《非洲电商的兴起，离不开这些因素……》，雨果网（2016 - 11 - 28）。

动，并称促销活动对 Jumia、卖家和消费者来说是双赢。① Jumia 促销活动持续了 12 天。从 11 月 14 日到 11 月 25 日，所有 Jumia 网站（Jumia Mall、Jumia Food、Jumia Car、Jumia Market、Jumia Travel、Jumia House、以及 Jumia Deals）都将举行促销活动。②

非洲电商平台 Kilimall 已于 2016 年 11 月 21 日开始了为期 5 天的"黑色星期五"大促活动，而 Kilimall 的"黑色星期五"活动主要在肯尼亚、乌干达和尼日利亚展开。Kilimall 除了给非洲消费者提供中国卖家高性价比的产品外，还联合一些大品牌进行大量的促销活动，其中包括金立、华为、Infinix 等都有商品在"黑色星期五"通过 Kilimall 独家发布，让"黑色星期五"成为一个不仅有低价而且有品牌的节庆活动。③ 截止到 11 月 25 日，Kilimall "黑色星期五"促销活动结束，在这次活动中 Kilimall 业绩实现了 300% 的增长。而在"黑色星期五"前期，Kilimall 也发起了"百万先令大解密"活动，当地粉丝通过转发 Twitter、Facebook、Instagram 等社交媒体积极参与进来，此次活动获得了 660 万曝光频次的人群曝光度。④

南非各大电子商务平台正着力将"南非遗产日"（Heritage Day）打造成南非版的"黑色星期五"或者"光棍节"。2016 年 9 月，南非最大的移动支付平台服务商 PayU 表示，南非公共节日即将来临，届时网上购物额将迅速攀升。南非人网上消费行为似乎与其他国家和地区有所不同，在欧美国家，公共假日期间网上购物的现象比较常见，南非人却喜欢在工作日内网上购物。但是，这种工作期间网上购物的情况渐渐发生了变化，在家网上购物或者使用手机网上购物的南非人越来越多，并渐渐成为主流。南非活跃在互联网上的人口在总人口中占有相当大的比例，因此网上购物将继续成为南非居民经常性的网络行为之一。⑤

基于以上现实考量，浙江省电子商务企业学习借鉴国内"双 11"网络购

① 《Jumia 即将开启"黑五"促销，瞄准 600 万目标受众》，雨果网（2016 - 11 - 03）。
② 《非洲黑五电商也打的火热 Jumia 促销要做 12 天》，亿邦动力网（2016 - 11 - 24）。
③ 《再战黑五 非洲平台捎上华为等大牌一起玩》，亿邦动力网（2016 - 11 - 25）。
④ 《Kilimall 亮出黑五成绩单：实现 300% 增长》，亿邦动力网（2016 - 12 - 04）。
⑤ 《南非电子商务欲打造南非版的"光棍节"和"黑色星期五"》，雨果网（2013 - 09 - 12）。

物促销活动，与 Jumia、Konga、Kilimall 等非洲电子商务平台多方互动，在每年 12 月最后一个星期五共同推广网络商品促销活动，进一步推广非洲"黑色星期五"购物狂欢节，打造非洲版的"光棍节"，提高浙江省企业品牌知名度，赢取长期忠诚客户，进一步带动尼日利亚、南非、肯尼亚等非洲国家圣诞、元旦新一轮网络消费热潮。

二、在非洲建立自营物流加第三方形式的配送体系

非洲大陆的港口物流链包含从埃及开罗港到南非开普敦港一线上的多个港口，除开罗港和开普敦港外，主要的还有吉布提港、柏培拉（Berbera）港、蒙巴萨港、达累斯萨拉姆港、贝拉港、马普托港、德班（Durban）港和伊丽莎白（Elizabeth）港等。这些港口大多为世界性港口，但仍免不了作为非洲港口而有的局促和落后，在吞吐能力、装卸技术和管理方面都仍有很大提升空间，也是未来非洲东半大陆基础设施发展的重大着力对象，可以在上述港口建立物流配送集散中心。

浙江省涉非电子商务企业在非洲自建物流看似投入大、模式重，但是以 Kilimall 等为主的非洲本土电商已在东非开始布局物流配送体系。浙江省电商企业应加强与此类电商平台对接，以肯尼亚蒙巴萨港为依托，在非洲吉布提港、柏培拉港、达累斯萨拉姆港、贝拉港、伊丽莎白港等东部非洲沿海港口自建由非洲当地人组成的物流团队，而处于干线的城际配送则由第三方物流大巴承接，城际大巴将货品运到指定地点，直接发往对应城市。

此外，中国浙江省可选取部分国家如埃塞俄比亚、肯尼亚、坦桑尼亚等进行物流业投资，建立区域物流运营与第三方形式的配送体系，充分利用所在国或者所在区域共同体的自然资源和劳动力资源；然后再利用非洲各个区域物流中心的区位优势，将在非洲生产出来的制造产品进行区域性的行销。这一结合既有利于中国浙江省和非洲相关国家，也有利于相关一体化进程的发展，最终使中国浙江省获得良好的立足点和辐射面。

三、在非洲加快实施本土品牌宣传推广与综合运营

浙江省电商企业在非洲需加快实施本土化经营，注重宣传策略。可以在非洲当地媒体平台、学校校园网站、房产网站等做重点线上推广；通过在宣传车上贴海报、去每个城市里写字楼集中的办公区域派发传单等多种方式进行线下推广；与当地移动支付运营商合作，在手机支付系统中进行推广；雇佣非洲当地的家庭主妇帮助推广和宣传；不定期策划公益活动，作为事件营销得到非洲当地媒体的宣传，提高知名度和市场接受度。

同时，中国农村地区"淘宝村"的兴起彰显了全国互通互联所带来的潜在益处。[①] 这些村庄企业数量的不断增加使得村民的财富不断累积，许多形式的投资和地方发展也由此展开。推动中国农村地区发展需要诸多要素，中国将"互联网+"视作启动这一进程的方法之一。非洲农村与中国农村的诸多相似之处使得人们思考，这些措施是否也可以在非洲国家奏效？从目前来看，加快实施非洲本土品牌宣传推广与综合运营是关键。

四、共建浙非跨境电子商务示范区和单品直供基地

在大体量的引导下更多的厂商在参与跨境电商的基础上加强对非洲当地品牌和渠道的构建，充分积累对非洲产业转移的资本，积极构建国内厂商在中非贸易平台交流上的话语权，让非洲贸易伙伴意识到中国外贸的潜在实力和未来发展空间的扩大趋势。针对浙非跨境电商中的现状传统的外贸企业应该要积极培养市场主题，通过选择优质平台加大市场的存量，打响自己的品牌号召力，积极构建完整的服务体系，深化与政府的合作交流，运用传统的货运模式打造多层次的物流体系，打造更加具有公共性、智能化、网络化的，致力于创新管理机制进一步推进关进汇税。

---

① "淘宝村"是指那些超过10%村民在淘宝开店的村庄，它们每年能够实现超过100万美元的销售额。

以浙江省丝绸、五金、板材、箱包等产品为代表，可以建设一批涉非跨境电子商务单品直供基地，推动地方产业转型升级。支持浙江省行业贸促会在示范园区和直供基地设立服务窗口，引入贸促系统特色服务，助力入驻企业发展。同时，以国家自由贸易试验区、杭州跨境电子商务综合试验区、宁波跨境电子商务综合试验区、义乌跨境电子商务综合试验区为重点，按照"整合资源、示范引导、逐步推进、协同发展"的原则，与浙江省各级地方政府合作共建跨境电子商务产业示范园区。

第三节　学界层面：专题研究，智力支持

从学界层面而言，浙江省以政府、企业、学校、教师和学生为主体，加强彼此之间的连接互动，构建联动、高效和共赢的浙非电子商务发展平台，建立适应浙非跨境电商发展需求的人才培养体系，浙江各高校协同创新不断深化中非经贸专题研究。

一、构建联动、高效和共赢的浙非电子商务研究平台

中非跨境电商是一个信息流、商流、物流、资金流的复杂网状架构，因为涉及一个多变的贸易体，以至于缺乏这种复杂流程专业化外贸服务的企业无法有效存活，基础设施建设和软件配套设施，实际上也都困扰着中非跨境电商的发展。

因此，需要构建联动、高效和共赢的浙非电子商务研究平台，以浙江省高校、教师和学生为主体，建设中非经贸领域的个人和组织数据库、进出口商品数据库、产能合作投资项目数据库，构建以商品进出口和投资项目为主的沟通服务体系，通过一个集人才、商品、项目和教育等为一体的协同服务平台，高效匹配"非洲需求"与"中国供给"，助力浙江省乃至中国电子商务企业走进非洲。

此外，浙江省高校还可以充分调动社会资源，发挥多双边工商合作机制作用，以肯尼亚、南非、尼日利亚等非洲国家和地区为试点，复制与借鉴中国—东盟跨境电子商务平台模式，发挥协同效应，搭建一批浙非双边跨境电子商务平台，促进外贸优进优出，帮助涉非企业努力引入更多优质产品，丰富平台产品种类，整合更多供应链服务商，充实平台服务内容。

二、建立适应浙非跨境电商发展需求的人才培养体系

基于浙非跨境电子商务快速发展的现实需求，未来五年，浙江省高校、地方政府与电子商务企业共同构建 8 ~ 10 个涉非产学研育人平台，逐步完善浙非电子商务"卓越人才"培养计划，在高校扩大实施面向非洲的国际化专业培养方案、"零创平台虚拟班"培训方案等。在部分高校开设并推广"跨境电子商务实战""跨境电子商务物流""跨境电商运营与推广"等课程，积极与速卖通、敦煌网、eBay、Wish 等跨境电子商务平台开展紧密合作，搭建有利于非洲创业项目孵化、人才培训强化和科研成果转化的多主体协同网络。

同时，浙江省高校应加强与企业、行业组织、培训机构的合作，创新人才培养机制，完善跨境电子商务培训体系，开发贸促系统跨境电子商务培训精品课程，对接国际市场，更新教材，大力开展跨境电子商务人才培训。推动建设师资库、学员库和案例库等，筹建贸促会跨境电子商务在线培训平台，为跨境电子商务企业负责人和从业人员提供培训服务，多元化开展跨境电子商务培训。完善师资队伍建设，有针对性的培养高端科技人员。

三、浙江各高校协同创新不断深化中非经贸专题研究

浙江省高等学校可以围绕有关中非经贸发展的战略性问题、中非关系领域的前瞻性问题和涉及中非双方的重大公益性问题，集聚创新团队，形成创新氛围，巩固创新成果，培养创新人才。浙江省高等学校可以充分汇聚现有创新力量和资源，加强顶层规划，做好选题设计和前期培育。通过选题培育，

确定协同创新方向，选择协同创新模式，组建协同创新体。浙江省高等学校可以通过探索建立适应于中非经贸发展不同需求、形式多样的协同创新模式，促进校校、校所、校企、校地以及国际间的深度融合，包括建立面向科学前沿、行业产业、区域发展以及文化创新重大需求的四类协同创新模式。通过开展浙江省高校协同创新组织管理、人事制度、人才培养、人员考评、科研模式、资源配置方式、国际合作以及创新文化建设等八个方面的改革，突破高校内部以及与外部的机制体制壁垒，改变"分散、封闭、低效"的现状，释放人才、资源等创新要素的活力，以建立中非经贸协同创新中心为实施载体。

在浙江省诸多高校中，浙江师范大学的非洲研究独树一帜。近年来，浙江师范大学紧紧把握中非关系不断深化的大好形势，主动服务国家外交战略，积极致力中非交流合作，形成了非洲学术研究、对非汉语推广、涉非人才培养、对非校际交流四大领域良性互动、整体推进的工作格局。目前，学校成立了非洲研究院、中非国际商学院、非洲博物馆、非洲翻译馆，是教育部"教育援外基地"、商务部"中国基础教育援外研修基地"、国家汉办"非洲孔子学院研修中心"，2017 年 4 月，浙江师范大学成立了教育部中南非人文交流研究中心。

在中非经贸研究领域，浙江师范大学中非国际商学院独具研究特色。2010 年 11 月，为推进浙江师范大学非洲研究，学校成立了中非国际商学院，也是目前中国高校唯一的涉非商学教育机构，学院以努力培养一批中国的"非洲通"和非洲的"中国通"人才为使命，积极服务国家战略。2014 年，中非国际商学院与经济管理学院合署。2015 年，非洲研究和中非经贸发展列为省重点高校建设三大突破领域之一。多年来，中非国际商学院按照重点高校建设规划，着力把中非经贸发展打造为学科发展特色，初步形成了"一个论坛、一个报告、一个服务平台、一个研究院、一个培养体系、一个协同平台、一套丛书、一支队伍"的"八个一"发展格局。

一个论坛——中非智库论坛经贸分论坛。以约堡峰会助推中非经济合作、浙非产能合作、中非经贸与跨境电子商务合作展望为主题，中非国际商学院分别于 2015 年 12 月和 2016 年 4 月成功举办两届中非智库论坛经贸分论坛。并举办了"跨境投资与中非经贸发展"学术研讨会和"中非投融资合作与非洲可持续发展"国际研讨会，中非经贸发展的社会影响力不断扩大。

一个报告——《浙非产能合作发展报告》。2016 年 10 月，中非产能合作发展高峰论坛暨《2016 浙非产能合作发展报告》发布会在北京举行，全国人大原副委员长蒋正华出席。报告以浙江和非洲国家开展产能合作为案本，提出了提升浙非产能合作水平的对策建议。中非国际商学院定期发布《浙非产能合作发展报告》，为浙江省出台有关政策提供决策咨询，为浙江企业到非洲国家进行产能合作提供指南。

一个服务平台——中非商贸投资协同服务平台。该平台通过定期发布非洲投资风险指数、中非商品需求国别指数、中非人才需求指数、中非企业基础信息指数、中非进出口商品指数和中国产能转移对非投资项目指数，搭建"一站式"中非商贸投资沟通管理服务平台，提供对非投资专业咨询服务。该平台已经获批金华市现代服务业综合试点项目，运营平台已委托北大青鸟开发，并通过验收。

一个研究院——国际商贸研究院。在充分联系沟通的基础上，凸显开放办学、校企合作、优势互补，有效利用中联国创控股集团有限公司在海外尤其是非洲建设投资多年的经验，以中非国际商学院为实施主体，与浙江师范大学共建"浙江师范大学中联国创国际商贸研究院"，5 年投入 1000 万元，研究院将坚持企业需求、行业前沿、学术研究协同推进，聚焦非洲，围绕人才培养、企业大数据建设、留学生创业创新、海外培训教育、科学研究等开展全方位合作。

一个培养体系——留学生创业教育"三全"体系。中非国际商学院 322 位留学生中有 2/3 来自非洲国家，国际化专业国际经济与贸易 2016 年招收留学生人数是国内学生的 3 倍，MBA 留学生达 177 人。与莱索托建立招生合作机制，每年政府推荐 25 位留学生来校就读 MBA。选送 54 位学生到南非斯坦陵布什大学交换学习。以增强"一个意识三种能力"（创新创业意识、创业运作能力、职业发展能力、产业推动能力）为目标，依托浙江省重点建设高校重点突破领域"中非商贸合作"平台，构建了留学生创业教育"三全"体系（全体验教学体系、全仿真实践体系、全方位保障体系）。2016 年在全国大学生创业大赛电子商务专项赛上，中非国际商学院留学生创业团队喜获银奖，在 2017 年全国大学生电子商务大赛，"云 style"项目（成员来自经管学院、中非国际商学院和工学院、职教学院）以全国第二名的优异成绩获特等奖。

一个协同平台——中非经贸协同合作平台。中非国际商学院与浙江省商务厅商务研究院构建合作平台，与清华大学社会科学学院签订共同推进中非经贸学科建设合作框架协议；与南非斯坦陵布什大学中国研究中心、摩洛哥穆罕默德五世大学、美国西密歇根大学非洲研究中心就共同推进中非经贸发展，联合举办国际会议、开展中非经贸领域联合研究、师资交流、人才培养等方面达成初步合作意向。

一套丛书——中非经贸发展丛书。中非国际商学院立项建设了 14 部专著，目前已出版《国际贸易方式演进与经济发展：职业中间商视角》《非洲国家投资环境研究》《浙商对非洲创业行为研究》《中非产能合作中的集群式投融资》《中国与南部非洲关税同盟经贸合作研究》等 5 部。

一支队伍——中非经贸研究团队。中非国际商学院现有"中非企业跨国运营研究所""中非经贸研究中心"2 个校级研究机构。学院积极鼓励教师研究方向转型、到非洲开展田野调查，目前有 28 名教师从事中非经贸发展研究，近两年有 8 名博士到非洲高校访学或到非洲调研，1 名教师到河海大学进行中非经贸博士后研究；获相关国家社科基金 2 项、省部级课题 4 项。同时，霍建国、王成安、崔明谟等一批政府官员、专家、企业家聘为兼职教授。在不久前举行的中南高级别人文交流机制首次会议上，中非国际商学院青年教师张巧文博士受邀参加，并作为唯一的中方代表发言，讲述中南人文交流故事，和刘延东副总理亲切握手。

第二部分

专题报告

非洲国家电子商务平台发展报告

    非洲尼日利亚、南非、肯尼亚、埃及等国家电子商务较为发达，已经出现 Jumia、Kilimall、Takealot、Konga 等本土电子商务平台，但是其经营时间较短，平均约为 3~4 年，其他非洲本土电子商务平台仍然处于酝酿期。相比线下昂贵的物价，电子商务可以提供更丰富的商品，且交易成本更低。与国内相比，在非洲线下交易的大部分商品，产生的利润数量可观，因此非洲电子商务成为商家们正在抢滩的地方。对于客户而言，他们也可以拥有更多的选择，享受最合理的价格。显然，非洲国家如果具有一个功能强大、服务完善且市场占有率高的网络交易平台，是能够助推企业快速成长并捕捉新的发展机遇。

一、尼日利亚电子商务平台

    随着互联网络的发展、智能手机的普及、人们思维观念的转变等因素，电子商务正在被越来越多的尼日利亚居民所接受。近年来，尼日利亚的电子商务市场迅速膨胀，其市场潜力不可小觑。尼日利亚的人口约为 1.6 亿，互联网用户呈几何级增长，2011 年尼日利亚的互联网用户增加到 4600 万人，而在 2008 年，其互联网用户仅为 1100 万人。研究表明，尼日利亚的在线销售额在数年内翻了一番，从 2011 年的 17 亿奈拉（1050 万美元）上升到 2012

年的 30 亿奈拉。[①] 全球市场调研公司益普索称，尼日利亚消费者越来越喜欢网络购物（不管是从国内零售商还是从国外网店），是世界上移动购物最活跃的消费群体。[②] 尼日利亚通信委员会（NCC）2015 年公布的数据显示，尼日利亚的移动设备互联网用户达 8700 万人。尼日利亚 2012 年电子商务市场大约为 3500 万美元，2015 年达 5.5 亿美元，而且还有 130 亿美元的潜在市场。[③]

在尼日利亚，发展成熟的电子商务网站不多，当地人在网络电子购物领域的选择有限，实体商店和商场数量也较为匮乏，因而尼日利亚具有巨大的电子商务发展潜力。据统计，Jumia、Konga、Kaymu、Mall for Africa、Dealdey、Adibba、Yudala、Payporte、Vconnect 和 Kara 是尼日利亚主要的综合类电子商务平台，出售各类商品，其中 Jumia 和 Konga 是综合电子商务里两大重量级平台，两家互为竞争对手，都声称自己是尼日利亚乃至非洲最大的电子商务平台。不过，这两家电子商务公司都不愿意公布相关的销售数据，让外人无法确切获知到底谁家更强。关于近年来尼日利亚电子商务平台，见表 1。

表 1   尼日利亚电子商务平台列表

名称	分类	业务概况
Jumia	综合平台	非洲第一大电子商务平台，有"非洲的亚马逊"之称。产品类型多样，销售鞋服、电子产品、化妆品甚至酒精
Konga	综合平台	尼日利亚 B2C 电子商务平台，该平台主要经营类目包括家用电器、时尚产品、书籍、儿童用品、个人护理等
Kaymu	综合平台	采取 B2C 与 C2C 相结合的经营模式，主要销售家电、移动设备、珠宝、时尚鞋服等商品
Mall for Africa	综合平台	消费者通过该平台可从 180 多个国际著名零售商那里直接购物，提供了数十亿来自美国和英国等国家的产品

---

① 《尼日利亚：电子商务市场潜力巨大》，雨果网（2013 - 07 - 04）。
② 《移动业务风生水起，看尼日利亚消费者如何进行"跨境购"？》，雨果网（2016 - 07 - 01）。
③ 《网络普及改革交易模式，尼日利亚电子商务规模达 5.5 亿美元》，雨果网（2015 - 07 - 29）。

续表

名称	分类	业务概况
Payporte	综合平台	在短时间内成为尼日利亚最大的综合平台之一，被 CBN 评为年度电子商务平台奖
Dealdey	综合平台	尼日利亚一个限时特卖网站
Yudala	综合平台	尼日利亚第一家拥有线上和线下商店的零售企业
Vconnect	综合平台	平台会列出企业网站和具体地址
Fashpa	时装类电子商务平台	一家时装零售网站，出售服装、美容用品和时尚配饰，它也出售自己制作的服装
Traclist	时装类电子商务平台	除了卖各种服装外，它还允许第三方服装卖家在平台出售衣服
Gloo. ng	食杂类平台	食杂和家居电子商务的领头羊
Mall for Africa	物流平台	解决物流问题，让尼日利亚消费者能从国外网店购物，并帮助配送至消费者手中
OLX	分类广告平台	尼日利亚最受欢迎的分类广告网站之一，为卖家和买家搭建了平台
Jiji. ng	分类广告平台	尼日利亚最受欢迎的分类广告网站之一，为卖家和买家搭建了平台
Private Property	房地产电子商务平台	尼日利亚最知名的两个房地产电子商务网站之一
Property24	房地产电子商务平台	尼日利亚最知名的两个房地产电子商务网站之一
Showroom. ng	家具电子商务平台	尼日利亚消费者购买家具和家居用品网站
Furnish. ng	家具电子商务平台	尼日利亚消费者购买家具和家居用品网站
Slot. ng	电子产品平台	尼日利亚最大的电子产品经销商，线上线下都有商店，是尼日利亚最受欢迎的电子产品零售网站
Wakanow	旅游网站平台	尼日利亚主要的旅游网站，可以购买飞机票、预订酒店等
Cheki	汽车网站平台	尼日利亚知名的汽车网站，出售新车和二手车

续表

名称	分类	业务概况
Megacare Pharmacy	药品和卫生保健品平台	第一个药品和卫生保健品电子商务网站，网站所售产品涵盖药品、医疗保健设备、母婴护理用品等
House hold max	家庭用品平台	面向女性，特别是家庭主妇的日常家庭用品购物的网上平台

资料来源：《尼日利亚最受欢迎的 20 大电子商务平台》，雨果网（2016 – 07 – 13）。

（一）Jumia

（1）成立时间。Jumia 成立于 2012 年。

（2）业务概况。Jumia 最初为 Rocket Internet 旗下电子商务平台，[①] 旨在帮助尼日利亚这个非洲最大的市场建立起有序的网络零售行业。其业务模式与亚马逊相似；产品类型多样，销售鞋服、电子产品、化妆品甚至酒精；业务覆盖喀麦隆、埃及、加纳、科特迪瓦、肯尼亚、英国等十余个国家。

（3）核心人物。可海恩德（Tunde Kehinde）是 Jumia 的联合创始人，他 29 岁毕业于哈佛大学。2012 年，可海恩德、埃凯信（Ercin Eksin）等六人在尼日利亚创立了非洲本土 B2C 平台 Jumia，该平台隶属于德国创业孵化公司 Rocket Internet。Jumia 现任 CEO 为恩马哈（Juliet Anammah）。

（4）发展历程。

2012 年是 Jumia 公司的创业初期，德国互联网公司 Rocket Internet 和电信公司 Millicom 对其进行大手笔的天使投资。Jumia 发展迅速，其员工数量从 2012 年的 10 个人增加到 2013 年的 450 人、2014 年的 1500 人。

2013 年，Jumia 在线上销售 5000 种商品，包括衣服、手机、雪茄和各类电子产品。网站每天的访问人数高达 10 万人次。

2013 年，Jumia 网站的独立访问量约为每天 15 万人次，注册用户为 75

---

① Rocket Internet 是一个合并了五个新兴市场的电子商务公司的大型组织，称为全球时尚集团（GFG），但是 Jumia 并不在其中。该公司的母公司 AIG 是 Rocket Internet、MTN 和拉美企业集团 Millicom 组成的合资公司。

万人。

2013 年，Jumia 预期在一年半之内实现盈利。

2013 年 3 月，Jumia 从 Summit Partners 公司获得了 2600 万美元的投资。

2014 年，Jumia 在肯尼亚市场销售额同比增长 900%，同年获得 1.5 亿美元投资，市值为 5.55 亿美元。

2014 年，Jumia 在肯尼亚的销售额增长 900%，其在肯尼亚的主要竞争对手是当地的实体超市。

2015 年 11 月开始，Jumia 与其在拉美著名电商平台 Linio 联合宣布在中国开展招商工作。

2015 年 12 月，Jumia 将"黑色星期五"（美国商场圣诞购物季启动日）的概念引入非洲，增加了非洲人的网络购物体验，带动了非洲一轮消费热潮，众多的中小企业加入 Jumia 平台。

2015 年，Jumia 亏损 1.1 亿欧元，2016 年前三个月亏损 1700 万欧元，已经把目标调整为在三到五年内实现盈利。①

2015 年末，Jumia 覆盖的 11 个非洲国家总人口高达 5.68 亿，其中最大的市场为尼日利亚，人口数约为 1.8 亿，互联网人群占比超过 38%。

2016 年 2 月 15 日，华为在尼日利亚市场上的 Jumia 平台独家推出了 G - Power。华为在 Jumia 上独家推出这款手机设备，以 46500 奈拉（尼日利亚货币）的低价出售，同时免费配送一款价值 15000 奈拉的蓝牙音箱。

2016 年 6 月，Jumia 收购了旅游网站 Jovago、汽车分类网站 Carmudi、房地产网站 Lamudi 以及外卖网站 HelloFood。Jovago、Lamudi、HelloFood 和 Carmudi 分别改成 Jumia Travel、Jumia House、Jumia Food 和 Jumia Cars。

2016 年 6 月初，非洲电子商务集团（Africa Internet Group，AIG）宣布重组，将其旗下所有垂直网站的名字都归入 Jumia 品牌名下，同时集团的名字改为 Jumia Group。

2016 年 6 月 28 日，AIG 旗下平台 Keymu 更名为 Jumia Market，专门为企

---

① 《下一个阿里巴巴、亚马逊？2017 年出海做生意不可不关注的 9 大电子商务独角兽!》，电子商务在线（2017 - 02 - 19）。

业用户提供线上服务；提供非洲旅店住宿服务的 Jovago 更名为 Jumia Travel；提供餐饮服务的 Hellofood 更名为 Jumia Food；C2C 平台 Vendito 更名为 Jumia Deals；提供房屋买卖、租赁服务 Lamudi 更名为 Jumia House；提供企业招聘服务的 Everjobs 更名为 Jumia Jobs；提供打车服务的 Carmudi 更名为 Jumia Cars；物流平台 AIGX 更名为 Jumia Services。此次重组后，各平台仍保持业务独立，各平台日常活动、组织机构、市场负责人不受影响，平台间将实现资源共享。

2016 年 8 月，Jumia 推出与支付宝功能相仿的工具——Jumia Pay，买家在收货前资金由 Jumia Pay 代为保管，若发生资金欺诈，Jumia Pay 将第一时间垫付赔款。

2016 年 10 月 1 日，为庆祝尼日利亚独立 56 周年，Jumia 尼日利亚站推出 Jumia Local，专门出售尼日利亚制造产品。卖家无须缴纳佣金，就可以在平台销售产品，而且他们的产品可以通过 Jumia 营销渠道（社交媒体账号、移动 App、广告牌，以及无线广播）进行推广。

发展现状：目前，Jumia 是非洲互联网集团（Africa Internet Group，AIG）[1] 旗下的平台，这些新收购的业务都将加上 Jumia 这一品牌名称。[2] Jumia 向供货商卖家开拓了越来越多的渠道，产品领域也不断拓宽，引入了日化商品，化妆品以及快速消费商品。截至 2017 年 6 月，Jumia 已经覆盖尼日利亚、埃及、摩洛哥、肯尼亚、乌干达、喀麦隆、坦桑尼亚、加纳等 11 个非洲国家，是非洲第一大电子商务平台，有"非洲的亚马逊"之称。Jumia 的快速发展，天使投资人和公司发挥了非常重要的作用。例如，非洲电信运营商（Millicom）、非洲移动通信公司（MTN）、法国安盛保险公司 AXA 和法国电信运营商 Orange 都购买了 Jumia（包括 Jumia Travel、Jumia Mall and Market、Jumia House 以及 Jumia Food）平台的股权。[3]

---

[1] AIG 是非洲领先的互联网集团，成立于 2012 年，目前在 23 个国家有业务运营。

[2] 《壕！非洲电子商务 Jumia 一口气收购旅游、汽车、房产以及外卖四个网站》，雨果网（2016 - 06 - 23）。

[3] 《非洲电子商务的兴起，离不开这些因素……》，雨果网（2016 - 11 - 28）。

（二）Konga

（1）成立时间。Konga 成立于 2012 年。

（2）业务概况。Konga 致力于理解并满足消费者的需求，提供多种多样的优质产品，改善网络购物环境，努力为消费者提供一站式购物服务。该平台主要经营类目包括家用电器、时尚产品、书籍、儿童用品、个人护理等。

（3）核心人物。Konga 创始人沙加亚（Sim Shagaya）经历丰富，曾在尼日利亚军队服役，后获哈佛大学 MBA 学位，并担任过 Google 非洲负责人。沙加亚创办过多个电子商务平台，Konga 是其中最为成功的一个。

（4）发展历程。

2012 年，B2C 电子商务平台 Konga 在尼日利亚成立，同一年份、同一国家诞生了 Konga 和 Jumia 两大电子商务平台，其竞争自然呈现水火之势。为了解决物流问题，Konga 和 Jumia 都在尼日利亚全国各地建有小型仓库，自建配送物流。

2014 年，Konga 和 Jumia 两家公司因为域名之争闹上了法庭，因为 Jumia 在尼日利亚境外注册了多个和 Konga 相关的域名，包括 konga. cd（科特迪瓦）、konga. cm（喀麦隆）、konga. ly（利比亚）等。而 Konga 的反击方式是"买下"Google 搜索中的关键词"Jumai"，这个词和 Jumia 在字母顺序上稍有差别，用户只要一搜索"Jumai"就会直接跳到 Konga 官网。

2015 年 6 月，Konga 与商业银行合作推出了 Konga Pay 支付服务。Konga 比 Jumia 抢先推出 Konga Pay。消费者发起一笔交易后，银行会向其注册手机发送安全认证码，消费者可以通过 Konga Pay 在网上实现一键付款。在买家确认收货前，会代为保管钱款以建立买卖双方的信任。

2015 年初，根据 Alexa 公布的数据，Konga 已成为访问量最高的尼日利亚网站。

2016 年，Konga 在"黑色星期五"购物狂欢节订单量超过了 14 万。[1]

2016 年，Konga 创立了自己的物流企业 Konga Express，不再使用 DHL 类

---

[1] 韩晓明：《用电子商务改变非洲生活》，载《人民日报》2017 年 1 月 17 日第 5 版。

第三方物流公司。

（5）发展现状。目前，Konga 可提供 15 万种不同的产品，包括时装、小件商品、家用产品等。正是因为看到了 Konga 的发展空间，南非著名的 Naspers 集团多次向该平台注资，Konga 总融资额为 1.15 亿美元，市值为 1.9 亿美元，现已成为西非知名电子商务平台。

（三）Mall for Africa

（1）成立时间。Mall for Africa 成立于 2011 年。

（2）业务概况。Mall for Africa 主要销售时尚鞋服、品牌手表等欧美国家产品，通过该平台，消费者可从 180 多个国际著名零售商那里直接购物，它提供了数十亿来自美国和英国等国家的产品。Mall for Africa 平台经营非洲跨境电子商务，它类似在 PC 端和移动端都适用的一个 APP，拥有 Windows 移动和 PC、苹果 IOS 和 MAC 以及安卓等多个版本。在该平台上，消费者下单购买英美商品，使用 PayPal 或 Visa 卡付款。平台管理订单所有流程，为消费者创建简单、安全和便利的网络购物体验。平台有自己的支付和配送系统，它充当了美国卖家与非洲消费者之间的"电子商务代理人"和"物流提供商"。

（3）发展历程。

2011 年，Mall for Africa 由尼日利亚科技企业家 Chris Folayan 成立，

2014 年，Mall for Africa 推出了一种网卡（WebCard），可以像借记卡一样预存美元，主要针对在尼日利亚没有传统在线支付手段的用户。

2015 年 7 月，为了在非洲当地推广 PayPal 的支付方式，Mall for Africa 推出 8 月特惠活动，通过 PayPal 付款的订单可享受 10 美元的优惠。[1] 尼日利亚消费者如果通过 Mall for Africa 的 App 购物，并且使用 PayPal 付款，将享受免费退货服务。[2]

---

[1] 《非洲跨境电子商务平台 MFA 联手 PayPal 打天下》，亿邦动力网（2015 – 08 – 26）。
[2] 《非洲最大电子商务 MallforAfrica 与 PayPal 携手，为尼日利亚跨境网络购物者提供免费退货服务》，雨果网（2016 – 07 – 05）。

2015 年 8 月，Mall for Africa 宣布进军肯尼亚，获得了 Helios 集团的投资，并向当地用户提供超过 15 亿件商品。

2016 年 6 月，eBay 与非洲电子商务 Mall for Africa 合作，推出 Ebay. Mall for Africa. com 平台，美国个人和企业卖家可以通过这一平台向尼日利亚和肯尼亚消费者出售商品。[①]

2016 年 7 月，Mall for Africa 在美国俄勒冈州的波特兰建立自己的商品处理中心，为美国商家处理商品的配送。平台支付也将由 Mall for Africa 负责，支持消费者本地货币支付，或者 Paga 支付和 M – PESA 支付（非洲两家支付公司），并以美元形式返给 eBay 卖家。[②]

（4）发展现状。目前，Mall for Africa 平台上入驻了超过 180 家英美店铺，其中包括亚马逊、梅西百货、阿玛尼、玛莎百货、Net – A – Porter、Topman、Carters 和 Dorothy Perkins 等国际品牌。Mall for Africa 还会采取更多举措便利国际网络购物，增加店内服务的种类，改善物流和支付服务，继续为用户创造消费价值。

（四）Kaymu

（1）成立时间。Kaymu 成立于 2012 年 12 月。

（2）业务概况。Kaymu 平台采取 B2C 与 C2C 相结合的经营模式，主要销售家电、移动设备、珠宝、时尚鞋服等商品。Keymu 属于非洲电子商务集团（Africa Internet Group，AIG）旗下品牌。在德国桑威尔兄弟创立的互联网孵化器 Rocket Internet 的支持下，非洲互联网控股公司（Africa Internet Holding）推出了电子商务平台 Kaymu。

（3）发展历程。

2012 年 12 月，Kaymu 由非洲互联网集团推出，由 Millicom、MTN 和 Rocket Internet 进行投资，是非洲大陆的电子商务先行者。

---

① 《eBay 联合非洲电子商务推 Ebay. MallforAfrica. com 平台》，雨果网（2016 – 07 – 02）。

② 《非洲电子商务市场再来一巨头，eBay 联合本土电子商务推 Ebay. MallforAfrica. com 平台》，雨果网（2016 – 06 – 29）。

2014 年 9 月，Kaymu 推出了自己的购物 APP，旨在扩大其在移动电子商务市场的影响力。Kaymu 推出的移动手机支付程序能够让网络购物平台的支付体系更加完整，并实现即时买卖交易。[①]

2015 年末，Kaymu 拥有在线零售商 1.5 万个，客户群达 30 万人；网站平均日交易量达 3000 单，访问量达 1100 万人次。

2016 年初，Kaymu 业务范围已扩张至全球 32 个国家和地区。

2016 年 6 月 28 日，Keymu 对业务进行重组，所有业务归到 Jumia 品牌名下并更名为 Jumia Market。

（4）发展现状。非洲互联网控股公司（Africa Internet Holding）推出了电子商务平台 Kaymu。目前在科特迪瓦的电子商务市场上，Kaymu 异军突起，一跃而成为该国的电子商务领头羊。2016 年 6 月 28 日，Kaymu 决定对旗下业务进行重组，所有业务归到 Jumia 品牌名下。所以，AIG 旗下平台 Keymu 现更名为 Jumia Market。

整体而言，尼日利亚电子商务市场近年来增速惊人，通信物流业的改善助推了电子商务的发展。在非洲大陆，尼日利亚网络用户已经超过南非、肯尼亚和埃及等国家，成为非洲最主要的电子商务市场之一。随着手机接入互联网费用的不断降低，有更多的尼日利亚人开始体验手机上网，尤其是每年的圣诞节，有更多的尼日利亚人体验到了网上购物的便捷。同时，尼日利亚企业间竞争也推动了电子商务市场的发展。电子商务企业从提高自身竞争力到广告促销，网络购物也日益为大众所接受。目前，各电子商务企业通过与厂家合作提高商品质量、降低价格、缩短交货时间，改善用户网络购物体验与服务及投放广告、节日打折等各种方式吸引客户，商家的竞争，让尼日利亚居民可以选择高质量的服务。网络购物客户基础好，增长趋势不改，本地电子商务日益受到欢迎。万事达卡公司的调查显示，92% 的尼日利亚人有网络购物经验，59% 有国际网络购物经验；网络购物者中 57% 表示，未来六个月仍会在网上购物。调查还显示，33% 的尼日利亚人认为，本地网络购物会

[①] 《非洲手机用户超 7 亿，电子商务平台 Kaymu.com 推出购物 APP》，雨果网（2014 - 09 - 19）。

更快捷；32%认为本地网络购物价格会更便宜。①

　　然而，尼日利亚电子商务发展依旧存在基础性障碍，运费过高和网络支付安全性问题仍旧是尼日利亚电子商务发展的主要困境。由于道路、通信、银行等社会基础设施依旧不够健全，对大多数人而言，上网费用高、网速不稳定、刷卡消费极不普及、城市间道路不畅以及担心网络、电子支付、道路、社会安全问题，阻碍了尼日利亚电子商务业的进一步发展。尽管电子支付、手机银行业务有所提高，银行非现金化政策在逐步执行，但尼日利亚网络购物消费者大多选择货到现金付款的方式，大型电子商务免运费配送范围仅限在拉各斯城内及大额商品，其他城市网络购物消费者由于支付的运费较高，网络购物仍存有很多疑虑。尼日利亚电子商务业呼吁政府加强基础设施建设及教育支持。电子商务企业希望政府进一步加强在道路、物流、通信、银行、社会安全等方面的基础设施建设，为电子商务业创造良好的社会基础环境，同时加强电子商务业人才的教育培养，满足尼日利亚电子商务业发展对专业人才的大量需求。

二、南非电子商务平台

　　网络购物的便利性、居民可支配收入的提高、互联网宽带服务的扩展等因素是促进南非电子商务增长的重要标准。越来越多南非人开始网上购物，而且购物种类不断丰富，从最初的书籍、DVD 等扩大到后来的高价值商品，如电子产品，这些商品都送货上门。研究机构 World Wide Worx 在 2012 年披露的报告中显示，自 2009 年以来，南非电子商务市场保持着年均 30% 的增长速度。面对蓬勃发展的线上市场，南非各大零售商纷纷试水电子商务，内外贸兼顾。2016 年，南非电子商务交易数额达 50 亿兰特（约合 3.61 亿美元）。根据 PayPal 委托 Ipsos 执行的市场调研显示，2018 年，南非电子商务市场规模将达到 530 亿兰特（南非货币单位，1 美元约 13 兰特），比 2016 年的

---

　　① 《2013 年尼日利亚电子商务市场成倍扩张》，雨果网（2014 - 01 - 06）。

371 亿兰特有所增长。[①] 南非消费者网络购物最喜欢购买可下载的电子娱乐和教育产品、活动门票以及鞋服类产品。PayPal 和 Ipsos 公司研究表明："2016年有 58% 的南非网民网络购物，总消费达 371 亿兰特。预计南非人网上消费还将增加，有近一半南非网民表示将继续增加网上开支。"据 World Wide Worx 的研究报告显示，自从电子商务在南非开始普及以来，网络购物在南非的零售总额占比在 2016 年达到 1%。南非统计数据显示，2015 年的零售交易额比 2014 年增加了 3.3%，达到了 7620 亿南非兰特。南非电子商务市场还是欠发达的，像一些西方国家如美国，电子商务零售额占总零售额的 10%，而在南非还不到 1%。南非电子商务还有很大发展空间，尽管电子商务销售只占了总零售额的 1%，但是这表明了至今为止零售商所做投资的效果。[②]

海淘在南非网络消费者之间较为普遍。2016 年，有 43% 的南非网络购物者表示他们会从其他国家电子商务平台购物，促使南非消费者海淘的主要推动因素是卖家包邮、可接受本币支付以及支付安全等。研究显示，南非有140 万海淘消费者，海淘支出在 88 亿兰特左右，预计 2017 年南非海淘销售额将增长 38%。南非人从全球各地的电子商务网站海淘产品，其中最常在美国电子商务网站购物，其次是中国和英国，有 24% 的南非网络购物者海淘。由于有些产品本地没办法买到，于是南非消费者选择从美国电子商务网站海淘，其他促进购买的因素还包括美国电子商务网站产品新奇好玩、种类丰富，而且商店信誉好等。随着南非电子商务日益发达，有些国际品牌将更容易进入南非市场。在历史上，南非是一个较为保守的市场，如果一个海外零售商不通过收购一个本地零售公司而单枪匹马地进入南非，想要站稳脚跟那是异常艰难的。但如今，电子商务的发展帮助外国零售品牌可以顺畅地打入南非市场。例如，Zara 已经在南非开了四家店，但是陷于相对孤立的状态，故而业绩平平，但是随着电子商务的发展，它具有在南非再开张 10 家旗舰店的潜力，同时这些店又将反过来推动其网上业务的发展。[③]

---

① PayPal 和 Ipsos 连续第三年联合进行全球消费者调研，覆盖了来自 32 个国家、28000 名消费者，分析全球各个国家和地区消费者的国内网络购物及跨境购物习惯。
② 《网络购物只占南非零售总额不到 1%！是什么阻碍它的发展？》，雨果网（2016 - 07 - 12）。
③ 《越来越多人上网络购物，南非零售商纷纷试水电子商务》，雨果网（2013 - 11 - 15）。

智能手机的快速普及以及其在南非更优惠的价格将会继续在未来几年推动网络购物的发展。随着顾客对手机购物感到更加安全舒适，手机购物体验在南非将会继续不断发展。南非移动设备普及率较高，网络购物者开始逐渐使用移动设备购物，2015 年至 2016 年，移动设备（包括智能手机和平板电脑）网络购物支出增长了 65%，达 95 亿兰特，并将继续增长。PayPal 和 Ipsos 的报告显示，到 2018 年，移动电子商务支出将增长 123%，这给网上零售商提供了巨大的机会。过去一年来，有 43% 的跨境网络购物者表示他们通过智能手机跨境海淘，另外有 21% 的人表示使用平板电脑进行跨境网络购物。同时，72% 的网络购物者表示，他们会因为海淘运费高、关税、税收不确定及配送时间长等负面因素放弃海淘。那些不参与海淘的消费者表示，配送时间、运费、关税以及担心收不到货等，是他们不参与跨境海淘的原因。①

实体店是南非国内最主要的销售渠道，不过网络渠道也会变得越来越重要，特别是在手机不断普及的情况下，移动电子商务将能够让零售商和消费者更频繁地接触互动。Woolworths、Pickn Pay 和 Mr Price 是南非传统线下零售商，相比 Kalahari、Yuppiechef 等南非在线零售商有着不一样的发展动态。对于在线零售商而言，由于缺乏现有品牌和线上实体店体验，消费者对他们没有足够高的信任度，在购物之前往往会对安全性问题产生怀疑。传统线下零售商的优势是消费者给予他们很高的信任度，因此有大量的消费者会涌入他们的网站，但网站的实际体验往往令他们感到失望。相比在线零售商，许多网站并没有提供一样多种类的付款方式，同时传统线下零售商构架的网站并不容易操作使用。然而，像南非 Woolworths 这样的零售商，却用实际证明了传统零售商有能力成功缩小这方面的差距。

根据南非媒体"Techcentral"的报道，2014 年南非网络零售总额为 53 亿兰特，网络零售额占南非零售业销售总额的比例甚至不到 1%。不过，据预测，到 2018 年南非网络零售额将升至 95 亿兰特。调查发现，14% 南非受访人员称自己每周都会网络购物，甚至更频繁。53% 受访人员称自己会特意去

---

① 《南非移动电子商务市场猛增 123%，中国是其第二大海淘目的地》，雨果网（2017 - 02 - 22）。

实体商店浏览一下商品，然后再到网上购买。不过，有趣的是，73%的受访者表示自己通常会网上浏览一下商品，然后再到实体店内购买。当问及为什么网络购物时，57%受访人员称，之所以网络购物是因为网络购物更方便，每天24小时，每周7天随时都能购买；50%则表示自己网络购物的原因是因为觉得没必要走路去实体店购买；40%则表示到实体店比较商品和研究商品相比使用网络容易得多；36%则表示之所以偏爱网络购物原因在于网上购买商品价格更便宜，能够比实体店得到更多优惠；20%则表示偏好网络购物是因为能够找到特定品牌的产品。调查发现，59%南非消费者会通过手机搜索产品；63%则使用手机货比三家，了解价格差异。至于支付方式，移动支付的比重仅为9%。48%受访人员表示，由于担心使用手机支付时，信用卡信息会被盗，所以尽量避免移动支付。①

南非知名的电子商务平台主要包括 Takealot、Kalahari、Esaja、OLX、Makro 等。在南非电子商务网站上活跃的消费者最喜欢购买非食品类产品，如服装、书籍、门票、音乐、视频和礼物等。PayPal 发布了由 Ipsos 开展的一项有关消费者购物习惯的全球调查报告，报告显示2015年南非购物者在电子商务网站上的花费预估达到了288亿南非兰特，这个数字预计将会在2017年提高到460亿南非兰特。此外，报告也指出59%的网络购物者喜欢在国内电子商务网站购物，37%的网络购物者表示他们会在国内电子商务跟跨境电子商务网站上购物，还有5%只选择跨境电子商务网站上购物。尽管在南非当地国际购物还没那么流行，但是随着产品种类的不断增加，产品价格范围更广，物流选择的改善以及人们对电子商务购物信心的加强，相信南非消费者会继续在网上购物。② 下文简要介绍南非主要的电子商务平台。

（一）Takealot

（1）成立时间。Takealot 成立于2011年。

（2）业务概况。Takealot 的前身为南非网络零售商 Take2，在被对冲基金

---

① 《南非人偏好实体店购物，网络零售占比不到1%》，雨果网（2015-03-12）。
② 《网络购物只占南非零售总额不到1%！是什么阻碍它的发展？》，雨果网（2016-07-12）。

游戏巨头 Tiger Global 收购之后更名，老虎全球管理公司和 Kim Reid 收购 Take2 之后，Takealot 于 2011 年 6 月正式上线。① Takealot 逐渐发展成为南非市场的电子商务领头羊，该平台主要销售书籍、电子产品、园艺用品、母婴等产品。

（3）发展历程。

2014 年 5 月，Takealot 从老虎全球管理公司获得了 1 亿美元的投资，实力大增。

2014 年 10 月，Takealot 与其竞争对手——非洲最大的电子商务和数字化企业 Naspers 旗下的 Kalahari 合并，新合并的电子商务巨头以 Takealot 为名。Naspers 和老虎环球 Tiger Global 管理公司在合并公司各占 41% 的股份。

2014 年，Takealot 一直稳健发展，并拥有一系列稳定的业务，包括电子商务网站 Takealot. com、时尚平台 Superbalist. com、外卖网站 Mr D Food，以及点对点物流服务 Mr D Courier。

2014 年底，Takealot 已拥有 100 万活跃用户，成为南非电子商务的代名词。

2015 年 2 月，南非最大的两家电子商务公司 Takealot 和 Kalahari 的合并方案获得了南非竞争委员会的批准，该合并协议于 2015 年 2 月 1 日开始生效。

2015 年 8 月，Naspers 和老虎环球管理公司都增加了在 Takealot 的投资。Naspers 根据当时 Takealot 的运营情况，追加了 7. 16 亿兰特的投资，所持有的 Takealot 股份增加到 42%，展示了对南非电子商务市场强大潜力的信心。

2016 年，Takealot 赢得 PriceCheck 的科技电子商务奖，包揽了 Overall Winner Awardas 和 People's Choice Award 等奖项。

2017 年 3 月，南非报业（Naspers）向南非最大的电子商务平台 Takealot 投资 9. 6 亿兰特（约 6940 万美元），南非报业将持有 Takealot 53.5% 的股份，老虎全球管理公司持有 34%。南非报业在全球范围内都有投资，包括持有中国腾讯公司 1/3 的股份。

---

① 《南非两大电子商务 Kalahar 和 Takealot 正式合并，意在对抗亚马逊》，雨果网（2015 – 05 – 11）。

（二）Kalahari

（1）成立时间。Kalahari 成立于 1998 年，2014 年与 Takealot 合并。

（2）业务概况。Kalahari 曾经是南非最大的电子商务网站之一，属于非洲最大的电子商务和数字化企业集团 Naspers 旗下的平台，主要销售书籍、电子书、电子阅读器、音乐、DVD、游戏和电子产品等。

（3）发展现状。南非电子商务公司缺乏足够的规模，不足以与本土实体零售商以及亚马逊、阿里巴巴等外国电子商务巨头展开竞争。为了扩大网络零售市场的规模，并将其做大做强，2014 年 10 月，Kalahari 与 Takealot 计划合并，新合并的电子商务平台以 Takealot 为名，并使用 Takealot 的平台和技术运营。合并之后将由现在的 Takealot 联合创始人 Kim Reid 和 Willem van Biljon 负责主要的营运。Naspers 集团关闭 Kalahari 的决定跟经济因素和未来改革创新有关。Kalahari 采用了多个平台，成本较高，如果不关闭将不利于将来的整合。合并是南非线上零售市场份额进一步扩大所必需的途径，南非的电子商务市场前景广阔，增长速度将更快。

（三）Esaja

（1）成立时间。Esaja 成立于 2013 年。

（2）业务概况。Esaja 专做非洲地区的商务匹配服务，连接非洲内陆商家并提高其贸易往来机会。而 Esaja 打造该平台的目的是要连接非洲地区的买家和供应商，最终促进非洲经济繁荣并增加就业机会。Esaja 涉及的产业有：非洲电影、农业、航空、能源和电力、美容及个人护理、房屋建筑、商业服务、化学制品、计算机软硬件、空调、工艺品、船舶、家居、服饰、珠宝首饰、医疗产品、书籍文具等。

（3）核心人物。Esaja 的创始人为穆塔博（Clinton Mutambo）。穆塔博在 19 岁建立了第一个公司，由一个卡通人物的想法帮他说服一个投资者投资了 5000 美金，那时他还在上高中，对电子商务感兴趣的他就经常逃课去图书馆查阅关于阿里巴巴、亚马逊等电商网站的资料，并分析他们服务的市场。23

岁的他和小伙伴开创了自己的电子商务公司 Esaja. com，服务于非洲的电子商务市场，目前已成为非洲国家的知名网站。27 岁的他意识到"仅以赚钱为目的是无法做大市场的，重点是带动当地年轻人就业和精准定位。"在创业的路上，他花了两年时间边打工边积累第二次的创业基金，为了解决非洲物流运输难的问题，他找到当地有名气的物流公司合作，公司网页每天差不多有 3 万人次的浏览量。2015 年，穆塔博曾被《福布斯》命名为非洲 30 个 30 岁以下最有前途的企业家之一。

（4）发展现状。2015 年 7 月 22 日，非洲 B2B 平台 Esaja 已获得一轮来自香港风投公司 Swastika 的投资，Esaja 会根据市场反馈情况将这笔资金用于调整商品结构。目前，Esaja 已经覆盖南非以及非洲偏远地区，包括坦桑尼亚、赞比亚、津巴布韦、马拉维、毛里求斯、博茨瓦纳、莫桑比克、南非、肯尼亚、埃塞俄比亚、尼日利亚、加纳、埃及、南苏丹、乌干达、卢旺达等。Esaja 涵盖业务包含联系这些国家的进口商、出口商、代理商、批发商或买家等。Esaja 本质上更像一个商务社交网站，用来帮助商家"观察敌情"以及"大开眼界"。

（四）OLX

（1）成立时间。OLX 成立于 2006 年，于 2014 年在南非建立分公司。

（2）业务概况。OLX 公司员工已达 1200 人，业务遍布 40 多个国家。这家公司的网页每月被浏览 110 亿次，有 2500 万种列表，完成 850 万项目交易。OLX 是印度、波兰以及巴西最大的购物网站，向其投资的美国风投公司包括贝西默（Bessemer Ventures）、通用催化（General Catalyst Partners）。2010 年，OLX 将其大部分股票出售给非洲最大传媒集团南非报业（Naspers）。OLX 可免费使用，并通过向用户出售推荐列表盈利。

（3）发展现状。据全球新兴市场调查研究公司亚那发布的报告，OLX. co. za 是南非最受欢迎的网上购物网站之一。该报告还显示，在网上购物时，53% 的南非人倾向于货到付款的支付方式。自 2014 年 1 月 OLX 平台正式投入南非市场开始，网站已经获得了巨大的发展，每天都有超过 100 万的广告投放在这个网站上，每天有成千上万笔交易在网站上达成。

此外，南非还有各类专门性的小型电子商务网站。南非 uAfrica. com 公司于 2015 年公布了南非最受欢迎的 50 大电子商务网站，共有 200 多个电子商务网站参与了该奖项的角逐，uAfrica. com 公司是南非年度电子商务大奖的赞助者，以下是 uAfrica. com 选出的南非排名前 10 位的电子商务网站，按字母排序包括：uAfrica. com；Action Gear &Threads；bidorbuy. co. za；Boost Gymwear；Cape Coffee Beans；Esque；Flook Sport & Travel；Futurama；Gemboree；Groupon South Africa。[①] 根据媒体"destiny connect" 2014 年 7 月 22 日的报道，南非市场在线购物领域仍然处于初级阶段，但当地零售商正在快速扩展客户群及提高营业利润。根据在线营销研究机构 Columinate 对当地 25 个网站进行购物体验的衡量调查，排名靠前的五大在线零售商分别是：Kalahari. com、Yuppiechef、Woolworths、Takealot. com 和 GroupOn。[②] 另据调查，南非媒体在 2014 年评选出了南非最受欢迎的十大购物网站，Takealot、Kalahari 等电子商务平台均在其列。可参见表 2。

表 2 南非最受欢迎的十大购物网站（2016 年）

排名	名称	简介
1	Gumtree. co. za Shopping/Classifieds	Gumtree 是英国最大的分类信息网站，创建于 2000 年 4 月，提供的内容包括：租房、找工作、汽车买卖、交朋友等，同时覆盖了其他多个国家如波兰、美国、澳大利亚等
2	olx. co. za Shopping	OLX 是一个免费发布广告的网站，出售、汽车、工作、房地产、社区、服务等
3	bidorbuy. co. za Shopping/Auctions	1999 年 BidorBuy 电商平台成立，也是南非历史悠久，规模较大的电商之一

① 《南非排名前 10 的电子商务网站都有哪些？》，雨果网（2015 - 08 - 31）。
② 《南非：在线零售市场仍处于初级阶段》，雨果网（2014 - 07 - 23）。

排名	名称	简介
4	amazon. com Shopping/General _ Merchandise	截止到 2014 年 7 月，Vivastreet. com 在百货类购物网站排名第一，用户访问量 3110 万/天，平均停留时间为 7∶16，平均停留页数为 7.31，跳出率为 35.38%
5	takealot. com Shopping	Takealot 成立于 2011 年，是南非不断增长的电子商务领域中的一个著名公司，其在南非在线营销公司 Columinate7 月份的一项民意调查中排名第四
6	kalahari. com Shopping	Kalahari. com 是南非最大的在线零售商。2014 年与 Takealot 合并
7	ebay. com Shopping	截止到 2014 年 7 月，ebay. com 在购物类购物网站中的排名第二，用户访问量 2500 万/天，平均停留时间为 9∶59，平均停留页数为 11.05，跳出率为 27.99%
8	junkmail. co. za Shopping/Classifieds	Junkmail 是南非大型分类广告购物网站，也是南非规模较大的电商之一
9	pricecheck. co. za Shopping	Pricecheck. co. za 是南非在线购物网站
10	groupon. co. za Shopping/Coupons	Groupon 成立于 2008 年，以网友团购为经营卖点。每天只推一款折扣产品、每人每天限拍一次、服务有地域性、线下销售团队规模远超线上团队

资料来源：南非当地网络媒体。

目前，南非电子商务发展还处于初级阶段。以全球标准来看，大部分南非消费者还是会选择在实体商店购物，虽然网络购物正在以惊人的速度增长，但目前在南非仍然只有一小部分精通科技的消费者才会选择网络购物。限制网络购物发展的原因是购物中心在市场上根深蒂固，所以一些零售商仍然忽视了电子商务这个渠道。尽管南非电子商务发展崭露头角，但是其市场规模依然很小，到 2014 年底为止仅约 60 亿兰特。与美英在线销售占到消费总量 14% 相比，南非只占 1.3%。南非的消费品零售市场总值约为 8000 亿兰特，虽然零售市场总值如此巨大，但是其中只有不到 2% 来自线上交易。相比其他国家，这一比例偏低，例如在中国，这一比重为10%，美国和英国则都接近15%。而在全世界范围内，线上零售市场占零售市场总额的比重正在不断上升。

南非电子商务发展仍然面临一些问题，抑制着网络购物的发展。通向互联网的渠道有限，宽带的费用高。尽管如今光纤网络在全国家庭中的普及率不断上升，接入互联网的高成本仍然限制着大多数的消费群体实现网络购物。商家对电子商务运作认识不足，大型零售商网络化进程缓慢，小型零售商则难以有效自我推广。南非支付方式选择有限，南非家庭信用卡持有量平均不到两张，而且很大一部分家庭还不具备开办信用卡的资格。消费者还担心网络安全，尤其是信用卡诈骗。消费者对电子商务交易的不信任，误以为只有信用卡才可以进行网络购物。南非电子商务产业发展的道路不总是一帆风顺，很多顾客在网上查找并浏览产品，但是不会真正地在网上购买，而是选择到线下实体店购买。根据普华永道（PWC）最新调查，南非人依旧喜欢到实体店购物，而不是网上购买，网络零售额占南非零售业销售总额的比例甚至不到1%。另外，由于担心使用手机支付时信用卡信息被盗，绝大部分南非消费者尽量避免使用移动支付，移动支付所占的比重仅为9%。此外，南非物流配套设施依然落后于许多发达国家，商品物流效率低下且成本高昂，部分订单配送效率较低，物流供应链短缺等也是制约南非电子商务发展的瓶颈。

因此，南非各大平台网站如果想超越其他卖家赢得消费者注意，充足的准备才是成功的关键。例如，提前与供货商和经销商谈判价格，将特价交易适当进行推广，确保消费者知道相关促销信息。品牌商也需要投资数字化营销工具，优化网站功能，进行内容营销（博客、社交媒体等等）。南非各大电子商务平台可能需要接受一些额外的投资，投资新技术、基础设施、网站系统，甚至是增加员工数量。如果有任何资源不到位，品牌商们可能就无法及时有效地投递订单，为品牌带来不可挽回的损害。选择科学合理的物流配送，能帮助品牌商和卖家有效改善客户服务和门对门配送服务，促进南非电子商务行业的发展。[①] 例如，受沃尔玛旗下品牌阿斯达业务模式的启发，南

---

① 《"黑五"走红南非，订单配送仍是软肋》，雨果网（2016－11－18）。

非零售商 Makro 提供自提货柜作为送货上门服务的补充。自提货柜的推出，使南非网络购物者可以自己到指定货柜地点提货，而不必漫长地等候快递员送上家门。Makro 于 2014 年三月推出电子商务平台。新客户占其线上销售总额的 29%，线上平均每单消费额是实体店的三倍，最受欢迎的网上消费产品是大家电、iPad 等科技产品、收音机和耳机等。南非的物流配套系统比较糟糕，所以上门自提货柜的配送服务方式很有发展空间。①

三、肯尼亚电子商务平台

肯尼亚人口红利巨大，人口结构偏年轻化，个人消费力强，互联网的发展跨越 PC 时代直接进入移动时代，因而肯尼亚电子商务很快会跟上世界潮流。根据肯尼亚通信管理局（Communications Authority of Kenya）数据显示，该国 2015 年有超过 1800 万的网络用户。此外，由于供给短缺，肯尼亚市场十分依赖进口，这就让跨境电子商务的存在有了很大的意义。肯尼亚网络购物面临的主要挑战是线上假冒伪劣品问题、质量参差不齐，以及个人信息安全性和信用卡安全性等问题。不过，越来越多电子商务企业提供货到付款、退货和换货等服务，肯尼亚消费者对网络购物安全性越来越有信心。②

近年来，肯尼亚的电子商务行业发展很快，电子商务网站增多，产品种类更丰富，从快速消费品到车辆，以及在线餐馆预定。据尼尔森公司的调查显示，肯尼亚人在 2014～2015 年内的网络购物开支已经超过 100 亿肯尼亚先令。而且肯尼亚人不仅在网上出售和购买服装、电子产品、家居用品等，他们还出售和购买传统市场才有的产品，例如农业物资、机器甚至牲畜。③ 肯尼亚本土电子商务网站主要包括：Kilimall、Amanbo、Mama Mike、Cheki、Rupu、Eatout、OLX、Brighter Monday、Buy Rent Kenya 和 Jumia（推出的品牌有 Jumia House，Jumia market，Jumia cars 和 Jumia food）。下文简要介绍肯尼

① 《南非电子商务 MAKRO 推出"自提货柜"服务》，雨果网（2014 - 12 - 08）。
② 《交通太拥堵，肯尼亚人选择上网络购物》，雨果网（2014 - 12 - 26）。
③ 《肯尼亚：两年购物开支超过 100 亿，连牛都在网上买》，雨果网（2015 - 12 - 07）。

亚电子商务平台 Kilimall、Amanbo、Jumia Kenya 的发展现状。

（一）Kilimall

（1）成立时间。Kilimall 成立于 2014 年 7 月。

（2）业务概况。Kilimall 致力于在非洲本土运营，是一个集多国订单、交易、支付、配送等功能于一体的一站式国际线上交易服务平台。Kilimall 的名字来源于非洲之巅 Kilimanjaro（非洲最高峰乞力马扎罗山），希望 Kilimall 成为非洲第一电子商务。核心价值观是"利出一孔、共创共享，知行合一、不忘初心"。Kilimall 的使命是"提升非洲人民生活品质"，并借此帮助中国品牌和制造业开辟非洲新市场，帮助非洲客户和中国供应商高效交易，为他们带来更舒心的生活，不断提升行业效率，降低中非交易成本，Kilimall 认为这是一项伟大的事业，值得奋斗终生。

（3）发展历程。2014 年 7 月在肯尼亚首都内罗毕成立，也是第一个进入非洲互联网行业的亚洲公司，也是第一个在非洲设立软件研发中心的公司。

2015 年 4 月，Kilimall 引入了海外购，以对接非洲民众和中国供货商的需求。

2015 年 7 月，Kilimall 日均单量约 1000 左右，覆盖肯尼亚全境和乌干达部分地区，月销售额近 1000 万元人民币，约有 1000 家商户入驻。

2016 年 4 月，国际移动设备公司 Cubot 与 Kilimall 的战略合作，以 8888 肯尼亚先令的价格在 kilimall. co. ke 上出售智能手机。[①]

2016 年 9 月，Kilimall 在肯尼亚实现订单当日达/次日达，内罗毕用户在上午 11 点前下单，下午即可以收到包裹，11 点后下单次日收到包裹，快递速度在非洲所有电商公司中达到第一。

2016 年 11 月黑色星期五，Kilimall 平台日订单量超过一万。

2016 年 12 月，Kilimall 针对品类筛选进行进一步的开发，针对平台中较为热销的智能家居、服装服饰、小配件等提供具体的扶持政策。

2017 年 1 月，Kilimall 目标希望能够覆盖 20 个国家，希望在 2 ~ 3 年时间内在西非领先 Jumia，成为真正的非洲第一电子商务平台。

---

① 《肯尼亚：小城市商机蛰伏，Kilimall 用户破 20 万》，雨果网（2016 - 04 - 06）。

2017 年 2 月，Kilimall 针对情人节特别推出了"Kilimall Valentine Gifts"促销活动，对平台上的各种产品进行了降价活动，折扣力度高达 50%。Kili-mall 在情人节的一些打折礼品包括：智能手机、手包、珠宝、美容产品和香水、手表、男女时尚配饰等。

（4）发展现状。

自 2014 年诞生，Kilimall 就很好地融入了非洲基因和当地特色，它不仅具备了全球供应链和国际支付，还拥有了非洲本土品牌营销、本土仓储物流、本土售后客服等运作团队和服务体系。Kilimall 发展速度已超越了众多同类网站，当前已经将肯尼亚的本地化运营扩张到乌干达和尼日利亚市场，后续将快速扩张到整个非洲市场，现在的 Kilimall 已成为非洲消费者信赖和喜爱的购物渠道，是在非洲民众中颇具影响力的生活和工作服务平台。Kilimall 打算将业务范围从本地招商扩展到中非跨境贸易，让中国品牌通过电子商务渠道进入非洲，提高平台和卖家的盈利能力。

在过去几年中，Kilimall 为数十万非洲用户带来高性价比的商品；有数千卖家在 Kilimall 平台开店经营，多个中国品牌借助 Kilimall 快速切入非洲市场，也为本地卖家提供了新的销售渠道；在肯尼亚、乌干达、尼日利亚等非洲国家落地运营，在肯尼亚建设了近万平方米的非洲第一电子商务仓库，其仓库管理系统（Warehouse Management System，WMS）较为先进。Kilimall 在中国深圳和长沙设立办公室；CCTV、CNN、香港 TVB 翡翠台等国际媒体，Nation、Citizen、KTN 等非洲媒体对 Kilimall 有大量报道与采访，TED 亦邀请 Kilimall 发言。目前 Kilimall 团队成员近 200 人，为非洲创造了数千个新的工作机会（快递员、卖家雇员等）。在最近肯尼亚媒体 MyPollKenya 的市场调查中，Kilimall 被选为"最受欢迎的在线购物平台（The most favorite online shopping mall）"。

总体而言，Kilimall 平台从市场、营销、招商、品牌、支付、物流等方面，为想要进军非洲市场的电子商务企业提供了许多有益的经验借鉴，主要体现在以下几大方面。

1. 市场

Kilimall 发轫于肯尼亚，然后拓展到乌干达、尼日利亚，再往后就是逐步进入其他一些非洲主要的经济体。当然，Kilimall 主要还是先考虑网络覆盖率高的非洲国家。Kilimall 在每个国家都设有独立的垂直网站，各个非洲国家站之间会把一些共享的信息打通，包括卖家工具、营销方式、线下拓展等。Kilimall 平台上线一年左右，产品已经覆盖了全品类，每周还会主推一些品类进行市场测试。通过测试他们发现数码 3C 类、运动用品、厨具、卫生间用具、床上用品等日常必备产品销量较好；而对于体量较大的服装类目，譬如衬衣、袜子等常规标准化用品，消费者对原创设计、款式多样化的要求并不高；另一个销售特色是，非洲人喜爱的假发和美妆用品是市场容量的重要组成部分，在非洲市场有 60 亿美金的市场份额。而在细分市场下，婚纱和男装也是平台网站的热销品类，婚纱在非洲当地的客单价较高，卖家朋友可针对平台目前品类单一的现状，适时予以入驻和推广。

肯尼亚也有一些电子商务网站，大部分公司主体是国外来的或者国外投资的，本土几乎没有电子商务项目，电子商务人才也很缺乏。目前，Kilimall 面临的最大竞争对手是成立于 2012 年的非洲第一大电子商务 Jumia。Jumia 隶属于德国柏林的 Rocket Internet 公司，已获得 6 亿美元投资，估值达 10 亿美元，覆盖尼日利亚、摩洛哥、埃及等多个国家和地区。[①]

2. 营销

Kilimall 在营销方面做了很多创新，除了在海外的谷歌和 Facebook 推广，Kilimall 积极地拓展当地的营销资源，并发展数千名 CPS 合作伙伴，邀请非洲当地明星参与某个手机品牌的发布会等。Kilimall 招商团队推行了一个"百万酋长计划"的卖家扶持计划，旨在帮助中国的品牌卖家和中国具备优势品类的卖家，卖家朋友可直接在 Kilimall 网站注册登记，上传 10 个测试产品后就会得到专业的账号经理的运营指导，卖家可借力平台活动推广、流量等各项扶持为卖家提供更好的平台体验和市场推广。[②]

非洲电子商务的目标消费者主要是刚毕业踏入社会、刚成家的人群。他

[①] 《两年完成从 0 到 1 它要带跨境商家挺进黑非洲》，亿邦动力网（2016 - 08 - 24）。
[②] 《Kilimall 助推中国卖家精选品类，消除非洲市场物流壁垒》，雨果网（2017 - 03 - 11）。

们对新东西的需求比较多，需要一些更新的电子设备、居家用品；同时，因为非洲的出生率很高，母婴类用户比重也很大。总的来说，Kilimall 在非洲的消费人群是比较年轻的、喜欢时尚的，年龄段在 20～35 岁。

2015 年 Kilimall 的销售旺季是在 12 月的"黑色星期五"。非洲受西方文化的影响比较深。欧美市场一般是以"黑色星期五"作为销售旺季，所以非洲也会受到影响。同时，非洲也有自己的购物时间点，主要是在圣诞节前。Kilimall 结合这两个时间点，把这一段时间都打造成年底的大促季，希望通过中国电子商务常用的"造节"手段刺激当地的消费力。Kilimall 日均有几千到一万单，包括从中国走小包直接发货过去的和非洲本地仓发货。客单价是 35 美金左右。整个 2015 年，Kilimall 的增长情况是比较好的，用户数已达到 20 万。因为非洲市场的基数非常小，所以从增长率来看是很快的。2016 年也是保持着比较快的增速，每个季度的数据都是翻番，目前用户量已经超过百万。

3. 招商

Kilimall 以本地运营和招商为主，聚拢非洲本土商家后，将产品出售给 C 端消费者和小额 B 端用户，平台抽取佣金。为了大量拓宽平台货源，用户只有习惯在 Kilimall 购买本地商品后，才会尝试购买其他国家的商品。中国的跨境出口卖家是一个比较成熟的群体，经过了十几年的打磨，对于新兴市场以及整个跨境的运作都非常清楚。要让卖家接受一个新平台、增加一个销售渠道、拓展一个新市场，只要告诉 Kilimall 是怎样的模式、有怎样的体量，他们自己就会去权衡该投入多少。另外，由于非洲市场英语普及度比较高，在语言这一块还是较为畅通。Kilimall 是只面向 B 端企业商家，希望是跟那些立足于长远发展、打造中国品牌的商家合作，未对个人卖家开放。此外，在品类上 Kilimall 也尽量保证商家不要有过多重复。

4. 本地化

Kilimall 坚持本地化运营，辐射周边近 10 个国家，已经是东非第一电子商务平台。不少国外网站在非洲本土的影响力很大，使用的非洲人比例非常高，譬如谷歌等搜索引擎、Facebook 和 twitter 等社交媒体。因此，Kilimall 在这些平台上做了重点推广。同时本地生活类网站也较受欢迎，譬如当地媒体平台、学校校园网站、房产网站等。目前，Kilimall 已和一家租房网站达成合作，单独开辟一个频道，将 Kilimall 的家具建材及家庭用品放在租房网站上出售。

Kilimall 发现非洲人对线下"地摊"的接受度远远高于中国人。因此，Kilimall 团队通过在宣传车上贴海报、去每个城市里写字楼集中的办公区域派发传单等多种方式进行线下推广。为了节省人力成本，Kilimall 还雇佣非洲当地的家庭主妇帮助推广和宣传，以口碑传播带动销量，而家庭主妇可以通过这种兼职获得佣金。Kilimall 还会不定期策划公益活动，一方面帮助弱势群体，另一方面也可以作为事件营销得到非洲当地媒体的宣传，提高知名度和市场接受度。

非洲的大部分商业超市和核心地段已被欧洲和印度人控制，中国品牌进入非洲很难，一般需要包装成非洲本地品牌才能进入，譬如专注非洲市场的中国手机公司传音科技，便是通过包装成非洲本地品牌 Tecno 才进入了非洲市场。因此，要打破传统贸易的渠道垄断，以电子商务形式进入是一种性价比较高的方式。就像打造淘品牌一样，不需要建构线下层层渠道，可以快速打开市场。现在 Kilimall 团队正在寻找中国的假发厂商，尝试一起做面向非洲市场的互联网假发品牌，未来厨具、衬衫等品类都可以靠这种方式获得更多利润。

5. 海外服务

Kilimall 一方面与尚未拓展非洲市场的敦煌网等国内本土跨境电子商务合作，将这些平台上已有的部分卖家迁移到 Kilimall，另一方面建立中国公司，去义乌、东莞等外贸货源集散地招商，并提供代运营服务。目前尽管 Kilimall 的电子商务团队由中国员工担任管理层，但实际运作仍以本地员工为主。为了提高用户体验，Kilimall 的海外购分为两种模式：第一是基于数据分析提前备货，自建库存。Kilimall 首先在中国做市场调查，找到产品优质的供应商，了解其供货能力并签订合作协议，将确保有销量的产品提前运到非洲仓库，实现用户下单后 2~3 天收货。第二是预售，非洲消费者下单后，中国卖家再发货到 Kilimall 非洲仓，如果是价值较高的贵重物品可以空运，价值一般的普通产品更适合海运，用户下单后 1~2 周收货。

6. 深层盈利

Kilimall 的盈利主要不是依靠佣金，因为佣金带来的利润很小，但提供增值服务能实现较大盈利。一方面，满足条件的优质产品可以付费在 Kilimall 网站上进行推广，Kilimall 也可以通过为商家代运营获得服务费；另一方面，Kilimall 尝试通过数据分析和品牌策划推广得到深层盈利。[①]

Kilimall 的 35 美金的平均客单价相比其他市场是比较低，这并不能说明非洲市场消费力弱，对于中国商家来说，仍然有足够的利润空间。事实上，非洲商品售价并不便宜，因为大部分产品依赖进口。如果中国商家的产品价格好、性价比高，那在非洲就会很有销路。同样的产品在非洲比在中国卖得贵很多。整体来说，非洲人还是愿意花钱，所以中国的产品很适合这个市场，毕竟从全球来看，中国商品在性价比上都是很有竞争力。

（二）Amanbo

（1）成立时间。Amanbo 成立于 2015 年。

（2）核心人物。廖旭辉，2003 年开始自主创业，做中非间的传统贸易起家。期间跑了西非、东非、中非数十个国家，对各个国家的贸易环境非常了解。并在 2005 年做了自己的品牌，也在非洲获得了很高的知名度。2009 年开始计划做中非的跨境电商，成立了深圳正义网络技术有限公司，直到 2015 年成立了 Amanbo。廖旭辉核心团队拥有 16 年的非洲进出口贸易基础，并有着丰富的网络平台研发和运营经验。率先利用 OSO 模式，打造 Amanbo 聚焦非洲跨境电商平台，为中非全面合作发展搭建舞台。廖旭辉先生还对中国企业走进非洲提出了三点建议：一是"品牌先行，产业随后"；二是"抱团出海，产能合

---

① 《华为员工创业仅一年 已成非洲第二大电子商务》，天下网商（2015－07－03）。

作"；三是要坚持"四化"策略，即网络化、品牌化、本土化、精准化。①

（3）业务概况。Amanbo 聚焦非洲立体电商平台历经 7 年的前期市场调研以及不断的迭代、落地、颠覆和创新，独创的 OSO 三位一体立体营销模式（OSO：线上 Online + 社交 Social + 线下 Offline），利用社交传播途径，打通线上商城和线下展厅，成功开辟了中非跨境电商疆土。Amanbo 平台集合了广告宣传、网上商城、贸易洽谈、网上订购、在线求购、商业资讯、二手交易、库存交易、订阅推送、品牌营销、样品管理、交易撮合、订单管理等各项功能。通过整合物流、资金等服务商资源，结合公司推出的"中非 E 通"线下服务及本土化专业运营管理团队，让用户足不出户，即可轻松实现中非跨境批发、采购及贸易等交易需求。

（4）发展历程。

2009 年 1 月，深圳市正义网络技术有限公司正式成立，并迅速开始了中非跨境电商平台建设的市场调研以及人才和技术储备工作。

2013 年，经过近三年不断地摸索、测试、落地、迭代和升级，Amanbo 的前期雏形终于形成了一个相对完整和稳定的版本。考虑到非洲各国网络基础薄弱、用户基础差等现实困难，决定采取线上线下相结合的推广运营方式，于是立即在非洲设立分支机构，最多的时候在 15 个国家设立了代表处。

2014 年 9 月，前期研发了三年多的 Amanbo 前期雏形版本被放弃，按照非洲市场需求特征，重新构建一个全新的中非电商平台。

2015 年 9 月，经过近 6 年的前期调研、试验和筹备，Amanbo 聚焦非洲立体电商平台正式成立。

2015 年 12 月，Amanbo 平台与肯尼亚最权威的工商业联合会 KNCCI 签署战略合作协议，开设肯尼亚实体商品展厅，并配合中央电视台完成《中国人在非洲》节目录制。

2016 年 3 月，Amanbo 平台注册用户已经接近四万家，而且还在每天以超过 200 家的速度增长。

2016 年 9 月，Amanbo 平台入选工信部对非合作项目，平台用户数超过 6

---

① Amanbo 聚焦非洲立体电商平台官方网站（http：//www. amanbo. com/）。

万，月交易额达到 3000 万人民币。

2016 年 10 月 29 日，肯尼亚塔塔维塔（Taita Taveta）郡行政长官穆图（John Mkwawi Mruttu）与 KNCCI 副主席拉奥（Laban Onditi Rao）一行 5 人在 Amanbo 相关人员的陪同下访问了 Amanbo 深圳总部并举行了座谈会。

2016 年 10 月，启动非洲海外仓建设，截至 2017 年 5 月，已经建立肯尼亚、喀麦隆、多哥、科特迪瓦、塞拉利昂等多个海外仓。

2017 年 4 月，推出中非物流网（www. dumaex. com）、非洲进口网（www. amanbo. cn）、肯尼亚国家站（www. amanbo. co. ke）、Amanbo 钱包等一系列产品，志在建设非洲大通路，建立中非互联网服务生态圈。

2017 年 6 月，Amanbo 聚焦非洲立体电商平台原 amanbo. com 更名为 Amanbo 国际站（http：//global. amanbo. com）；注册用户超过 10 万，成为最大的 B2B 中非跨境贸易平台。

2017 年 7 月，肯尼亚国家站开始招商；凭借海外仓、线下 Amanbo 体验店等服务体系，推出 B2B2C 一站式立体电商解决方案，标志着 Amanbo 由 B2B 向 B2B + B2C 综合电商服务平台定位的转变。

（5）发展现状。

Amanbo 已在肯尼亚、喀麦隆、多哥、埃及、尼日尔、塞拉利昂、科特迪瓦、乌干达、坦桑尼亚等国家设立了海外推广运营中心，业务范围覆盖非洲 30 多个国家和地区。Amanbo 平台自 2015 年上线以来，已积累了超过 10 万的注册用户，目前仍然以每天 300 多家的速度增长；交易额也逐月增长，目前月交易额已超过 500 万美金。如今，Amanbo 已拥有 200 多名员工，成为中非电商领域的佼佼者，是唯一被工信部列入对非合作重点项目的电商平台。

Amanbo 始终坚持免费开店、不交易不收费的原则，不收年费，不卖排名，颠覆了传统 B2B 电商平台的模式和思路。其不断推出"123"挺进非洲计划、代运营服务、AMP 计划等服务项目，[①] 构建了一个日渐完善的服务体

---

① AMP 计划是"Amanbo Marketing Partner"的缩写，即 Amanbo 联合营销伙伴，它是 Amanbo 平台用户通过社交工具（如 QQ、微博、微信）等营销手法推荐身边的人注册成为 Amanbo 用户，或将现有的市场资源共享到 Amanbo 平台，并协助其更好地使用 Amanbo 平台，最终达成交易，从而获得相应的积分和佣金的奖励机制。

系。随着平台用户的与日俱增，以及外海网点及海外仓的快速建设，Amanbo 正让越来越多的中非商家享受到跨境电商的便利。

（三）Jumia Kenya

（1）成立时间。Jumia Kenya 成立于 2012 年。

（2）业务概况。Jumia 于 2012 年在尼日利亚成立，发展至今其电子商务业务已遍及科特迪瓦、埃及、喀麦隆、摩洛哥、肯尼亚、加纳、乌干达、坦桑尼亚和安哥拉。不仅如此，Jumia 现在也已进入英国市场，在英国推出自己的电子商务网站。目前，Jumia Kenya 正致力于扩大在肯尼亚的业务。Jumia 在肯尼亚的主要竞争对手是实体超市。

（3）发展历程。2014 年 4 月，Jumia Kenya 在肯尼亚纳库鲁（Nakuru）、蒙巴萨（Mombasa）设立物流仓储基地，增加了摩托车送货人员并增加线下上门自提点。

2014 年 12 月，Jumia Kenya 在肯尼亚的销售额增长 900%，公司的业务扩张到纳库鲁和蒙巴萨等地区，并签署了一系列重要合作协议。

2015 年 1 月，Jumia Kenya 与 BATA、Infinix、欧莱雅、微软等品牌合作，进一步扩大业务范围。

2015 年 2 月，Jumia Kenya 与当地快递公司 Aramex 展开合作，推出线下上门自提点，肯尼亚各地消费者可以线上下单，然后到 Aramex 的配送中心提取货物。[①]

2015 年 4 月，Jumia Kenya 配送范围不仅可以到达内罗毕市外，也可送达较偏远的加里萨（肯尼亚东北省城市）。

2015 年 6 月，Jumia Kenya 与肯尼亚邮政公司 Posta Kenya 合作。在合作框架下，Jumia Kenya 的顾客在其网站上购买了商品之后，可以到 Posta Kenya 全国各地的办公室领取包裹。

2016 年 1 月，Jumia Kenya 与英国消费电子和生活用品品牌 Binatone 合作，Binatone 品牌家电首次通过电子商务平台 Jumia Kenya 进行独家销售。Bi-

---

① 《非洲电子商务 Jumia 去年在肯尼亚的销售额增长 900%》，雨果网（2015 - 04 - 10）。

natone 推出了一系列产品，包括厨房用具、衣物护理产品、个人护理产品、居家清洁用具和电扇。[①]

（4）发展现状。

Jumia Kenya 是肯尼亚访问量最高的前十五大电子商务网站之一。Jumia Kenya 目前依旧把重点放在扩大消费群体，提高受众率方面，而不是急功近利、立马要盈利。目前而言，获得更多消费者是首要目标，所以一定要确保为客户提供满意度最高的商品和服务。消费者越满意，购买的产品就会越来越多，就越接近收支平衡点。

Jumia Kenya 主要的开拓方式还是得通过推出网上超市，让当地各种小企业入驻，在 Jumia 平台上开网络门店。基本上而言，就是要通过缩小线上和线下的距离，确保消费者能够从网上找到产品，从而增加访问量以及增加消费者对电子商务的信任。Jumia Kenya 的消费者可以选择最近的邮局办公室取货。选择货到付款的顾客，可以支付现金，也可以使用 Postapay 或 M‐PESA 等第三方支付平台的系统刷卡支付。[②]

四、埃及电子商务平台

作为中东军事实力最强、人口最多、政治影响最大的阿拉伯国家，埃及电子商务的发展似乎很滞后。这在很大程度上是因为经历了长期的内乱，当地的网络购物氛围不够浓厚以及配套物流设施不够完善所致。然而，随着政局的稳定，生产力的不断攀升，埃及电子商务市场也开始逐渐回暖。在未来，埃及的电子商务市场将会让更多的消费者融入到国际市场。[③]

在北非电子商务市场，埃及是不可忽略的国家。根据支付公司 Payfort 在一份报告中所指出，埃及拥有阿拉伯国家中最庞大的互联网使用人群，网络

---

① 《英国品牌 Binatone 借 Jumia 进军肯尼亚家电市场，瞄准年轻人和"科技通"》，雨果网（2016‐01‐20）。

② 《非洲电子商务 Jumia 与肯尼亚邮政合作，Postapay 为主要支付工具》，雨果网（2015‐06‐16）。

③ 《埃及：尚未"觉醒"的庞大电子商务市场》，雨果网（2014‐10‐21）。

购物消费者大约为 1520 万。埃及电子商务市场将在 2020 年突破 27 亿美元，几乎是 2014 年 14 亿美元的翻倍。埃及在网上购买机票的份额将从 2014 年的 19 亿美元飙升到 2020 年的 28 亿美元。在互联网普及率方面，埃及共有 4070 万人使用互联网，成为阿拉伯世界最大的互联网市场，它拥有成熟的互联网人口和相对较高的互联网普及率。在埃及网络购物市场，男性占据了主导地位，占 77%，女性则为 23%。大约 50% 的网上购物者的年龄在 26～35 岁之间，15% 在 18～25 岁之间，大约 26% 在 36～50 岁之间。货到付款仍然是埃及人支付电子商务产品的首选方法。①

对埃及人而言，网络购物是很新鲜的消费方式，很多人对网络购物不了解，所以网络欺诈越来越猖獗，而且没有相关法律监管。为了打击网络诈骗，埃及消费者权益保护机构（CPA）正努力制定电子商务相关的法案条款，埃及产业监管部门（ICA）开始加强对经营许可证审批程序的把控。埃及电子商务目前遵循一般贸易法及其修正案，其中包括远程贸易下与电子商务相关的法律，但并没有关于电子商务活动的详细法律条文。埃及通信和信息技术部（MCIT）、信息技术发展局（ITIDA）正与 Souq 及其他电子商务公司协同筹备电子商务新法，根据电子商务新法草案，政府将颁发许可证给电子商务企业，这样方便消费者识别获批准的电子商务网站，它有利于消费者保护协会保护消费者的权利。埃及消费者权益保护机构目前正在研究电子商务的监管机制，包括对消费者权益保护法案 67/2006 制定并增加新的条款。②

埃及电子商务市场快速发展。据报道，2014 年，埃及电子商务总值约为 13 亿埃及镑，到 2015 年底估计可增至 100 亿埃及镑。埃及电子商务市场到 2016 年底将增至 170 亿埃及镑。2015 年埃及电子商务市场价值达 12 亿美元，其中包括了票务预订及网上支付。2016 年，埃及电子商务市场价值增长 65%，某些品类的销售额可能因电子商务而翻倍，如电子产品和家用电器等。埃及有超过 17%（1550 万）的网民在网上购物，但是这仅占埃及购物总人数的 1.5%。另据报道，2016 年大约有 220～250 家的新创公司要在埃及开展

---

① 《埃及为阿拉伯最大电子商务市场，70% 网络购物者为男性》，雨果网（2015 - 05 - 15）。
② 《埃及：电子商务欺诈猖獗，法律监管缺失》，雨果网（2015 - 02 - 05）。

电子商务活动。① 埃及电子商务网站"呀番茄"统计显示，目前当地只有8%的民众经常网络购物，而现金交易占网上消费的72%之多。让网络购物与生活"无缝接合"，加强基础设施建设，打消网络欺诈顾虑，或许是打通"最后一公里"的关键。② 据《埃及商业指南》2015年发布的一份报告显示，尽管埃及的网络普及率在2004～2014年期间增长了四倍，但仍然只有3000多名埃及人通过网络处理交易。在线支付方式在埃及并不流行，仍有八成的埃及人选择货到付款的支付方式。埃及的网络交易主要集中在电子产品、飞机票和时装领域。③

埃及三大电子商务公司分别是 nefsak. com，souq. com 和 jumia. com。2011年 Ideavelopers 投资 1000 万美元创立 nefsak. com，一个销售各种品牌产品的电子商务网站，网站于 2008 年底上线。④ Jumia 是来自尼日利亚的电子商务平台，2016 年 3 月 20 日，Jumia Egypt 宣布与 PayMob 和 MasterCard 合作，在埃及推出新的付款方式"Credit Card on Delivery"，即货到信用卡付款，消费者可以通过移动 POS 机刷卡。Jumia Egypt 希望通过为消费者提供像货到刷卡支付等便捷的支付方式，能继续看到该领域积极的增长。⑤ Nefsak 和 Jumia 此处不再赘述，下文简要介绍 Souq 和另一家医药在线平台 Dawaya。

（一）Souq Egypt

（1）成立时间。Souq. com 是中东最成功的电商平台，被称为"中东亚马逊"。该平台由叙利亚人 Ronaldo Mouchawar 创建于 2006 年，总部设立在阿拉伯联合酋长国。

（2）关键人物。Souq. com 的创始人 Ronaldo Mouchawar 曾经就职于美国波士顿工程公司，他一直梦想着返回阿拉伯世界创业。Ronaldo Mouchawar 出

---

① 《专访 Souq 埃及站总经理：为何有些电子商务企业没法在埃及获得成功？》，雨果网（2016 - 06 - 03）。

② 韩晓明：《用电子商务改变非洲生活》，载《人民日报》2017 年 1 月 17 日第 5 版。

③ 《埃及网络购物者年龄在三十岁以下，多半住在大开罗地区》，雨果网（2015 - 02 - 02）。

④ 《Clark lam：被严重低估的埃及电子商务市场》，雨果网（2014 - 03 - 03）。

⑤ 《非洲：消费者担忧电子支付安全性，Jumia 推"货到信用卡付款"》，雨果网（2016 - 03 - 22）。

生于叙利亚阿勒波，后来去美国学习并拥有了一份高薪工作。2006 年他回到中东，创立了电子商务平台 Souq. com。Souq. com 已经被业界认为是中东最成功的电商平台。Souq 在埃及的主要负责人是 Omar Elsahy。

（3）业务概况。作为阿拉伯世界在线零售先行者，Souq 向阿联酋、埃及和沙特等多个国家售卖商品，提供从电子产品到时尚、养生、美容、母婴、家居用品等 31 大类的 150 多万种产品，超过 4500 万的注册用户每月都会访问网站，并有着"中东亚马逊"之称。Souq 深谙阿拉伯文化和消费者习性，将西方的电商模式嫁接到中东并进行了本地化改造。

（4）发展历程。

2014 年 3 月，Souq 获得了 7500 万美元的投资，投资方是南非的传媒巨头 Naspers 集团，Souq Egypt 的地位水涨船高。

2014 年 12 月，根据 Naspers 的报告显示，Souq. com 的市场价值有 5 亿美元。目前 Souq 拥有 600 万用户，并且每月能达到 1000 万人次的独立访问量。

2015 年 1 月，Souq 建立了自己的物流系统 QExpress 和支付系统 PayFort。

2015 年 8 月，Souq 推出了自己品牌的平板电脑，计划推出更多自有品牌的电子产品。

2016 年 2 月，Souq 宣布获得 2.75 亿美元投资，投资方包括此前的投资者老虎环球基金（Tiger Global Management）、南非跨国传媒集团 Naspers，渣打银行私募基金（Standard Chartered Private Equity）、IFC（世界银行下属机构之一）、百度第二大股东 Baillie Gifford 等其他战略投资者，Souq Egypt 的资金更加充裕。

2016 年 3 月，Souq Egypt 与英国电信企业 Vodafone 合作，一旦消费者通过移动设备访问 Souq. com 就能获取免费订阅服务，同时这能帮助我们维持消费者忠诚度。

2016 年 6 月，Souq Egypt 在埃及有一个物流仓库作为主要的产品分销中心，埃及各地还有 11 个仓库，另外将新建 4 个仓库，分销地区遍布开罗、金三角、上埃及和沙姆沙伊赫等地。

2016 年 7 月，Souq. com 与中国企业小米签订合作协议，Souq. com 成为小米即将发布的最新款红米手机在埃及的独家经销商。①

2017年3月，Souq被美国亚马逊以约10亿美元收购，Souq Egypt的业务也随之归属于亚马逊公司。

（5）发展现状。与美国感恩节后的黑色星期五一样，Souq.com也创立了中东网购促销日，称为白色星期五。Souq.com承担起了"最后一公里"的配送服务，即便在那些没有邮递服务和没有邮箱地址的地方也包括在内。在白色星期五这天，Souq.com与微软、苹果、三星、索尼等知名公司合作，推出大幅度折扣，吸引了1000万个顾客登录网站。这一折扣促销活动成为Souq.com打造品牌的一种良好途径。2017年3月，Souq被美国亚马逊收购，Souq Egypt的业务也随之归属于亚马逊公司。

（二）Dawaya

（1）成立时间。2014年1月。

（2）业务概况。Dawaya平台是由埃及一群制药领域的投资者抱着发展药业和传统药店想法创立的。他们建立平台，希望用户可以通过网络获得所需的药物。该平台是一个可以提供药品的移动药房，包括12000多种药物和超过2000种个人护理品和化妆品。在Dawaya下单短时间内就能获得药品，不像在传统药房，需要花时间去找。一些消费者已经越来越习惯于网上购物，不管是购买药制品或其他产品，这意味着要满足用户在网上不同的需求。用户可以在平台上创建他们的常用药品清单，这样一来就不需要每次购买时都要寻找药品。用户还可以在平台上获得所用药品的所有细节，不管是活性成分、适应证还是副作用，等等。

（3）发展现状。Dawaya公司专门从事网上药品出售，旨在覆盖埃及各个省份和地区。目前Dawaya约60%的用户购买药品，40%的用户购买化妆品和其他保健品。Dawaya的服务涵盖了开罗和吉萨，未来将进一步与网上药店进行合作，覆盖埃及所有省份和地区。Dawaya通过与埃及网上药店合作，推出多项服务，包括在线杂志、"顶级医生"网站、详细的药品信息，等等。

---

① 《小米将推两款新机！Souq.com成为其在埃及独家经销商》，雨果网（2016-07-04）。

2015 年，Dawaya 在月访问量已经突破十万。Dawaya 和开罗所有地区的网上药店签订合同，以便居民所在地最近的药房可以运输药物，这可以保证速度和产品的质量。

Dawaya 可以给在线购买药品的消费者最佳的用户体验。该公司计划将网上药店和电子系统连接，以便一旦药品挑选和所需信息输入完成后，药店马上接收到用户的请求。用户的订单会和最近的药店连接，这样就能保证运送服务的正确性。另外，2015 年 1 月，Dawaya 推出了一个移动应用服务程序。在它的帮助下，用户购买更加方便快捷。2015 年 2 月，Dawaya 开发了一本网上杂志，采取简单的方式提供所有药品内容，以建议、图表的形式或其他方法展现内容。与此同时，Dawaya 建立了一个"顶尖医生"网站作为 Dawaya 的一个服务项目，可以搜索相关医生和资料，用户可以与他们分享经验，通过点击"评价"按钮对服务进行评价。[①]

五、其他非洲国家电子商务发展现状

（一）加纳

加纳的电子商务平台之一是"Afrindex·中非商道"，是由中国四川爱非客网络科技有限公司在加纳设立的分站。具体内容包括以下部分。

（1）成立时间："Afrindex·中非商道"成立于 2016 年 4 月。

（2）业务概况："服务非洲——共赢非洲"是四川爱非客网络科技有限公司（简称 Afcan 爱非客）时刻铭记的团队使命。公司坐落于美丽的"天府之国"四川成都，为响应国家"一带一路，带领中国企业走出去"的号召，倾力打造 Afrindex 非洲电商航母战略生态，创建跨境贸易委托撮合交易体系（中非贸易研究中心大数据＋委托撮合交易＋SAS 非洲推广体系），成功运营专业的中非贸易撮合交易平台——Afrindex·中非商道；深耕机电设备、建材家具、纺织服装、化工、食品、医药、新能源七大产业，致力于让"非洲贸

---

① 《埃及医药电子商务市场广阔，Dawaya 平台发力海湾国家》，雨果网（2015 – 04 – 24）。

易——非常容易"。

（3）发展现状。"Afrindex·中非商道"已在加纳设立了西非共同体非洲分站。Afrindex 非洲电商航母战略生态——非洲国家分站立足 5 个非洲共同体服务中心，贯穿 10 个重点非洲国家分站，辐射 50 多个非洲国家联络处，"共建、共营、共享"中非跨境电商巨大商机；Afrindex 分为国际站、中国站；中国站点包括爱非投、中非贸易研究中心（一带一路中非商道）、中非供应链、中非人才网、中非会展网、问非六大栏目。非洲国际站点包括：委托撮合交易、产品库、企业库、商机库（供应、采购）、资讯、产业集群网站和非洲国家贸易站点组成的网站联盟。

"Afrindex·中非商道"的主要优势包括以下内容：①国内首家：全球最大的中非贸易撮合交易平台。②人气最高：全球人气最高的非洲外贸网站，日访问量突破 80 万人次；全球权威机构 Alexa.com 统计：专业非洲贸易网站排名第一。③数据最多：拥有 80 万多个企业注册会员、100 多万条企业产品。④商情最新：每日更新上千条国内外供应和求购信息，无限商机。⑤服务最多：企业跨境贸易撮合交易平台定制、非洲通 VIP 会员服务、非洲专业会展服务、广告服务、数据调研服务、委托撮合交易服务等多种定制服务。⑥非洲本地化推广最全：上百家非洲国家知名媒体机构同步宣传；上百家非洲精英微信群、QQ 群及论坛宣传；五大非洲常用语系英、法、葡萄牙、阿拉伯、斯瓦希里语同步宣传；54 个非洲国家的权威行业协会、经贸研究机构同步宣传。⑦创新理念：独创跨境贸易委托撮合交易体系（中非贸易研究中心大数据＋委托撮合交易＋SAS 非洲推广体系）。其中，中非贸易研究中心隶属于 Afrindex 非洲电商航母战略生态，是中国首家中非贸易专业权威智库平台，服务领域涵盖机电设备、食品、医药、纺织、新能源、建材、化工七大产业为主的数十个业态领域，主要服务形式包括即时资讯、深度分析、市场调研、数据分析报告、产品营销、品牌推广等，并满足为中非贸易企业量身定做，实现个性化中非外服定制服务。中非贸易研究中心优势主要包括以下方面：中国首家致力于中非贸易的专业权威智库平台；全球第三方权威流量评估机构 ALexa 中非贸易领域排名第一；创刊了中国第一本中非贸易专业刊物《中非商道》（China – Africa Trade Guide）。注册会员达 10 万家，1000 多家行业核心领先企业客户，日更新量达 6000 余条信息。

（二）刚果（金）

刚果（金）跨境电子商务平台集酷（KiKUU），是面对刚果（金）等非洲国家 B2C 跨境电子商务的交易平台，目前面向刚果（金）等非洲市场推出了数十万品类的商品，通过全品类商品经营，突破了当地零售市场单一模式，占据刚果（金）B2C 电子商务平台领先地位。

（1）成立时间。KiKUU 成立于 2015 年 4 月。

（2）业务概况。广州集酷电子商务有限公司（简称：集酷，KiKUU）购买用户量近 20 万，日订单超 2 万余单，已成为目前刚果（金）最大跨境电子商务平台。集酷（KiKUU）已在刚果金、喀麦隆、坦桑尼亚、加纳、乌干达、尼日利亚 6 个国家设有商品营销服务中心及物流配送中心，拥有中国、非洲员工及相关人员 200 余人，成为新兴的跨境电子商务领导者。[①]

（3）发展现状。为了满足非洲不同国家居民的个性化需求，集酷（KiKUU）打造了移动客户端平台，开辟了非洲智能手机应用新阶段，挖掘非洲移动消费的蓝海市场，并通过线下陈列商城展示产品，创建了非洲电子商务立体营销模式。这种“线上线下齐头并进”的商业模式，一方面充分利用了网络跨境交易渠道扁平化的优势，另一方面让当地居民零距离感受到“货真价实”的中国产品。

集酷（KiKUU）拥有独特的自主经营的航空物流供应链，国内较大规模的电子商务仓储能力，通过线上客户端营销方式及独特的线下店铺展示，全面打造出非洲跨境电子商务经营新业态。采用移动互联网客户端推广，成功减少了电子商务沉重的库存压力，并对消费者及时拿到货品提供物流保障。

集酷（KiKUU）不仅开辟了非洲智能手机应用新阶段，挖掘了非洲移动消费的蓝海市场，还通过线下陈列商城，积极打造了非洲电子商务立体营销模式，明显提升了中国商品信誉和品牌度，为搭建海上丝绸之路，促进跨境

---

① 《跨境电子商务集酷 KiKUU 开拓非洲市场：日订单超 2 万》，光明网（2016 – 11 – 02）。

电子商务产业链的完善与发展作出贡献。[①]

（三）坦桑尼亚

近年来，坦桑尼亚互联网用户数量激增，从原来的十几万人增加到 930 余万人，相当于坦桑尼亚总人口的 20%。坦桑尼亚经济首都达累斯萨拉姆的中等收入人群不断增加，上网络购物的人也越来越多。互联网的日益普及为电子商务的发展提供了有利之机，各种在线交易和网络购物越来越频繁。根据坦桑尼亚通信管理局（TCRA）的统计数据，2014 年，坦桑尼亚互联网用户达 11358090，包括 7716500 名个人、239040 个网吧和 3402550 所机构。而 2008 年的统计中，互联网用户仅为 3563732，包括 993732 名个人、126000 个网吧和 2444000 所机构。与此同时，坦桑尼亚电子商务迅猛发展，非洲本土电子商务 Jumia、Kaymu 等纷纷进军坦桑尼亚。其中，非洲领先的本土电子商务平台 Jumia 在成功布局喀麦隆和乌干达之后，于 2014 年 11 月进军坦桑尼亚，使其业务覆盖范围扩大到 10 个国家。[②]

在坦桑尼亚，随着智能手机的日益普及，网络购物也逐渐形成规模。随着坦桑尼亚智能手机的普及，人们几乎可以在网上买到东西，从服装、房屋、汽车到电子产品甚至快餐，人们只需动动手指，就可以免去坐车或开车到达累斯萨拉姆的卡利亚库商业中心购物的奔波了。在坦桑尼亚，人们可通过智能手机登录 Carmudi 网站购买轿车，通过 Lamudi 网站进行房产交易，通过 Hellofood 网站实时享受美食。在坦桑尼亚，所有地区的人们都可以在网站上登记发布房产信息。而通过 Carmudi 网站，司机们可登录查看 3000 多辆二手车的信息。Carmudi 首席采购官库安尼提（Nalla Kurananithy）表示："我们的目的是为新兴市场提供一个便捷的平台，使买卖车辆变得更加简单快捷。" Carmudi 成立于 2013 年，为经销商们在线查找轿车、摩托车和商用车提供了平台。懒得去心仪餐馆的吃货们也可以在家门口就吃到美食。Hellofood 区域经理阿巴杜（Sherrian Abdul）表示，Hellofood 与餐馆合作提供餐饮服务，买

---

① 《线上线下齐头并进 跨境电子商务 KiKUU 挺进非洲》，亿恩网（2016 - 11 - 04）。
② 《坦桑尼亚互联网用户达 930 万，电子商务机会多》，雨果网（2015 - 01 - 04）。

家可通过智能手机客户端下单，近年来公司扩大了服务范围，即使身在达累斯萨拉姆郊外的莫贝茨（Mbezi）海滩上，也能享受该项服务。Hellofood 旗下拥有附属品牌 Foodpanda 及配送公司，是当地领先的美食网站，覆盖范围包括世界五大洲的 40 多个国家。[①]

坦桑尼亚也产生了由中国人创办的电子商务平台。2013 年，中国人王风斋在坦桑尼亚建立了一家电子商务网站——"Chinaworldbuz 网络平台"。2013 年 9 月，上海自由贸易试验区成立，王风斋和两名留学生朋友合作创业，迅速将公司注册在外高桥。由于是中非合资，自贸区提供了优惠的政策，当年 12 月，他主导的环非国际贸易（上海）有限公司注册成功。公司的成立还吸引了两位天使投资人注资 50 万元，先后总投资 70 万元人民币。作为面向坦桑尼亚境内的首家电子商务网站，"Chinaworldbuz 网络平台"得到了当地的极大关注。坦桑尼亚警察局局长亲自接见王风斋和投资人一行，并承诺保护公司安全。坦桑尼亚最大的本土语言电视台 TRA 做了 20 分钟的直播，Chinaworldbuz 网络平台上线以来，已经有了 40000 多次的访问量。这在基础设施极其落后的坦桑尼亚，已经相当不容易。坦桑尼亚上网费用非常昂贵，1G 流量需要 700 多人民币。普通人一般用手机上网，商人会用电脑，但由于网线太少，多数用无线网，网速很慢。目前，Chinaworldbuz 的主营业务是电子产品如手机、平板、移动电源，还有一些服装定制，如工作服、校服、足球服等，比较符合坦桑尼亚人民的需求。由于坦桑尼亚经济较为落后，消费者对商品的价位比较重视，所以中国制造的商品物美价廉，比较受欢迎，清华同方的电脑和酷比魔方的手机、平板都卖得不错。[②]

（四）摩洛哥

在非洲 7 个有利于电子商务发展的国家中，非洲互联网集团（Africa Internet Group）将摩洛哥列在第三的位置。摩洛哥在最适合电子商务发展的非洲国家中排列第三，塞内加尔和肯尼亚分别排在第一位和第二位。摩洛哥是

---

① 《电子商务席卷坦桑尼亚，网上买车买房成时尚》，雨果网（2015 – 04 – 10）。
② 张炯强：《出国创业，打造非洲版淘宝》，载《新民晚报》2014 年 11 月 18 日。

列入该排行榜的唯一的北非国家。

摩洛哥将是北部非洲的金融中心。摩洛哥最大城市卡萨布兰卡市如今正成为全球新兴的金融中心。卡萨布兰卡市正致力于吸引外资公司，目前已经入驻的公司包括法国巴黎银行、美国国际集团、丝路投资基金等。摩洛哥工业不发达，工业品和消费品几乎依赖进口。很多批发商从中国等制造国家进口商品之后，放到网络上销售。如今，电子商务已经成为经销商实体经营的重要补充。2014年10月，美国《福布斯》杂志称，由于卡萨布兰卡市邻近欧洲，同时是进入非洲的一个门户。在政府的引导下，推动了许多有影响力的金融项目。[①]

另据摩洛哥《晨报》2013年4月22日报道，世界经济论坛发布的全球信息技术报告显示，摩洛哥的信息与通信技术世界排名前进两位，升至第89位。摩洛哥电信领域排名提升主要是因为近年来在降低资费、提高普及率等方面取得的显著进步。2011年，摩洛哥12~65岁的居民中87%拥有移动电话，39%的家庭拥有至少一台计算机，35%的家庭接入了互联网。全国共拥有电脑3547000台，其中56%为笔记本电脑。[②]

（五）多哥

JmsaMall是位于西非多哥洛美的一家特色的跨境电子商务平台，于2016年5月份试运营。JmsaMall跨境电子商务运营初期采取自营模式，在西非地区通过Facebook进行了半年的市场调查，找到符合西非消费者需求的产品。JmsaMall现在上线的大概只有2000余种商品，而这些商品大部分是符合当地消费习惯，其中一部分商品是已经在JmsaMall的非洲仓，客户线上下单后一周左右可以发货。另外一部分商品开始采取预售，非洲消费者下单后，JmcaMall从中国再发货到JmsaMall的非洲仓，如果是体积较小的物品可以空运，体积较大的产品更适合海运拼箱。JmsaMall运营第二阶段是在多哥洛美保税区建立保税仓，类似深圳前海跨境贸易免税仓。同时基于历史成交数据分析，

---

① 《最适合电子商务发展的非洲国家中，摩洛哥位列第三》，雨果网（2015-01-10）。

② 《摩洛哥拥有数百万台电脑，过半是笔记本电脑》，雨果网（2013-04-25）。

而提前将畅销产品运到洛美的免税仓，这样客户下单后基本一周内货物就可以抵达客人手中。目前，JmsaMall 跨境电子商务平台目前开放的国家有多哥、贝宁、布基纳法索、尼尔日、加纳、马里、科特迪瓦等 7 个国家。

JmsaMall 初期主要立足于西非法语区市场，多哥是其战略重点。调查显示，由于智能机的兴起，西非地区 80% 的用户是通过移动端上网的，Jmsa-Mall 平台开发了适合移动端购物的一页购买功能，简化了购买步骤。支付方式有银行汇款、FLOZ（手机汇款）以及信用卡。物流方面，网络购物客人到 JmsaMall 和多哥国家邮政（La Poste）合作的最近的自提点去提货，取消传统电子商务的上门派送服务。JmsaMall 不同于其他非洲电子商务平台的是把西非地区消费者零碎化的消费订单集中统一，再按国家类别把零碎化订单集中统一派送到不同国家的合作自提点，让西非的消费者通过 JmsaMall 平台团购到中国物美价廉的商品。

JmsaMall 刚起步，就受到了 Rocket Internet 和 Helios 两家投资机构的青睐。JmsaMall 初期采取自营模式，而不是邀请商家入驻。这是因为非洲电子商务总体水平还处于发展初期阶段，自营模式可以控制商品数量、质量和价格，必须给大部分初次网络购物的消费者较好的用户体验。[①]

（六）安哥拉

安哥拉正积极为跨境贸易护航，支持发展移动支付，以寻求电子商务经济的发展。2017 年 2 月 22 日，安哥拉部长委员会通过决议，支持发展移动支付系统，旨在向民众提供基于移动互联网的支付手段，使人们通过手机完成交易的支付环节，鼓励民众更多地运用电子支付，减少纸币的使用。

与此同时，安哥拉将建设 44 个城市、区域、港口及跨境的物流平台，包括该国主要机场的航空货运中心，以方便安哥拉对外跨境贸易，确保产品在市场上的生产、储存、整合和分销。由于经济多样化的持续进程，安哥拉交通部负责的物流平台建设计划已经提交给省政府和国内外商人来执行。建立国家物流平台网络将鼓励物流区附近地区发展更多生产活动，特别是对于内

---

① 《非洲电子商务 JmsaMall：跨境电子商务值得摸索的市场》，非洲华人商会（2016 - 09 - 01）。

陆地区，因为物流和运输网络是经济发展的重要因素。

安哥拉为便利对外跨境贸易，从而促进国家工业化和经济多元化发展，积极筹建 44 个城市、区域、港口及跨境的国家物流平台，并表示将支持发展移动支付系统。而移动支付联合物流平台，必将大大推动安哥拉跨境贸易发展。[①]

（七）喀麦隆

喀麦隆拥有 500 万移动手机用户，互联网发展愈加普及，电子商务市场逐渐成为其经济发展的一个重要推动力。从 2016 年以来，喀麦隆电子商务带来的每月商品总额预计达到了数千亿非洲法郎。

数字经济助力喀麦隆创建企业，增加营收和扩大国际贸易规模。大部分消费者喜欢在网上购物，企业赋予了消费者更多与商家谈判的权利。喀麦隆商人扩大了其业务，不用像以前那样只能在一个固定的地点销售，他们现在可以在喀麦隆境内 250 个地区 24 小时不间断向消费者出售。另外，通过投资建设电子商务文化，一些小商家、小商人甚至是学生都可以通过出售他们的产品挣更多的钱。

Jumia 在喀麦隆的分公司通过培训商家如何创建 Facebook 或者邮件账户以及用一些创新的方式挣钱，让人们了解电子商务。然而，大部分顾客却抱怨说一些网上的产品有时根本买不到。大部分供应商尚未改进他们的信息通信技术，因此不能定期更新网上的产品列表；40% 的商家不接电话，因为他们不认识来电号码；该行业也面临着消费者对网上购物信心仍然不足的问题。[②]

喀麦隆电子商务的发展潜力引起了国际电子商务企业的关注。2015 年 1 月 8 号，法国电子商务领头羊 Cdiscount 已经正式在喀麦隆成立子公司，该公司期望能改变这个中非国家的电子商务面貌。喀麦隆的顾客们可以在 Cdis-

---

① 《移动支付联合物流平台，安哥拉政府为跨境贸易护航》，中非贸易研究中心（2017 - 02 - 23）。

② 《非洲市场不景气？喀麦隆电子商务月交易额达数千亿》，雨果网（2016 - 07 - 01）。

count 购物网站上浏览和购买五万多件商品，这些商品价格很实惠。Cdiscount 购物网站提供的服务包括借助各种媒介和相关活动在线销售各类产品，推广方式包括互联网以及其他渠道。还提供学习，设计，出版，活动承办，电子商务网站维护、管理和运营方面的服务。[①]

（八）乌干达

乌干达电子商务平台主要是来自尼日利亚的 Jumia 和肯尼亚的 Kilimall。从互联网渗透率和人们对互联网的熟悉程度而言，乌干达电子商务市场远远未达到饱和的程度，未来发展潜力巨大。

2014 年 7 月，Jumia 在乌干达设立了本地办公室，向乌干达市场提供服务，但是所有的货物都需要从肯尼亚调配。Jumia 承诺可以在 1~5 日内向包括乌干达偏远农村在内的地区配送服装、电器等各种商品。Jumia 等主要投资方还包括乌干达电信运营商 MTN 和 Millicom。这两家公司是非洲知名的电信运营商，有助于 Jumia 在当地开展电子商务。[②]

2016 年 5 月，Kilimall 正式进入乌干达市场，为该国呈指数级增长的买家提供种类广泛的产品和服务。为了满足不同客户的要求，Kilimall 推出了不同的购物服务：平台推出 "Global Shopping" 服务，人们能够以出厂价从世界各地购买到各式各样的产品。平台乌干达 "Global Shopping" 项目的库存量单位（Stock Keeping Unit，SKU）数量超过了 2 万。Kilimall 还与很多的当地知名品牌合作，把其中一些品牌商的产品保留在 Kilimall 的仓库中，以缩短交货时间，主要包括 Infinix、华为、三星等，Kilimall 称这项服务为 FBK（fulfillment by Kilimall）。对于 FBK 的产品，Kilimall 可以在客户下单后 24 小时内履行订单。

Kilimall 在乌干达市场从一开始就对平台进行了大量的优化，包括收购供应商、建立本地团队、对物流合作伙伴进行审核等。之后，Kilimall 投放了很多网络广告，因为 Kilimall 的目标客户大部分是互联网客户，必须提高 Kili-

---

① 《法国电子商务 Cdiscount 在非洲再下一城，喀麦隆站正式上线》，雨果网（2015 - 01 - 09）。
② 《非洲电子商务平台 Jumia 进军加纳等国，欲成下一个亚马逊》，雨果网（2014 - 07 - 29）。

mall 的知名度。Kilimall 在乌干达市场进一步扩展市场，采取了诸多营销策略，与不同的供应商组织不同的活动。例如，Kilimall 与 Bata（欧洲舒适鞋履品牌）合作推出"买一送一"的活动，与华为一起举办了路演活动，与 Infinix 共同推出了智能手机。另外，为了确保客户的付款安全性，Kilimall 整合了 MTN Mobile money 和 MTN Mobile money 的支付功能。如前所述，Kilimall 是一个 B2C 平台，和 Kilimall 合作的所有卖家都是品牌商或品牌分销商，Kilimall 不允许普通的卖家在 Kilimall 销售，如果他们是分销商，Kilimall 就会审核卖家的授权证书。例如，一些品牌商没有经过授权就在 Kilimall 乌干达站上销售，但有一些卖家想要与 Kilimall 一起销售该品牌的商品，Kilimall 只能拒绝他们。[①]

Kilimall 乌干达站在 2016 年的黑色星期五取得巨大成功，在不到 24 小时内取得了超过 1000 个订单、售出 2000 件商品、超过 10 万独立访客的惊人纪录，折扣力度高达 70%；并与全球智能手机制造商 PC Tech 建立了合作伙伴关系。2016 年 11 月 21 日，Kilimall 乌干达站与非洲市场智能机领导品牌 Infinix 在乌干达市场合作推出了 Infinix Note 3 和 Hot 4 智能手机，此举必将刺激 Infinix 在乌干达市场的忠实用户。Kilimall 乌干达站为顾客在节日购物省钱提供了诸多选择，其中就包括以下这个社交媒体互动推广方式：顾客只要用手机拍下任何出租车背后或车内的 Kilimall 宣传贴纸，并在 Facebook 或 Twitter 上发布该照片，并加上 Kilimall Uganda 和 Infinix Mobile Uganda 的标签，就能在购物时获得更多折扣。

Kilimall 所有的科技产品都参加乌干达圣诞节大促销，并使用晒愿望清单和赢礼品的活动，幸运的获胜者将能够带走 Infinix 手机、蓝牙音箱、手表、后视镜等礼品。顾客只需要每天登录到 Kilimall 乌干达网站，许下圣诞愿望清单，然后在社媒上分享"你的愿望清单"，获得最多点赞的参赛者取胜。2015 年，Kilimall 乌干达站推出了类似的促销礼品推广方式，其中的礼品包括 1 万乌干达先令的购物券。圣诞节前五天，Kilimall 乌干达站宣布，平台上

---

① 《专访 Kilimall 乌干达站总经理：只允许品牌入驻，FBK 产品 24 小时内履行订单》，雨果网（2017 - 01 - 09）。

所有的科技产品，从智能手机、电视、平板电脑和智能手表等都将进行大幅度折扣。其中就包括 Kilimall 与 Infinix 乌干达合作推出的 Infinix 手机：Infinix Hot 4 和 Note 3。参与促销的产品包括：Infinix 手机、StarTimes 电视（预装解码器和 1 个月免费订阅）、三星 24、32 和 40 英寸电视机。自从 Kilimall 成为乌干达增长最快的电子商务网站后，平台每天有超过 600 个订单，乌干达购物者正在接受电子商务购物带来的好处。[①]

（九）塞内加尔

非洲网络零售平台 Kaymu 于 2016 年 2 月发布了《塞内加尔电子商务发展趋势报告》，Kaymu 聚合了当地 30 多家电子商务平台的用户网络购物数据，从用户属性、购物行为等方面呈现了该国电子商务发展现状。从用户属性来看，在用户活跃度方面，年龄介于 25～34 岁之间的塞内加尔人最为活跃，18～24 岁以及 35～44 岁的用户紧随其后。专家分析，出现这一现象主要是由于 25～34 岁年龄段的用户处于科技变革时期，且他们更需要通过网络平台进行买卖交易来提高生活质量。从用户性别方面看，男性用户占网络购物人数的比例为 58.5%，高于女性。在地理位置方面，首都达喀尔的用户占总数的 61%，远高于其他地区。从购物行为来看，与目前全球的流行趋势相反，移动端购物在塞内加尔只占有小部分市场，数据显示，PC 端的交易量占交易总量的 80%，而选择通过移动端和平板电脑购物的用户分别占比为 16.7% 和 3%。据业内人士称，用户更习惯通过后者获取信息，之后在 PC 端下单购买。至于热销商品，受当地居民热捧的商品分别为时尚精品、珠宝、手表、手机和平板电脑。2015 年，非洲和中东整体电子商务量仅占世界电子商务的 2%。而在这片蓝海中，塞内加尔屡获青睐。2015 年 1 月，该国在非洲 7 个有利于电子商务发展的国家中位居首位。[②]

此外，2014 年 9 月，法国电子商务 Cdiscount 上线塞内加尔站，获得当地人的青睐。法国领先的网络零售平台 Cdiscount 依赖其丰富的产品品类、低廉

---

① 《Kilimall 乌干达站 2016 年大事件回顾：旺季社媒推广频出奇招》，雨果网（2017 - 01 - 11）。
② 《非洲电子商务领头羊塞内加尔：PC 端占比 80%》，雨果网（2016 - 02 - 16）。

的价格以及充满创新的客户服务赢得了大量的法国顾客。近年来，Cdiscount
加紧进行国际扩张，在非洲国家塞内加尔推出网络零售网站 cdiscount. sn。塞
内加尔消费者可以在该网站上购买到 80000 件商品，价格低廉。网站支持多
种支付方式，包括手机支付、货到付款、在指定的地点提货时支付。在网站
上线初期，顾客可以选择送货上门也可以到指定的地点提货。为了加快在非
洲的发展步伐，Cdiscount 与物流公司非洲博洛尔物流展开合作。双方将取长
补短并获得共赢。Cdiscount 擅长于电子商务经营，而非洲博洛尔物流拥有丰
富的物流运营经验，其在非洲的基础设施条件也比较好，因此双方的合作相
得益彰。[①]

(十) 卢旺达

卢旺达地处非洲中东部，中西部以山区为主，丘陵起伏，地形复杂。农
村之间沟通不便，必要物资的运输常常不够及时。因此，无人机对于卢旺达
这种地形复杂的小国来说具有重要意义。相较于周边国家如南非、肯尼亚等，
都对无人机飞行进行了严格管制，卢旺达对新兴技术拥抱的态度尤为突出。
在该国，开办新兴科技公司的流程只需要 3 天，而在邻国乌干达则需要一
个月。

2016 年，卢旺达正式启动了该国的首例无人机送货项目。卢旺达总统保
罗·卡加梅 (Paul Kagame) 于当地时间 2016 年 10 月 14 日在 Kigali 正式宣布
这项计划。新鲜的血液和血浆将能够通过无人驾驶飞机运送到卢旺达西部偏
远的乡村诊所，在这些地区，公路基础条件极其落后，经常导致急需的药品
供应时间被延迟数小时，甚至是几天。随着无人机的投入使用，卢旺达政府
向这些偏远地区运送药物的时间将被缩短到几分钟。

卢旺达无人机送货项目由位于美国加州的无人机初创型企业 Zipline 率先

---

① Cdiscount 是一家以低价批发形式为主的法国电子商务。产品涵盖日常生活用品、食品、电子
产品、家用电器、婴幼儿用品、箱包、玩具。它以批发的方式为主，其运作模式有点类似于批发商
城，因此价格也非常的有优势。Cdiscount 经常有促销活动，每到这个时候，商品价格非常便宜，消费
者可以获得很大的实惠。可参见：《法国电子商务 Cdiscount. com 塞内加尔站正式上线》，雨果网
(2014 - 09 - 26)。

试行。Zipline 与 UPS 基金会以及由比尔·盖茨（Bill Gates）资助的疫苗基金疫苗和免疫全球联盟（Gavi）展开合作，推动在卢旺达的这一无人机送货项目。当然，卢旺达政府将为此服务付费，但是，这些成本与卢旺达政府至今仍高度依赖的摩托车运送血浆的成本相差无几。Zipline 本身是一家私营公司，而微软联合创始人保罗·艾伦（Paul Allen）和雅虎创始人杨致远等大佬都是这家公司的投资人。Zipline 的无人机飞行速度大约是每小时 40 英里，每次充电的续航里程大约是 90 英里。

卢旺达政府将计划每天向偏远地区的 21 家诊所飞行 50～150 架无人机，每个无人机都有一个双电机和一个 8 英尺的翅展，无人机使用 GPS 进行导航，将物质空投到指定地点，然后返回着陆带，专门用来向这些偏远地区输送血液和血浆。目前，产后出血是导致卢旺达国内大量新生儿的母亲死亡的主要原因，但是，偏远地区的诊所却没有资源来保护血浆。众所周知，保护血浆要求可靠的存储设施，而且要在特定的温度下保存。另外，一旦漫长的雨季来临，那么卢旺达国内的公路运输状况就会更加糟糕。按照项目计划，如果医疗人员需要获得血浆，那么他们就可以发送需求短信，这样，在大约 30 分钟之后，无人机就可以将血浆送到指定的地点。

初创公司 Zipline 将组建一个长距离无人机队伍，向遥远的卢旺达地区运输血液和医药。这种拯救生命的项目暗示了无人机在运输物资方面的潜在革命。它也强调了一种事实：目前，无人机物流只用于特殊的情况下。Zipline 的无人机不会在医疗中心直接降落，而是通过一次性的降落伞，将血浆包裹降落到诊所的接收区域。在飞行途中，无人机不着陆、甚至是不靠近接收货物的人群会让无人机更加安全地飞行有人区的上空。这些无人机只会在到达某一指定的起飞中心才着陆。在卢旺达，无人机的起飞中心位于该国中部的穆航加（Muhanga）地区。[①]

Zipline 公司在今年早些时候已宣布了与卢旺达政府达成的合作伙伴关系，在过去几个月中该公司一直在卢旺达穆航加地区进行测试。Zipline 的配送中

---

① 辰光：《世界首个无人机航空应用：卢旺达启用无人机运送血浆》，电子发烧友（2016 - 10 - 17）。

心将拥有 15 架定制的"Zips"无人机。这些无人机一次飞行的最大距离为 150 公里，无人机可负重 1.5 千克。卢旺达监管机构对无人机完全持支持态度，他们已于 2016 年早些时候正式推出了无人机法规，并将在 2020 年之前建成一个无人机机场。他们希望 Zipline 公司的无人机系统可以帮助解决紧急输血问题，包括用于妇女产后的大出血等。Zipline 公司的无人机已开始执行血液运输任务。Zipline 首席执行官凯勒·里纳乌（Keller Rinaudo）表示，无人机送货覆盖范围将达到 7000 平方英里，将为当地 700 万人输送血液。[①]

在卢旺达开展的无人机送货项目具有颠覆公共卫生的潜力，并且它拯救生命的潜力也非常大。通过无人机，药物、计算设备、重要物资等货物就可以即时地送到指定山区中，预计整个卢旺达将建设 40 个类似的无人机机场。届时，整个空中交通网络的作用会更加明显。

六、结语

随着非洲政治环境的改善、经济的稳步发展和网络信息化建设的逐步提升，非洲人民认识和使用电子商务的需求正不断增强。从发展状况看，多数非洲发达城市的中产阶级人数正迅猛增加，通过移动端链接网络的人数越来越多，网络用户的增长势头不可遏抑。同时，随着非洲发达地区接受教育人数的增多和居民可支配性收入的提升，当地民众对网络购物的需求不断加强，众多本土化互联网平台和行业配套企业正如雨后春笋般出现在非洲大地上，为用户提供基础建设服务、产品服务和购买售后服务，创造深度价值。

从非洲网络购物视角看，到 2025 年，非洲大陆 10% 的市场交易额将通过电商平台完成，非洲在线零售额总额将突破 750 亿美元，非洲电子商务的发展潜力不可估量，电子商务在非洲将大有可为。

从非洲基础设施视角看，非洲是全球范围内增长速度最快的智能手机市场，从 2000 年以来，智能手机平均销售量增长速度为 43%，由于运营商正在拓展高速通信网络，预计这一比例仍将会快速上升。

---

① 《卢旺达将开始用无人机为偏远地区运输血液》，cnbeta 网站（2016 - 10 - 14）。

从全球化视角看，非洲移动电子商务领域成为非洲电商的重要攻伐之地。非洲手机用户从 2001 年 2.5 亿上升到 2012 年的 7.2 亿。华为、中兴等中国公司在非洲参与了许多通信设备工程建设，其中华为已经成为非洲运营商移动网络设备的领先厂商，此外中国公司出品的手机、电脑等在非洲拥有相当的份额。可以说，以中国为代表的全球力量正在帮助非洲在各个领域寻求突破，推动电商市场的进步。

在不断发展壮大的非洲电商市场环境下，涌现出许多优秀的本土电子商务平台企业，其有效地带动了非洲基础产业的发展，提高当地的经济发展水平，优化了电子商务的发展环境。

| 专题报告二 |
中国电子商务企业在非洲发展排名报告

一、背景与意义

过去十年，在不断开放的贸易环境下，中国在对外贸易出口中取得巨大突破。随着互联网技术的不断普及和电子商务行业的日益创新，跨境电子商务异军突起，规模快速增长，逐渐成为中国未来对外贸易的新希望和电子商务发展的突破点。据商务部数据，2016 年中国进出口跨境电商（含零售及B2B）整体交易规模达到 6.3 万亿元。预计在 2017 年，占比规模将提升至23.1%，可见我国跨境电商行业之火热、发展之快、需求之广。

在良好的贸易环境下，寻找到有前景的跨境电商贸易市场成为未来中国电商企业着重需要考虑的问题。目前，跨境电子商务不仅在欧美、东南亚等地快速发展，也已延伸到广阔的非洲地区，逐渐被当地政府和民众接受，尤其是随着欧美经济陷入疲软，拓展非洲市场已成为了全球资本的共识。

非洲作为我国重要的投资伙伴和贸易地区，拥有巨大的资源储量、强劲的经济增长速度和日益增强的购买力。随着非洲各国家政治趋于稳定，区域经济开始稳步增长，民众对电商需求日益凸显，这都成为非洲发展跨境电商的重要基础。

中国已经连续九年成为非洲第一大贸易伙伴国，2014 年中非贸易额达到2200 亿美元，中国占非洲对外贸易总额达到 20.5%。2017 年是落实中非合作论坛约翰内斯堡峰会上提出的中非"十大合作计划"的关键之年。2017 年一季度，中非贸易额同比增长 16.8%，达到 388 亿美元，中国企业对非洲非金融类直接投资同比增长 64%，金额超过 7.5 亿美元。中国企业在非洲新签承包工程合同额 134 亿美元、完成营业额 94 亿美元。自 21 世纪以来，中国同非洲国家间的商贸往来愈加频繁，经贸合作关系愈加紧密，良好的经贸合作对两地的经济发展都起到了非常重要的推动作用。

随着中非合作的深化，非洲国家将当地独具特色的产品提供到中国，同时也有越来越多的中国企业走进非洲，通过提供形式多样的服务来满足当地民众日益丰富的消费需求。非洲电子商务发展的突飞猛进，尤其是随着非洲移动互联网的普及，使当地居民的生活、购物方式产生了巨大改变。

为进一步衡量在非洲的中国电商企业的发展现状，从国家鼓励政策和企业发展战略角度出发，提升中国电子商务企业的竞争能力和市场覆盖，促进其在非洲电子商务业务的进一步拓展，现将中国在非洲开展电子商务具有代表性的多家企业进行综合测评，并将其发展进行排名。

二、评定价值

中国与非洲近年来的跨境电子商务业务非常频繁，虽然企业数量不多，但发展质量很高，市场业务稳定，对中非跨境电商发展起到重要的作用。此次评估，将从多元化角度对中国在非电商企业的发展情况进行评价，提升企业电子商务网方面的业务能力，帮助企业在制定发展战略方面提供帮助。

三、数据来源

中国在非洲电子商务平台发展指数编制数据来自网络尽调、专家访谈及浙江师范大学中非合作数据，涵盖面广，信息具有延伸性，在反映中国在非洲国家开展电子商务平台实力方面具有很好的代表性。

四、评定指数

中国电商平台在非洲发展排名依托于中国在非洲电商平台发展综合评价指数，包括企业发展指数、平台发展指数、成本需求指数、信息内容指数、平台质量指数和服务质量指数 6 项分类指数构成。企业发展指数和平台发展指数是从宏观角度，从企业或集团角度出发对企业的市场资源整合情况进行评价，从平台角度出发对企业的电子商务平台建设情况进行评价；成本需求指数、信息内容指数、系统支持指数和服务质量指数偏向于从微观角度对于企业的发展情况进行评价，其中成本需求指数对于平台的收费项目和收费比例进行反映，信息质量指数是对于企业平台的信息质量进行评价，平台质量指数对电子商务系统所需的相关特性进行评价，服务质量指数是对支付、物流和售后等内容进行评价。6 项分类指数从相关企业开展电子商务业务的外部环境和内在驱动两个方面，综合评价其在非洲的电子商务发展水平，并进行排名。6 项分类指数和 17 个细分指标如下所示（见表1）。

（1）企业发展指数。主要包括企业知名度、企业从事业务范围等 2 个指标，分类权重0.1。

（2）平台发展指数。主要包括同类商品交易量、平台流量排名、注册用户数量等 3 个指标，分类权重0.1。

（3）成本需求指数。主要包括开设店铺收费、交易佣金收费、营销拓展收费占比等 3 个指标，分类权重0.3。

（4）信息内容指数。主要包括平台操作难易程度、信息可信度、产品覆盖程度等 3 个指标，分类权重0.2。

（5）平台质量指数。主要包括平台稳定性、平台安全性等 2 个指标，分类权重0.1。

（6）服务质量指数。主要包括支付服务、物流服务、售后服务、卖家培训服务等 4 个指标，分类权重0.2。

表 1　　　　　　　　中国在非洲电子商务平台发展指数指标构成

分类指数（权重）	细分指标（权重）	涵盖内容
企业发展指数（0.1）	企业知名度（0.5）	企业的市场曝光度，融资来源和资源渠道等
	企业从事业务范围（0.5）	企业在平台销售和发布的产品类别，企业在平台业务之外的产业布局等
平台发展指数（0.1）	同类商品交易量（0.4）	同类型产品在不同平台的交易量
	平台流量排名（0.3）	企业电商平台的浏览量
	注册用户数量（0.3）	企业电商平台卖家的注册数量
成本需求指数（0.3）	开设店铺收费（0.3）	卖家开设店铺费用
	交易佣金收费（0.3）	卖家成交的交易佣金
	营销拓展收费（0.4）	卖家开展店铺营销活动的费用
信息内容指数（0.2）	平台操作难易程度（0.3）	平台的服务器响应水平、操作流畅程度等
	信息可信度（0.3）	平台发布信息认证资格、发布信息的审核周期等
	产品覆盖程度（0.4）	同类型产品的品牌涵盖数量
平台质量指数（0.1）	平台稳定性（0.5）	平台交易稳定性，是否出现过交易宕机情况等
	平台安全性（0.5）	平台对于卖家和买家交易信息安全的保障情况
服务质量指数（0.2）	支付服务（0.25）	支持的支付方式和交易安全性等
	物流服务（0.25）	支持的物流配送方式和配送时效等
	售后服务（0.25）	在交易过程中的售后服务响应速度和质量等
	卖家培训服务（0.25）	对卖家的入驻培训等

五、编制方法

中国在非洲电子商务平台发展指数指标和权重采用专家打分法确定，指标数据借助互联网和数据库两个方面进行收集、验证，确保结果的准确、客观；在指数计算上采用逐级加权汇总的方式，对中国电商平台在非洲发展进行评定。此次中国电商平台在非洲发展排名是国内首次对具有一定规模的中国电子商务企业在非洲的业务进行综合评价，基期时间为 2016 年度，基期水平为 100。

根据综合调研与分析，中国在非洲电子商务企业发展排名由高到低的顺序如表2所示。

表2　　　中国电商平台在非洲发展排名（2016～2017年）

平台名称	支撑单位	电子商务企业发展指数	排名
阿里巴巴全球速卖通在线交易平台	阿里巴巴网络技术有限公司	275.36	1
Kilimall	深圳齐力电子商务有限公司	259.32	2
Amanbo	深圳市正义网络技术有限公司	248.47	3
义乌购	浙江中国小商品城集团股份有限公司	210.32	4
中非经贸港	浙江中非国际经贸港服务有限公司	197.21	5
中非商贸投资沟通服务平台	浙江师范大学经济与管理学院、中非国际商学院	167.23	6
中非桥跨境贸易服务平台	浙江中非经济文化交流中心	151.24	7
Afrindex·中非商道	四川爱非客网络科技有限公司	150.35	8
郑州跨境电子商务服务平台	河南省进口屋子公共保税中心有限公司	145.23	9
中非全供应链跨境电商综合服务平台	北京丝路易达网络科技有限公司	116.43	10

六、发展建议

第一，关注宏观发展机遇，积极对接社会资源。

无论是对中非贸易还是中非电商而言，在未来的发展过程中都存在着诸多机会，尤其是能够抓住宏观发展机遇，顺势而为，是摆在每个企业面前的一个重要议题。从宏观环境上看，全球竞争格局不断变化、跨境电商正在改变传统外贸方式、国家"一带一路"倡议的落实，加上中国和非洲合作已进入全面战略合作伙伴关系都为中非电商的发展提供了良好的基础条件。

未来10年，非洲将成为世界新的增长点、政治力量将成为国际竞争的核心决定要素，并且技术和投资将成为占有资源的主要手段，其丰厚的自然资源的优势、12 亿的庞大人口基数和经济的高速增长等，都将在中非电子商务的发展过程中得到体现。

未来中非电商的合作，不会停留在目前的平台化竞争阶段，随着消费习惯的养成和个性化需求的出现，将有越来越多的细分平台和专业化平台涌现出来，通过借助社会资源，满足更多消费者的购买需求，实现企业快速发展。

第二，强化平台自身优势，拓展企业业务版图。

对目前开展中非贸易的中国电商平台企业而言，背景不同、资源不同、客户不同是摆在各平台间的一个重要议题。平台间竞争优势的不同使得平台企业在面对不同消费者时，提供了多样的优质服务。

对于非洲市场业务而言，平台企业必须回归电商的本质，就是帮助平台用户赚钱，实现用户的价值创造，在此过程中，产品、渠道、品牌和服务是影响跨境电商企业价值创造能力的主要因素。

对于平台自身发展而言，要进一步剖析非洲市场环境：对人均 GDP1500 美元左右的非洲市场，很多国家正处在大兴土木的基建期，所以建材、建筑设备、电工电料等产品市场需求旺盛；非洲地区的人口出生率高达 5%，18 岁以下的人口占 60% 以上，所以婴幼儿消费、青少年消费都很旺盛。

因此，平台企业需要对入驻商家进行三个维度的辅导和优化，提升其竞争力：在运营维度，为商家提供上游优质的供应商对接平台，提高其资源优化；在交易维度，不断提升 C 端转化，为卖家提供更加高效的交易流程；在监管维度，建立基于强大数据的后台管理平台，介入交易数据监控、仓储预警监控、用户交易分析三个关键流程控制，保证卖家运营的万无一失。

对于非洲电商发展而言，限制其脚步的还是物流和支付环节，信用也是亟待解决的重要问题，因此线下资源就显现得尤为重要，企业需要借助线上渠道打开市场，借助线下渠道实现产品流通，做到渠道融合的企业，才能大有可为。

第三，渠道整合决定发展，提升企业造血能力。

由于中非贸易的迅猛发展，众多大型企业如华为等进入到这块贸易蓝海，同时也有众多中小企业参与到中非商贸的开展过程。从目前的发展态势看，对大企业而言，借助其基础建设资源和服务方案，为供应链小微企业提供信用背书，拓展产业布局和投资；对中小企业而言，他们的资源整合能力较差，渠道拓展能力有限，在跨境商贸过程中较为被动，缺乏议价能力和优势资源整合能力。这些小企业急需通过渠道整合来形成集中优势，所以跨境平台功能优化和政府资源对接是首要解决的问题，通过一体化的供应链解决方案打通上下游企业的信息壁垒，为用户提供更加个性化和优质的产品服务是优先考虑的问题。

通过一体化渠道建设，实现上下游企业的产业融通、信息融通、资金融通、服务融通的四个方面拓展，提升企业自身的业务造血能力，在中非跨境商贸过程中创造更大价值。

浙江省县级政府对非洲产能合作报告

一、背景与意义

近年来，随着全球合作的深入，非洲国家普遍谋求推进工业化和现代化，进一步推动国家经济发展，而中国作为最大的发展中国家也正在通过经济结构调整和积极的产业转型升级来推动国家实体经济得到发展。可以说，中非双方开展国际产能合作互有需要、互有优势，可谓恰逢其时，拥有广阔合作前景。

浙江省作为中国经济活跃的沿海发达省份，同时也是我国对非经贸合作的重要省份，一直以来双方经贸往来密切，互补性强，合作潜力巨大。目前中国正在大力推进"一带一路"建设，非洲制定了《2063 年议程》，努力建设以包容性增长和可持续发展为基础的繁荣非洲。

作为"走出去"战略的一部分，浙江省政府推动了上百家企业到非洲建立商业关系和在非洲投资，双方也有大量的农业、工业等众多产业的合作交流，为双方带来了一系列的收益，这正契合产能合作的本质，通过将省内优势产能进行对接，将跨境电子商务延伸到非洲大陆，有利于实现各方的可持续发展。

在对接国家战略上，浙江市场的"多元化"和"走出去"一直处于全国前列，与非洲的经贸往来密切，浙江对非洲产能合作大有作为。根据浙江省商务厅统计数据显示，截至 2015 年 6 月底，非洲共在浙江省投资设立 609 家企业，合同外资 26.26 亿美元，实际外资 15.09 亿美元。主要集中在纺织服装制造业、电工机械设备制造、汽车零部件及配件制造业和房地产等行业。截至 2015 年 6 月底，浙江在非洲共投资 488 家企业，投资总额为 19.8 亿美元，其中，中方投资额为 18.1 亿美元。投资主要集中在纺织业、批发业、零售业等行业。

同时，浙江省也是承担国家对非洲援助工作最早的省份之一。目前，浙江主要承担着国家对非洲援助培训任务，是全国各省（区、市）援外培训承办单位最多、承担援外培训项目最多、培训人次最多的省份。现有浙江师范大学等 8 家援外培训承办单位，近三年来，共承办对非洲援助培训项目 80 余期，培训学员人数 1800 余人。

为进一步落实国家经济发展和外交战略，促进浙非产能合作得到进一步推动和发展，加快有实力和发展潜力的浙江省各市县对非洲产能合作常态化，现将浙江省县级政府对非洲产能合作进行综合测评，并进行排名。

二、评定价值

浙江省作为中国领先的对非洲产能合作省份，此次评定通过多项指标，对于其各市县的对非洲产能合作发展现状进行评估，随着参与企业的不断扩充和资源的深入投入，浙江省县域经济对非洲产能合作的战略价值将日益显现，此次评估将对于浙江省政府制订对非洲投资计划、资源配置和政策指导起到重要的借鉴和帮助作用。

三、评价指数

浙江省县级政府对非洲产能合作排名依托于浙江省县级政府对非洲产能合作综合评价指数，包括区域经济指数、产业助推指数、政策氛围指数、贸易应用指数、基建发展指数和创新引导指数 6 项分类指数。

其中前三项区域经济指数、产业助推指数、政策氛围指数用于从市场角度反映各地区对非洲产能合作的基本情况，区域经济指数重点在于反映当地的经济实力现状，产业助推指数重点在于体现当地的特色产业发展情况和对经济促进现状，政策氛围指数重点在于反映当地政府对于非洲贸易和产能合作的重视程度。

贸易应用指数、基建发展指数、创新引导指数则以企业和平台需求的视角，反映当地对非洲产能合作的实施情况，贸易应用指数用于反映当地对非洲直接和间接投资、对非洲进出口贸易等情况，基建发展指数用于反映当地对实施对非洲进出口贸易开展的相关基础建设和平台建设情况，创新引导指数用于反映当地对于对非洲贸易开展的人才培养、技术支持和产业创新等情况。

6 项分类指数从政府、企业、平台等视角，反映浙江省各县级政府对非洲产能合作现状，综合体现对非洲产能合作水平和发展空间。6 项分类指数和 20 个细分指标如下所示（见表 1）。

（1）区域经济指数。主要包括当地 GDP、货运量、货物吞吐量、货物进出口总额等 4 个指标，分类权重 0.1。

（2）产业助推指数：主要包括特色产业发展水平、对外贸易产业密集度、非洲企业市场发展参与水平等 3 个指标，分类权重 0.1。

（3）政策氛围指数：主要包括对非洲贸易政策支持度、跨境贸易发展水平、产业促进政策支持度等 3 个指标，分类权重 0.2。

（4）贸易应用指数：主要包括对非洲贸易市场发展水平、在非洲贸易企业发展水平、对非洲进出口贸易情况、对非洲产能合作直接投资和间接投资水平等 4 个指标，分类权重 0.2。

（5）基建发展指数：主要包括物流支持建设水平、贸易交通建设水平、贸易服务内容开展水平等 3 个指标，分类权重 0.2。

（6）创新引导指数：主要包括定向人才培养水平、技术引导水平、产能合作创新能力等 3 个指标，分类权重 0.2。

表 1　　　　　　浙江省县级政府对非洲产能合作综合评价指数指标构成

分类指数（权重）	细分指标（权重）	涵盖内容
区域经济指数 （0.1）	GDP（0.25）	地区所有常驻单位在一定时期内生产的所有最终产品和劳务市场价值
	货运量（0.25）	运输企业在一定的时期内实际运送的货物数量
	货物吞吐量（0.25）	经由水路进、出港区范围并经过装卸的货物重量
	货物进出口总额（0.25）	进出我国国境的货物总金额
产业助推指数 （0.1）	特色产业发展水平（0.4）	具有发展优势和区域特色的产业发展情况和市场认可度等
	对外贸易产业密集度（0.3）	对外贸易中产业分布情况和资源占比等
	非洲企业市场发展参与水平 （0.3）	当前产业发展中，非洲企业的参与度和经济创造比重等
政策氛围指数 （0.2）	对非洲贸易政策支持度（0.4）	政府出台的对非洲贸易支持文件数量、资源集中程度等
	跨境贸易发展水平（0.3）	当地跨境贸易发展情况、政府对其重视程度等
	产业促进政策支持度（0.3）	对相关产业发展政府出台的指导政策数量、提供的优惠和扶持程度等
贸易应用指数 （0.2）	对非洲贸易市场发展水平（0.25）	对非洲贸易企业数量、市场份额、经济创造等
	在非贸易企业发展水平（0.25）	当地在非洲企业规模、产能水平，相关企业创造的经济价值和就业创造数量等
	对非洲进出口贸易情况（0.25）	当地政府、企业参与对非洲进出口贸易水平和经济占比等
	对非洲产能合作直接投资和间接投资水平（0.25）	当地企业对相关对非洲贸易投入的资源、政府投入的相关资源程度等
基建发展指数 （0.2）	物流支持建设水平（0.4）	对贸易开展和产能合作的物流企业数量、发展规模和经济创造等
	贸易交通建设水平（0.3）	对港口、公路、铁路等基础设施建设的企业数量、发展规模和经济创造等
	贸易服务内容开展水平（0.3）	对产能合作起到帮助的三方企业数量和发展阶段及促进作用

分类指数（权重）	细分指标（权重）	涵盖内容
创新引导指数（0.2）	定向人才培养水平（0.4）	对非洲学生、商人培养的资源投入情况等
	技术引导水平（0.3）	对资源对接、产业互动、相关技术研发投入的资源情况等
	产能合作创新能力（0.3）	对于促进产能发展进行的制度、政策、人力、会议等内容的创新度

四、数据来源

浙江省县级政府对非洲产能合作综合评价指数编制数据来自国家统计局、浙江统计局、浙江海关、网络调研、专家访谈及浙江师范大学中非合作数据库，数据来源丰富，包含性较强，对于反映浙江省县级政府对非洲产能合作情况上具有较好的代表性。

五、编制方法

浙江省县级政府对非洲产能合作综合评价指数和权重采用专家打分法确定，具体的指标数据借助互联网和 Wind 数据库、浙江师范大学中非合作数据库、企业走访调研等多方面进行收集、整理、验证、编汇，保证编制结果的准确、客观；在相关指数计算上采用逐级加权汇总的方式，从政府、企业两个方面，结合市场发展情况、政策导向和未来发展趋势等多个角度进行评价，反映目前浙江省县级政府对非洲产能合作的发展情况。

此次浙江省县级政府对非洲产能合作排名，是国内首次对浙江省县级政府对非洲的产能合作情况进行评价和排序，基期时间为 2016 年度，基期水平为 100。

根据综合调研与分析，浙江省县级政府对非洲产能合作排名由各市域进行分类后由高到低的顺序如表 2 所示。

表 2　　　　浙江省县级政府对非洲产能合作排名（2016～2017 年）

地市（排名）	县（市、区）	浙江省县级政府对非洲产能合作综合评价指数	排名
杭州（1）	上城区	378. 34	1
	下城区	346. 23	2
	滨江区	300. 45	3
	江干区	267. 18	4
	拱墅区	242. 31	5
	西湖区	178. 32	6
	萧山区	167. 23	7
	余杭区	111. 31	8
	桐庐县	66. 12	9
	临安市	43. 12	10
	富阳区	20. 23	11
	淳安县	11. 13	12
	建德市	5. 31	13
金华市（2）	义乌市	389. 23	1
	婺城区	287. 23	2
	金东区	186. 31	3
	永康市	114. 46	4
	东阳市	76. 34	5
	武义区	69. 34	6
	兰溪市	23. 31	7
	浦江县	18. 12	8
	磐安县	2. 46	9
宁波市（3）	鄞州区	305. 31	1
	慈溪市	231. 24	2
	海曙区	188. 39	3
	余姚市	167. 56	4

续表

地市（排名）	县（市、区）	浙江省县级政府对非洲产能合作综合评价指数	排名
宁波市（3）	江北区	143.62	5
	宁海县	83.23	6
	奉化市	65.23	7
	镇海区	39.31	8
	北仑区	17.78	9
	象山县	9.67	10
温州市（4）	鹿城区	285.34	1
	瑞安市	213.18	2
	龙湾区	200.67	3
	瓯海区	125.13	4
	乐清市	123.67	5
	苍南县	112.89	6
	平阳县	76.63	7
	永嘉县	69.32	8
	洞头区	29.78	9
	文成县	8.98	10
	奉顺县	4.98	11
嘉兴市（5）	海宁县	267.34	1
	桐乡市	178.32	2
	南湖区	121.35	3
	平湖区	76.47	4
	秀洲区	45.23	5
	海盐县	20.23	6
	嘉善县	3.45	7

续表

地市（排名）	县（市、区）	浙江省县级政府对非洲产能合作综合评价指数	排名
台州市（6）	温岭市	189.43	1
	天台县	156.34	2
	临海市	116.78	3
	椒江区	100.23	4
	黄岩区	73.69	5
	路桥区	49.78	6
	仙居县	33.23	7
	玉环县	10.49	8
	三门县	2.51	9
绍兴市（7）	诸暨市	154.23	1
	柯桥区	110.84	2
	越城区	67.78	3
	嵊州区	30.32	4
	上虞区	11.87	5
	新昌县	7.88	6
湖州市（8）	吴兴区	125.32	1
	安吉县	87.47	2
	德清县	47.23	3
	南浔区	10.88	4
	长兴县	5.32	5
丽水市（9）	缙云县	89.34	1
	莲都区	65.32	2
	松阳县	43.23	3
	青田县	29.76	4
	遂昌县	20.45	5
	云和县	16.78	6

地市（排名）	县（市、区）	浙江省县级政府对非洲产能合作综合评价指数	排名
丽水市（9）	庆元县	15.34	7
	景宁县	10.89	8
	龙泉市	6.67	9
	景宁畲族自治县	1.24	10
衢州市（10）	柯城区	65.34	1
	龙游县	43.77	2
	江山市	32.12	3
	开化县	9.31	4
	常山县	6.65	5
	衢江区	2.34	6
舟山市（11）	定海区	25.23	1
	普陀区	12.31	2
	嵊泗县	1.31	3
	岱山县	0.98	4

六、发展建议

第一，加快政府政策支持，不断挖掘优势产业。

目前，浙江省县级政府对非产能合作依然存在着发展不均衡的问题，对于政府而言需要进一步根据目前的发展现状，提出针对性的政策导向支持，帮助参与中非项目合作的中小企业能够快速成长，占领相应的市场份额，建立差异化的竞争优势。同时，挖掘优势产业，不断将当地具有发展潜力的资源进行集中化整合，利用政府力量，借助环境政策，推动对非优势产业发展，提升产能合作水平。

第二，强化企业发展能力，逐步提高技术水平。

各县级政府的对非产能合作，出发点在政府主导，落脚点在各企业实施情况和发展能力，对于已经从事或者将要从事对非业务的企业，需要强化企业自身的发展能力，借助当地资源，积极响应市场号召，参与和提高企业的市场参与度。在未来国际产能合作中，具有科技优势和技术水平的产业将更加具有发展空间，政府需要在政策上对拥有专业技术能力、科技创新能力的企业进行扶持，企业需要进一步优化资源，提升其核心竞争力，帮助在未来的竞争中建立优势。

第三，扩大产能合作空间，提升浙非经贸水平。

在未来，随着国家"一带一路"倡议的不断深化落实，将有越来越多的非洲国家在此之中受益，浙江省作为重要的海上丝绸之路省份，将发挥着不可忽视的作用。浙江各市县需要不断拓展产业形态，加强与非洲这片机遇之地的联系，扩大浙江省对非洲产能合作空间，提高浙江与非洲经贸水平，使更多的企业能够走出国门，参与到非洲各领域建设中，创造更大的企业价值和区域价值。

第三部分

企业人物访谈

Amanbo 聚焦非洲跨境立体电商平台 CEO 廖旭辉先生访谈录

访谈时间： 2017 年 8 月 28 日

访谈方式： 电话采访和微信语音沟通

访谈人： 黄玉沛

被访谈人： 廖旭辉

被访谈人简介： 廖旭辉，2003 年开始自主创业，做中非间的传统贸易起家。贸易范围覆盖西非、东非、中非数十个国家，对各个国家的贸易环境非常了解。并在 2005 年做了自己的品牌，也在非洲获得了很高的知名度。2009 年开始计划做中非的跨境电商，成立了深圳正义网络技术有限公司，直到 2015 年发布了 Amanbo 聚焦非洲跨境电商平台，Amanbo 平台被工信部列为对非合作重点项目。廖旭辉先生创新地利用社会化资源及社交渠道将 Amanbo 平台与线下实体展厅打通，并使二者无缝连接，这就是他创立的"OSO 三位一体立体营销模式"（OSO：线上 Online + 社交 Social + 线下 Offline）。

问： 您从 2009 年开始就计划做非洲的跨境电商，并且成立了公司，可为什么直到 2015 年 Amanbo 才发布？

答： 2009 年我们成立公司立项，中间调研花了近 2 年，跑了差不多 30 个国家，2011 年 8 月才开始做系统研发，中间也做了好几次版本更替，现在大家看到的 Amanbo，是我们第六次迭代的版本。

前几年之所以折腾这么久，主要是因为非洲各国间差异性很大，太复杂，走了一些弯路。比如一开始的定位，我们最初的版本是要做一个巨无霸的中非第一网络平台，电商只是我们的八大板块之一。2013 年第一个对外版本出来后，我们就开始在非洲测试推广，2014 年又把整个系统包括语言都换了，之前的域名叫 Toafrica，有八大板块；Amanbo 是 2015 年才改的，聚焦非洲电商，A 是 Africa 的缩写，manbo 在斯瓦希里语里是"你好"的意思，合起来就是"非洲，你好"的意思。

问：这中间为什么要经历这么多次大的调整呢？

答：一开始也想着直接模仿阿里或淘宝的模式，但非洲市场很特别，每个国家之间的网络基础、用户基础、产品需求、价格波动都非常大，想一个平台"一刀切"搞定几乎没有可能，所以决定聚焦跨境电商，单点突破。2013 年以前，我都不好意思跟人说我在非洲做电商。由于非洲各国网络基础和用户基础都比较差、传统交易习惯根深蒂固等原因，online 零售所占的比重非常小，现在我们确定的一个大方向就是先做跨境 B2B，再做 B2C。

问：既然如此，您当初为什么一定要做非洲市场？

答：如今，非洲已逐渐崛起，非洲经济正处于基建时期、婴幼儿消费期、青少年消费期和消费品需求快速增长期，为中非贸易提供了巨大的存量市场；同时，中非产能合作正如火如荼地进行，非洲也成为中国产能转移的重要目的地。像人口红利、经济发展这些因素，大家都能看到。非洲这个市场，其实研究后就会发现，这个区域有多重因素使它必然会接受电商，甚至是更快接受。比如非洲目前就已经跳过 pc 端时代，直接进入移动互联网时代，就像其 90% 的家庭从来没有用过固话，直接用上手机，一样的道理。虽然现在非洲 7 个多亿的手机用户可能只有 2 亿多智能机，但是这个根本不需要推测和计算，最多两三年用户数就会上去。事实上后进地区我们观察就会发现，发展的动力、现实条件的制约等反而会推动它更快地接受新的科技发展。

问：您曾经说过的，您在非洲很多没有电或网络非常贵的地方都做过电商的运营和推广，请问您当时是如何做的？

答：2009 年我准备做这个事情的时候，真是轻视了困难。虽然我们熟悉非洲，但当地的网络环境、供电环境和基础设施，不是一个公司可以改变的。那怎么样在没有电、经常断电或网络非常贵的国家，做运营和推广呢？当时我们其中的一个板块叫作"离线电商平台"，就是手机不需要实时在线实现电商交易。因为是 B2B，对交易时效性要求没有那么高，下一个订单也都是为后面三四个星期的货做准备，不在乎一个小时或者明天一定要交易成功。所以我们做了一个离线数据库，就算没有网的时候也可以让用户在手机里面先挑好产品，然后再到有网络的地方或者我们公司提供的免费 WiFi 区域完成订单上传。其实原理很简单，就像早期的离线地图版本。

问：现在在非洲做跨境电商的企业也不少，像前段时间，我就采访了同时在非洲做的 Kilimall，请问你们和他们的区别是什么？

答：我们跟他们定位不太一样，他们做的是某些国家的本土 B2C，类似京东，聚焦个别国家，可以不需要专注其他国家的特征。我的目标是整个非洲，模式是 B2B2C，志在建设非洲大通路，定位第三方平台，定位更像阿里。非洲 12 亿人口，有 54 个国家，我们经历了很多后发现，没有办法，不可能一刀切。

2014 年初，我最多的时候在非洲开了 10 多个分公司，就是为了推一个大的统一平台，但是一年多后发现，还是不行，差异性太大，根本没办法用同一个平台去推，只能每个国家在当地设立一个国家站。

问：您有说到在每个国家设立一个国家站，这个是什么概念？那 Amanbo 这个平台又是属于什么呢？

答：Amanbo 是整个聚焦非洲立体电商平台体系的总称。国家站是按国家设立的本土化电商平台，支持本土分销及跨境分销，主要服务本土经销商，根据本国特征、使用本地语言及本地货币进行设计和交易。我们目前非洲五个大区，除了南部非洲暂时没有覆盖外，其余四个大区都已经覆盖，在六个国家设立了分公司，目前这六个国家我们都有本土化的平台。今年年底我们将完成 10 个以上国家站的建设和推广。而 Amanbo 国际站，是贸易服务平台，主要服务进出口贸易商（我们成为大 B 和中 B）。当然国际站和国家站之间还是存在联系的，比如国际站里面有 10 万种商品，每个国家站可以从里边挑选适合本国的商品，到本土去做销售，服务对象主要是当地的小经销商和零售商（我们成为小 B）。

问：那这样的话，你们每个国家站会安排多少人？

答：每个国家平均有 30～50 个人，除了 3～5 个中国人外，其余的全是本地人。

问：都说非洲群众对商品的选择也跟很多国家不一样，既然您做的是 B2B，又是如何选择供应商的？

答：主要以国内原厂为主。据我们分析，非洲有四大类产品是目前阶段非常需要的：一是基建类产品。现在大部分的非洲国家都在盖房子，修桥补路，所以跟基建相关的，建材、装修产品、电工电料是我们主推。二是婴幼儿产品，因为非洲婴幼儿的比重很高。三是非洲 16 岁以下的年轻人占比达 60%，所以年轻人的消费肯定不能丢，如电子产品、数码通信产品等。四是整个非洲处于消费品增长期。比如洗发水，在五年以前，到西非、中非这些穷国家，根本没人用，但这几年已经开始用洗发水和沐浴露了。所以只要跟这四类相关的，在非洲的市场就很受欢迎。

问：那么您觉得应该如何抓住非洲新兴市场的电商机会？

答：要想抓住这个机会，必须回归电商的本质——电商归根结底还是商业，而商业的本质是价值创造，说白了，就是帮用户赚钱。所以电商的本质也是价值创造。影响价值创造的因素有很多，我认为产品、渠道、品牌和服务是影响跨境电商企业价值创造能力的主要因素。

产品策略应该考虑两个问题：一是市场需要什么？二是你能提供什么？而市场需要什么，是由一个地区的经济发展水平、经济结构、人口结构、消费习惯等因素决定的。例如，非洲正处于人均 GDP 1500 美元左右，这个阶段很多国家正处在大兴土木的基建期，所以建材、建筑设备、电工电料等产品市场需求旺盛；再如，非洲地区的人口出生率高达 5%，18 岁以下的人口占 60% 以上，所以婴幼儿消费、青少年消费都很旺盛！

目前非洲市场线上消费比例 1% 不到，所谓电商平台的大数据往往提供的是片面的分析，市场需要什么，应该从以上角度进行分析，再加上线下的实地调查才来得可靠！知道了市场需求，选品问题就解决一大半了，然后再结合您的供应资源、供应渠道，就知道你应该卖什么了！

而渠道是帮你把产品送达消费者的路径，跨境出口，无外乎传统外贸和跨境电商两个途径。而货物到了目的地，要到终端消费者手上，也无外乎传统的本土分销渠道和本土电商、跨境零售等几个途径。

我认为，无论线上还是线下渠道，都是引流和通路！就算跨境电商的线上玩法，除了在线的引流以外，也是和线下渠道相关的。如果你是做 B2C，用户的口碑就是你的线下渠道，如果你是做 B2B，你客户的线下渠道就是你的线下渠道！而要想做好新兴市场的跨境电商，必须关注线上线下渠道的融合。这种融合也是发展的必然，这是由交易成本、消费体验和用户的价值取向决定的。

同时，品牌是产品生命力的载体，没有品牌，你的产品就是随时可能干死的枯草！同时，品牌也是企业长久经营的保证，是规避价格竞争的法宝，是产品溢价和合理利润的保障！

新兴市场的品牌经营存在巨大的机会，主要表现在缺乏品牌竞争对手、品牌培育成本低、新兴市场没有贸易壁垒等，使得新兴市场成为中国民族品牌国际化的跳板。

本土化的服务能力是复购率的源泉！跨境电商的本土化服务能力是众多电商企业的短板，然而却直接影响着客户的消费体验，进而影响了产品的复购率。借力本土合作伙伴或者海外仓，加强本土化服务能力建设是跨境电商企业提升竞争力的有效途径！

问：现在关注非洲市场企业的越来越多，而您在非洲也有 10 多年的经验，又经过了多年的摸爬滚打，如果有企业想去非洲市场，您有哪些建议？

答：我觉得中国企业走进非洲首先一定要"品牌先行，产业随后"；其次是"抱团出海，产能合作"。此外，还有一些值得注意的方面。

第一，平台不是最重要的，最重要的还是企业的价值创造能力；当然，一个好的平台可以起到锦上添花的作用，放大企业的价值创造能力。

第二，数据也不是最重要的，因为在新兴市场用户量小的情况下，大数据营销就是悖论！科学的分析加上实际的市场调研才能发现核心问题。

第三，新兴市场早期 B2B 的机会将会更大，因为 B2C 会受到品类、用户规模、物流基础、支付条件等的限制，但是 B2B 也需要有线上线下整合的能力。

最后我通常会说四个建议，也就是"四化"。

一是"网络化"。这个肯定就不用多说。要尽量使用合适的电商平台拓展业务。

二是"品牌化"。千万别走老路，盲目地做一些假货或者迎合低质量的产品，那没有未来。其实在非洲做品牌是中国民族品牌走向世界最好的"跳板"，因为欧洲、美国、日本甚至印度都对非洲免税，所以中国民族品牌想走国际化，只要把 Made in China 改成 Made in Africa，关税壁垒这一关就已经没有问题了。我在工信部也是这样说，咱们民族品牌要实现国际化，非洲是最好的跳板，现在是最好的时机。

三是一定要"本土化"。这个大家也听了很多了，但实际上本土化真没那么容易，我在非洲折腾十几年，在这件事情上栽了无数个跟头，到今天也没有办法说在哪个国家做到了纯粹的本土化。怎么样做本土化？还得有中国人加本地人这样的组合才能做本土化，但中国人不必多，几个核心人员就可以。

四是"精准化"。在前面三个的基础上一定要做精准营销。只有实现精准营销，才能降低营销成本，提升企业的竞争力。因为每个国家之间的差异性太大，必须先分析哪样产品适合什么样的市场，购买力在什么层次，等等。

问：好的，谢谢您接受我的访谈，我对 Amanbo 聚焦非洲跨境立体电商平台又有了更加深刻的认识，与您的交流非常愉快。

答：好的，不客气，以后我们多多交流。

| 访谈二 |
Kilimall 中非跨境电商平台 CEO
杨涛先生访谈录

访谈时间： 2017 年 8 月 20 日

访谈方式： 电话采访和微信语音沟通

访谈人： 黄玉沛

被访谈人： 杨涛

被访谈人简介： 杨涛，中非跨境电子商务平台 Kilimall 创始人和总经理。

问： 您能不能介绍一下自己创办 Kilimall 的初衷是什么？

答： 2012 年，我来到非洲帮助东非第一大电信运营商 Safaricom 建设移动支付系统 M - PESA，带领八国团队服务分布在多个国家的客户，经过两年多的艰辛努力，系统最终成功上线，现在在肯尼亚就有超过 55% 的 GDP 运行在 M - PESA 上。M - PESA 也成为当时全球最成功的移动支付系统，被几十个国家学习应用。在这个项目中我有幸认识到许多非洲优秀的人才，有机会通过大数据来看非洲发展的方方面面，既看到这片大陆发展生机蓬勃，也看到在非洲购物的痛点——"物价高、选择少、质量差"，作为一个购物途径较多的中国人每买一次东西都感觉被敲诈一次，没有其他购物途径且收入不高的非洲人更受剥削；另一方面我又看到中国制造产能过剩，制造出来的东西价格便宜还卖不出去。当时我觉得可以做点什么来改变现状。于是我追随自己的内心，说服家人支持开始第三次创业——创建非洲电商平台 Kilimall。

问：您将电子商务平台取名 Kilimall，有没有比较深层次的含义？

答：Kilimall 的名字来源于非洲第一高峰乞力马扎罗山 Kilimanjaro，取这个名字的原因是因为我们的愿景是"成为非洲第一电商平台"，在过去几年中，我们为几十万非洲用户带来高性价比的商品，而且很多商品只在 Kilimall 上才能买到；有近千的卖家在我们平台开店经营（其中包括东非最大的明星），多个中国品牌借助 Kilimall 快速切入非洲市场；BOSS IT 系统建设初见成效，上年 8 月全面升级进入 2.0 时代；在四国六个城市设立办公室，在三个非洲国家落地运营，在肯尼亚建设了近万平方米的非洲第一电商仓库；CCTV、CNN、BBC 等各大媒体对我们有很多的报道与采访，TED 邀请我们发言，在肯尼亚 Kilimall 已经成为知名企业。虽然我们很多方面和中美的电商公司相比还相差甚远，但我们是在非洲这片大家眼中的不毛之地扎根生长，我们为中国的产品和服务创造了一个全新的增量市场，一个潜力无限战略意义重大的新市场。我们为非洲创造了数百个新的工作机会——这在非洲是非常珍贵的，也为本地卖家提供了新的销售渠道。在最近肯尼亚媒体 MyPollKenya 做的市场调查中，Kilimall 被选为"最受喜爱的在线商城（The most favorite online shopping mall）"，这是客户和社会对我们过去所取得的一些成绩的肯定。我们计划在三年之内，也就是 5 周岁生日时把愿景变成现实。

问：Kilimall 的未来发展愿景和使命是什么？

答：Kilimall 的使命是"提升非洲人民生活品质"，很多小伙伴可能不理解为什么我们这支中国背景的团队，要担负这个使命？完成这个使命我们是否有钱赚？30 年前，中国人均 GDP 是 200 美元，直到 2000 年后才开始快速增长，现在中国人均 GDP 是 6800 美元；目前非洲所有 55 个国家中有 10 个国家人均 GDP 高于中国，人均 GDP 高于 1 万美元的有 6 个，最穷的非洲国家马拉维人均 GDP 是 600 美元；目前非洲有近 13 亿人，30 年内会再翻一番，物产丰富但工业水平落后，80% 的商品 Made in China，各行各业百废待兴，正处于快速发展的前夜，Kilimall 现在进行卡位是非常好的时机。另外，现在要提升非洲人生活品质必须借重中国商品，本质上是帮助中国制造业开辟新的市场，为中国品牌找到全新的生存空间。总之，Kilimall 是连接 26 亿人的生意，我帮卖家赚 100 元，卖家会很高兴给我 10 元报酬；我帮买家省 100 元，他也会很高兴地给我 10 元报酬；只要坚定不移地、持续不断地改善非洲人民的生活品质，给他们带来丰富、高性价比的商品与服务，我们必将获得客户心悦诚服的巨大回馈。

问：Kilimall 的成长期还比较短，您是如何凝聚团队力量，有没有自身的核心价值观念？

答：Kilimall 能否生存下来，坚持使命奋斗 5～10 年，并最终成为非洲第一电商呢？目标锁定后，一个团队能否成功，关键在于他选择走什么路。走高风险的捷径还是低风险的远路？是走快点还是慢点？用什么交通工具？多个岔路时走哪一条？团队成员对选择道路意见不一致怎么办？这个时候我们需要一些共同遵守的原则来指导我们做出符合整体利益的选择——这就是我们的核心价值观（Core Values）。我这里总结 Kilimall 的核心价值观如下：客户第一，诚信感恩；力出一孔，共创共享；知行合一，不忘初心。这二十四个字分别阐述了作为 Kilimall 的一员，我们对客户、对团队、对自己应该秉持的态度和要求。

Kilimall 要成为"非洲第一电商"一定会不容易，但路虽远，常行必至；Kilimall 的伙伴们正在用有限的生命在美丽而神秘的非洲大陆谱写自己的英雄传说。雄关漫道真如铁，而今迈步从头越。人生而自由，却无时无刻身在枷锁之中，要获得自由，最重要的途径就是用心工作，我也祝愿我们 Kilimall 的伙伴们，借 Kilimall 这个平台来打磨自己，焚烧荆棘，冲破罗网，越走越宽，越走越远，收获一个更加广阔自由的人生。

问：您觉得 Kilimall 做非洲的跨境电子商务，它的优势体现在哪些方面？

答：首先我们要明白非洲电商是什么样的格局？好处是没有亚马逊和阿里巴巴。从我们的角度来看，中美是电商第一世界，欧洲是 1.5，俄罗斯、巴西、印度尼西亚这些属于电商第二世界，非洲属于第三世界。第一世界格局已定，第二世界是大佬鏖战之际，第三世界还有机会。非洲的电商条件是不是成熟？答案肯定不成熟。否则也没有那么多的机会。但是回过头来看，以阿里和京东为第一梯队，他们今天能够发展壮大最核心的原因也是因为他们解决了当时不具备的条件，阿里解决支付问题，京东解决物流问题，我们现在很踏实做支付、做物流。

同其他非洲电商相比，Kilimall 的重要优势正是在于与中国的紧密联系。其商业模式类似天猫和京东，但不自营，而是接收第三家商家入驻，使用自建仓配送商品。电商在线发现，Kilimall 建有中文招商官网，为肯尼亚、尼日利亚、乌干达这三个站点招收商家，覆盖手机平板、3C 配件、服饰饰品、假发等 10 余个类目。Kilimall 预计将在 2017 年扩展到非洲 20 个国家，并将在下半年进入西非。

还有一点比较容易被忽视，那就是我们相信非洲人的购买能力。我曾经在参加一次非洲的大会的时候，听很多非洲人倒苦水，说不要给他们卖便宜货，他们出得起钱。非洲人还有一个与中国人不一样的习惯：不储蓄，有多少钱花多少钱，今天的钱一定今天花掉。所以，非洲人的消费能力其实不差，我们员工平均每个月在头发上的支出至少是六七百元人民币，非洲女性很多是不长头发的，头发长不长，很多都是假发，每接一次头发要人民币三四百元。有钱的非洲女性，一个月在头发上的支出高达 1000 元人民币。我们办公室用的墨盒在国内五六十元人民币，在非洲要五六百元人民币。最近我们仓库里购进安全设备，如果带有金属的话，带有报警的探测门，在国内 2800 元人民币，在欧洲 4 万元人民币。

问：Kilimall 为卖家提供了哪些便捷服务，是如何增加自身的影响力？

答：Kilimall 的卖家中，大多都有自己的实体店。Kilimall 为肯尼亚首都内罗毕（Nairobi）的商家提供了免费仓储服务，订单由该公司骑手负责派送。我们的价值在于帮助商家节约成本，帮助他们接触更广阔的市场。他们不需要付租金、电费或仓储费。中国传统贸易供应链中有很多中间商，每一次转手，产品利润就增加了，这致使肯尼亚产品价格比发达国家高三倍，但科技和网络可以改变这一状况并降低利润。

我们为客户提供低价、种类繁多的产品，这很重要，因为许多实体店库存有限。而且我们有强大的质量保证团队，能够确保交到客户手上的产品完好又正宗。我们努力确保平台商家销售的都是正品。除内罗毕之外，Kilimall

注意到二线城市及小城镇经常被电商公司忽视。我们在 2015 年与肯尼亚邮政公司合作，让 Kilimall 肯尼亚消费者能在该国 600 多个邮政网点提过或下订单。

肯尼亚内罗毕对多数电商平台来说是大市场，但其他小城镇的电商市场也在增长。仓库里有越来越多的订单被打包，准备发往内罗毕以外的区域，这是因为在内罗毕之外的肯尼亚人没有很多选择。我们希望内罗毕之外的人，也能与内罗毕人有一样的购物体验。二线城市的消费者对电商越来越感兴趣，他们不信任提前付款，但是肯尼亚人很乐意接受新事物，甚至还有一点点冒险精神。

问：由于种种原因，在非洲做跨境电子商务非常不容易，面临诸多困难和挑战，您是如何看待的？

答：我们面临的困难与挑战非常多，总结下来，有以下几方面：

第一，非洲员工管理。举个例子，给钱也不加班，绝对不加班，当然现在我们找到了让他们加班的办法，就是开一瓶二锅头，说加班有酒喝。还有，承诺不算数，很多做管理的外派去了非洲以后深受其苦，交代一个事情说没问题，但是交付的时候电话打不通，管理非洲员工是很大的问题。

第二，跨语言、跨国家、跨时区、跨文化协同。这是中国企业普遍出现的最大的难题，有幸我们觉得这是我们很大的优势，目前我们在团队建设方面比较注重配合，在一线国家负责人绝大部分从华为公司招募的，华为公司在跨国组织方面在国内企业中是名列前茅的。

第三，当地政府。这个给我心理压力非常大的一方面，去年 7 月由于本地员工离职后向各个部门举报我们，今天税务局、明天移民局、后天 CID、再后天城管、再后天社保局，基本上各个部门都要来查你一次。好在我们在非洲的本地化经营合规性做得好。

第四，中国专业人才外派。做电商需要专业的电商人才，各位都知道，电商人才其实在国内也是非常稀缺和昂贵的，现在派到非洲去，这是一件非常具有挑战的事情。好在我们通过两年多的努力，我们已经成为为数不多的几个能够成体系的向非洲去外派专业人才的公司。目前我认为在非洲这样能力的中国背景公司屈指可数，能够系统地向海外输送人才，在当地安居乐业，能够真正沉下心来爱上非洲这片土地、爱上非洲的生活，因为只有热爱才能够在非洲坚持。最后一点感悟。中国公司我认为也是有希望做成成功的跨国企业，Kilimall 也是一个新时代下的比较独特的公司，我们和国内做进口供应链不太一样，因为我们国外的人比国内更多，我们创业也从非洲开始的。我们在肯尼亚有近 200 号人，我们重心在非洲，本质上来说我们是一个非洲企业，只是管理层具有很强的中国背景。

问：最后一个问题，目前在非洲从事跨境电子商务的国际企业越来越多，您认为相比美国、欧盟、印度等新兴国家，中国是否有竞争优势？

答：我觉得这个问题很有意思，我们中国人当然有竞争优势，我想从以下几个方面考虑。

第一，很多中国人觉得这方面没有自信，认为印度人比我们强，但是我们认为中国人具有国际化管理团队的基因的。在唐朝的时候有 23 个"外国人"做过唐朝的宰相。在 1000 多年前我已经具备了管理跨国人才的能力，如今，我们更加要有能力做成这个事情。

第二，走出国门，天地广阔。在国内为北上广深的一套房子努力一辈子，我觉得接受不了，因为 100 多万元就可以在印度洋买风景非常优美的海边别墅。

第三，有使命感才能够完成艰巨的任务，我应该把这个事情当作下半辈子都要努力做的事情，我发现很多事情确实是如释重负，包括对于员工、对投资方，我觉得这都是更加负责任的一种态度。

问：非常感谢您百忙之中接受我的访谈，谢谢！

答：不客气，我们 Kilimall 跨境电子商务发展，也需要你们高校等学术机构的大力支持。

"Afrindex·中非商道" 中非贸易撮合
交易平台总经理李振岩先生访谈录

访谈时间： 2017 年 8 月 30 日

访谈方式： 电话采访和微信语音沟通

访谈人： 黄玉沛

被访谈人： 李振岩

被访谈人简介： 李振岩：中非跨境电子商务平台 "Afrindex·中非商道" 创始人、总经理。在 B2B 电子商务领域耕耘了 15 年，曾在浙江网盛生意宝股份有限公司（原浙江网盛科技股份有限公司）工作，该公司是一家专业从事互联网信息服务、电子商务和企业应用软件开发的高科技企业，是国内最大的垂直专业网站开发运营商，国内专业 B2B 电子商务标志性企业。随后他辞职创办了中非跨境电子商务平台 "Afrindex·中非商道"。

问： 您能不能介绍一下自己创办 "Afrindex·中非商道" 的初衷是什么？

答： 我觉得这得从两个方面谈起。

一方面，中国有大量的产业集群企业资源。

我本人从事 B2B 电商行业近 15 年来，一直深耕机电设备、纺织服装、化工、食品、医药、建材家具等行业，我本人服务并深入接触过的企业有上千家，深知这些企业客户开拓国际市场的需求和痛点所在。这些年我一直在想如何才能为这些客户开拓更有潜力的市场、为这些客户提供更加完善的服务。

另一方面，"走出去"是中国企业发展的必然趋势，顺势而为才会成功。

中国企业开拓国际市场"走出去"，一直以来关注的都是以欧美为代表的发达国家市场，但随着这几年全球贸易市场的格局重构，非洲作为新兴市场，正越来越受到全球各国政府和企业的关注。特别是在中国政府"一带一路"倡议背景下，如何精准把握非洲13亿人口红利市场，是当下中国企业的重要诉求。

但是非洲各国的语言、文化、贸易政策、贸易渠道、物流体系等差异较大。传统贸易的模式已远远不能满足中国企业的需求，特别是原有综合性外贸电商平台，比如，阿里巴巴（Alibaba）、中国制造（Made-in-china）、全球资源（Global Sources），基本都只是停留在线上服务，而且专注于非洲市场的信息和服务也有限。

"Afrindex·中非商道"就是在此背景下诞生，旨在为中国企业和非洲采购商提供精准化、专业化的一站式中非贸易解决方案服务。倾力打造了 Afrindex 非洲电商航母战略生态，独创了跨境贸易委托撮合交易体系：（中非贸易研究中心大数据 + 委托撮合交易 + SAS 非洲推广体系），致力于让"非洲贸易 - 非常容易"。

问：您能不能谈一下未来从事中非跨境电子商务的设想？

答：我们规划，Afrindex 非洲电商航母战略生态——非洲国家分站将立足 5 个非洲共同体服务中心，贯穿 10 个重点非洲国家分站，辐射 50 多个非洲国家联络处，"共建、共营、共享"中非跨境电商巨大商机。"Afrindex·中非商道"会逐步实现电商、金融、大数据的战略目标，为对非贸易企业提供更加精准、更加专业的一站式解决方案服务。

问：您认为在中非跨境电子商务背景下，B2B 或者 B2C 潜在的发展领域？

答：我认为，由于种种原因，在非洲搞跨境电子商务不适合进行 B2C 的模式。我本人从事 B2B 电商行业，我认为中非电子商务服务是为企业客户提供的基础服务，基于企业客户的电商服务、金融服务、大数据服务是非洲电商未来潜力发展领域。

问：您创办的中非贸易研究中心是不是属于"Afrindex·中非商道"的

民间智库？它的定位是什么？是怎么运营的，比如具体关注哪些内容，每天编译哪些新闻，出版了哪些报告作品，对行业产生了哪些影响？

答：中非贸易研究中心隶属于"Afrindex·中非商道"非洲电商航母战略生态，是中国首家中非贸易专业权威民间智库平台，服务领域涵盖机电设备、食品、医药、纺织、新能源、建材、化工七大产业为主的数十个业态领域，主要服务形式包括即时资讯、深度分析、市场调研、数据分析报告、产品营销、品牌推广等，并满足为中非贸易企业量身定做，实现个性化中非外服定制服务。

目前中非贸易研究中心已免费为中国企业提供了：《非洲通用机械》《非洲化工——农药》《非洲建材——地板革》《非洲家具产业》《非洲机电设备——农业机械》《非洲机电设备——发电机》《非洲机电设备——研磨钢球》《非洲食品——烈酒产业》等 6 大产业的 8 种市场分析报告，报告订阅和浏览量已达 15 万次，很多企业客户（其中还包括几个国内知名的央企客户）亲自来电感谢中非贸易研究中心免费提供的精准市场分析报告，为他们开拓非洲市场指明了方向。

问：目前"Afrindex·中非商道"业务主要聚焦在哪些非洲国家？有多少员工以及取得了哪些成就？面临的问题和挑战又是哪些？

答：目前"Afrindex·中非商道"业务在非洲 5 个共同体国家都有涉足。西部非洲：尼日利亚、加纳、贝宁；南部非洲：南非、赞比亚；北部非洲：摩洛哥、埃及、阿尔及利亚；东部非洲：肯尼亚、坦桑尼亚、乌干达；中非：刚果（金）、中非共和国。

"Afrindex·中非商道"已在加纳设立了服务中心，以"共建、共营、共享"的模式为主，"Afrindex·中非商道"的非洲团队全部是非洲当地的企业合作伙伴，需要与"Afrindex·中非商道"中国总部的运营理念始终保持一致，共同携手为中非贸易客户提供优质服务。

问：谢谢李总提供的信息，与您交流非常愉快！

答：不客气，欢迎您来我们公司指导。

| 访谈四 |
中非桥跨境贸易平台创办人
赵浩兴教授访谈录

访谈时间：2017 年 8 月 28 日

访谈方式：面对面访谈

访谈人：黄玉沛

被访谈人：赵浩兴

被访谈人简介：赵浩兴，浙江省中非桥跨境贸易服务平台创始人。国内知名商贸营专家，浙江工商大学教授、博士，教育部重点研究基地浙江工商大学现代商贸研究中心副主任、浙江省"151"人才工程入选，浙江现代商贸发展研究院副院长，杭州市电子商务研究院执行院长，浙江品牌营销研究院院长，商务部国际电商中心特聘专家。兼任中国管理科学学会副秘书长、中国市场学会理事、浙江省特色商业街专委会主任委员等。先后任国内多家知名企业的营销、管理顾问或总监。曾赴美国哥伦比亚大学、美国华盛本（WASHUBURN）大学、南非斯坦林布什大学、肯尼亚内罗毕大学等访学。赵浩兴博士主持国家级、省部级研究项目 10 余项，主持企业和政府委托项目近 100 项。先后主持浙江省政府商贸流通"十三五"规划及金华、衢州、温州、绍兴、杭州等地方政府 50 多个商贸流通、电子商务等的发展战略规划。在《管理世界》《中国人口经济》《经济地理》《旅游学刊》等权威、核心期刊发表论文 50 余篇，完成《合作创造价值》《中小型民营企业发展研究》

《市场营销理论与实践》等专著多部。

问：您能不能介绍一下自己创办中非桥跨境贸易服务平台的初衷是什么？

答：创办"中非桥"，自己的初心在于通过自己团队对多年来服务企业品牌营销的专业力量和团队"学院派"的教学培训能力，一方面，通过整合各方面的商贸营销服务（包括市场研究、品牌策划、电子商务、海外营销等）帮助中国品牌走出去，克服中国企业"不想去非洲、不敢去非洲、不会去非洲、不知去非洲"等的心理障碍和行动障碍。另一方面，通过在国内和非洲国家对非洲青年，包括非洲留学生进行培训，提高他们的商务营销能力，提升他们创业发展的水平；同时也为中国产品走出去，非洲产品走进来培养创业力量。

问：您能不能简单介绍一下中非桥跨境贸易服务平台？

答：我们中非桥跨境贸易服务平台是隶属于杭州中非桥电子商务有限公司，它于 2016 年在"中国电子商务之都"杭州创立。它是一个基于国际互联网，且面向中非企业跨境贸易及服务的推送支持平台。平台本着"精品、精英、精准"的经营方针，以 F2B、B2B 为主要经营模式，为中非企业的商品销售、商品采购以及贸易服务提供支持，并以网上展贸、海外营销中心和终端本地推送线上线下并举之方式，帮助中国"质造"企业实现商品成功行销非洲的愿景。

我们平台以"开拓中国制造非洲市场，搭建中非青年创客平台"为愿景，"以促进中非贸易繁荣，推动中非青年创业发展"为使命，旨在让更多更好的中国制造商品走向新兴的非洲市场，让更多更好的中国企业品牌在非洲大地生根发芽，同时让非洲产品和服务进入中国，并促进非洲产业经济繁荣，带动和扶持非洲青年在中国和非洲成功创业，帮助有志于非洲的中国青年投身中非国际贸易。

问：中非桥跨境贸易服务平台具有哪些特色呢？

答：我们平台旨在打造中非跨境贸易服务商联盟，构建中非跨境贸易服务生态圈。具体来说，我想大概有五大特色：一是营销服务，精准且特色；二是商务服务，丰富且落地；三是物流服务，低价且便捷；四是法律服务，专业且高效；五是金融服务，安全且全面。

我们立足浙江，以先进的交通装备、机械装备、医疗设备与器械、智能装备、小家电制造业以及服装、鞋帽、箱包等日用小商品为基础，以强大的电商网络、物流配送体系和跨境贸易人才集群为依托，有着走向非洲得天独厚的优势。

问：我觉得运营好这么一个平台，培养跨境贸易人才很重要，对此，您是如何认识的呢？

答：我们中非桥跨境贸易服务平台设立有专门的国际营销学院，旨在培训跨境贸易运营高端人才，打造国际商务培训特色品牌。"中非桥"国际营销学院，是由"中非桥"跨境贸易服务平台发起建立的高层次、专业化的跨境商务人才培训机构。它以培养培训高素质、应用型国际商务高级人才为使命，以中非国际商务人才培养为特色，以国际营销及跨境电商人才培训为重点。

针对你刚才提到的跨境贸易人才问题，我们的解决思路主要包括以下方面。

（1）把握跨境商务国际前沿与发展趋势。我们协调行业权威专家与国内外跨境商务专业人士，实时关注行业发展前沿与趋势。

（2）仿真式实战案例教学。我们的教学案例来自真实企业的真实业务，教学实训直接嵌入国际品牌营销和品牌企业跨境电商运营项目，实地场景亲身体验。

（3）国际化的高水平讲师团队。我们具有真正意义的"跨境"教学团队，特邀国内外跨境贸易专家传授技能、分享经验。

（4）系统化的整合培训。我们结合传统授课培训、高峰论坛以及活动沙龙、实战实训等，走出去请进来相结合，打造系统化整合培训。

（5）模块化的课程设计。我们独创九大模块课程体系，有针对性地开展课程模块化组合，提升培训效果。

问：刚才您提到的"中非桥"国际营销学院，它的具体业务是什么？针对人才困境的现实疼点——专业人才匮乏、培训机构混杂、培训师资参差、培训模式单一等，中非桥是如何解决的呢?

答："中非桥"国际营销学院依托浙江工商大学现代商贸研究中心、浙江现代商贸发展研究院、浙江师范大学中非国际商学院、南非斯坦林布什大学、对外经济贸易大学以及杭州电子商务研究院等机构的专家优势资源，为我国特别是我省产业走出去以及企业国际商务能力提升做出贡献。

我们的培训对象包括政府中高层管理人员、企业中高层管理人员、跨境贸易服务运营商、有志于跨境贸易的创客、国际留学生等。

在课程设置方面，我们针对不同受众群体设置了不同的课题体系。其中，短期班（5天以内），以互动式培训为主，适当嵌入实训和考察；中期班（5～15天），互动式培训占3～7天时间，模拟实训占1～4天时间，企业考察实训占1～4天时间；长期班（15天以上）：互动式培训时间占50%，模拟实训及企业实践时间占50%。专题授课＋小组案例＋电商考察＋企业家互动。

问：您刚才提到的课程设置，能不能具体介绍一下?

答：我们"中非桥"国际营销学院有九大模块课程体系，包括：

第一，政策趋势模块。包括跨境电子商务前沿资讯、跨境电商发展现状及趋势、跨境电商国际相关政策解读、跨境电商国内相关政策解读。

第二，跨境电商模块。包括电商渠道管理、跨境电子商务的人才战略、跨境电商的全网营销战略、跨境电商战略定位。

第三，商务管理模块。包括电子商务售后服务、电子商务产品选择与推广、电子商务模式及发展趋势、企业跨境电子商务体系设计、跨越跨境电子商务的十道高坎。

第四，消费研究分析模块。包括顾客满意度管理、电子商务平台选择与工具应用、商务大数据与跨境电商。

第五，国际贸易模块。包括境外仓储、打通跨境物流、跨境产品质量问题处置、跨境物流与保险、全球供应链整合、国际金融与跨境结算。

第六，国际营销模块。包括境外线上线下营销、从跨境贸易到国际品牌营销、品牌策划和推广、网络营销、国际市场营销。

第七，国际沟通模块。包括外经贸英语电函、商务谈判、商务英语。

第八，实战实训模块。包括跨境电商知名企业实践与考察、大咖面对面、沙盘演练、速卖通通全球、亚马逊的跨境电商实战。

第九，中非跨贸特色模块。包括中非风情及产品特色、中非仓储物流服务、非洲贸易政策及法律解析、非洲金融及跨境结算、中非跨境贸易服务平台解析、面向非洲的跨境电子商务。

问：您能不能介绍一下浙江省中非桥跨境贸易服务平台的发展历程？

答：浙江省中非桥跨境贸易服务平台现在还处于企业的初创与成长期，目前业务主要聚焦南非、尼日利亚和肯尼亚三国，最近这几年的发展历程，我大概梳理了一下。

2015 年 9 月，中非桥创始人会议召开，构建起中非桥梦想。

2015 年 6 月，杭州中非桥电子商务有限公司注册成立。

2015 年 10 月，全国中非跨境贸易服务联盟正式成立。

2015 年 11 月，中非跨境贸易服务平台建设专家研讨会圆满召开。

2015 年 12 月，中非桥首场非洲青年大学生创业沙龙成功举行。

2016 年 4 月，中非桥核心团队成员陆续到位。

2016 年 6 月，"品质浙货营销非洲"活动在南非约翰内斯堡成功举行。

2016 年 10 月，全国中非跨境贸易服务联盟正式成立。

2016 年 11 月，中非跨境贸易服务平台建设专家研讨会圆满召开。

2016 年 12 月起，中非桥首场非洲青年大学生创业沙龙在浙江工商大学等高校成功举行。

2017 年 1 月起，中非桥核心团队成员陆续到位。

2017 年 3 月，成功举办"浙商非洲行"活动三次。

2017 年 3 月，中非桥被评为 2016 年浙商跨境电商优秀示范平台。

2017 年 4 月，中非法律咨询服务平台建设启动。

2017 年 7 月，第二届"品质浙货营销非洲"活动在南非约堡成功举办。

2017 年 7 月，中非桥跨境贸易服务平台网络 PC 端及 APP 测试运营。

2017 年 8 月，中非桥与浙江三友、空中濮院等五家行业龙头企业成功签约。

2017 年 8 月，中非桥南非约堡运营中心成功设立。

2017 年 9 月，"非洲客商走进衢州"在浙江衢州成功举办。

问：那么，目前参与中非桥跨境贸易服务平台业务的员工情况如何？

答：我们立足浙江杭州，面向全国，有一支国际化、高素质、有经验的创业团队，一半以上成员有从事中非国际贸易经验，80% 拥有硕士以上学历，其中博士 4 人，都对发展中非贸易有一颗炽热的心。另外，我们"中非桥"国际营销学院集结了国内外跨境贸易、国际商务、电商平台等多领域的具有丰富理论积累和实战经验的专家、学者，以及业内一流操盘手。这个团队成员拥有博士 10 余人，硕士近 30 人。

问：我觉得对所有的创业者而言，"创业维艰，守成不易"，您在创办中非桥跨境贸易服务平台的过程中，都遇到了哪些困难？

答：我们现在遇到的困难，我认为应该从内外部两个方面来认识。

从内部来看，主要是我们的团队力量还要增强，网络平台影响力有限，特别是同南非、肯尼亚、尼日利亚等其他非洲国家 B2C 平台如何有效进行对接，如何得到政府的有效支持，如何扩大资金投入，这也是我们未来需要考虑的。

从外部来看，国内企业对非洲市场的认知不够，对非洲的基本情况包括商机的了解等比较困乏。另外，我们中非桥合作的服务商，国际化营销服务能力还比较弱。政府对非洲市场的引导和平台搭建投入力度也不大，我们是半公益的平台，光靠我们民间的力量，如果没有政府实质性的支持，对接非洲市场也是非常不容易的。

问：谢谢赵教授接受我的访谈！我对您的创业经历有了更加深刻的认识。

答：好的，不客气，欢迎常来参观考察。

| 访谈五 |

中非商贸投资协同服务平台
创办人段文奇教授访谈录

访谈时间：2017 年 9 月 2 日

访谈方式：面对面访谈

访谈人：黄玉沛

被访谈人：段文奇

被访谈人简介：段文奇，中非商贸投资协同服务平台创始人。浙江师范大学经济与管理学院、中非国际商学院副院长，在 SCI/SSCI 收录期刊上发表论文 30 余篇，国内《管理科学学报》等重要期刊上发表论文 30 多篇，在中国社会科学出版社等出版专著 6 部，入选浙江省 151 人才工程第二层次，浙江省省级优秀教师，浙江师范大学双龙学者。

问：您能不能简要介绍一下创办中非商贸投资协同服务平台的初衷是什么？

答：在一次交流会上，一家从事非洲合作项目的企业总经理 B 与我谈起中非产能合作与非洲项目投资的发展，表示自己一心向往但却又很苦恼。B 总的公司业务在国内做得有声有色，资金实力雄厚，在国家倡导中非产能合作后，这位总经理也颇有兴趣，想要大展拳脚，可无奈的是，自己不了解非洲，没有第一手市场信息，无法开拓这一新的市场。没错，对于任何一个生意人来说，经济情报都是非常重要的信息，没有准确的消息就无法在市场中占有一席之地，更何况是一片陌生的土地。

其实，面对经济发展的新形势和国家战略的导向，在 B 总经理向我咨询之前，我已经有了这方面的思考。我们如何才能获取到当地市场的第一手信息呢，又该如何为他人提供信息？源于多年对平台的研究，我萌生出一个大胆的想法——我们为什么不自己搭建一个综合性的商贸投资协同服务平台来为众多想要从事非洲项目的企业服务？的确，在国内似乎还没有这样一个平台能够囊括商业贸易、项目投资、沟通交流等的大型服务平台。这一想法在段教授的心中慢慢生根、发芽，中非商贸投资协同平台该如何设计、要包括哪些内容、如何提供服务等都成为难题。创意提出后，我组织相关人员共同商讨和完善创意，绘制逻辑图，将想法呈现出来。

我是管理学博士出身，研究方向就是企业平台领域，在这方面具有长期研究经验。最近两年，我带领研究团队设计开发运营中非商贸投资协同服务平台，并与中联国创控股集团有限公司合作，结合浙江师范大学非洲研究方面的基础和中联国创集团在非洲建设投资的多年经验，成立浙江师范大学中联国创国际商贸研究院，积极响应国家号召，推动政策落地。

问： 您创办中非商贸投资协同服务平台的目标是什么？

答： 我觉得要明确平台建立的目标。我们以国际形势与我国经济发展和政策环境为出发点，明确中非商贸投资协同服务平台的建设目标，即建立一个信息化、电子化、协同化的"一站式"服务平台，主要从进出口商品数据、投资项目数据、经济情报、商脉圈这几个方面入手，利用基础信息数据与协同机构合作，开展中非双方深度沟通服务。

为使得中非合作更加务实、有成效，我们利用浙江师范大学优势搭建一个公共服务的平台，加强双方交流沟通、增进了解、信息共享，促进双方在政治、经贸、文化、科技等方面的全方位合作。平台建设坚持公益服务原则，为中国政府、企业和个人提供整合协同服务，为非洲国家利用中国资源提高人民生活水平和国家发展程度提供帮助；坚持共建共享原则，平台只提供公共设施服务、规则体系制订执行和通用解决方案，绝对不能陷入具体的贸易和投资活动，要让平台的用户在服务其他用户中获得发展；坚持公平透明向上原则，规则体系的建立和执行要引导平台参与者树立只有通过提供优质的产品、服务和项目才能发展的理念，尽最大努力杜绝无序竞争、恶性竞争、诚信缺失行为。

我们学院中非经贸研究团队致力于建设共建共享、公开透明的一站式公共服务平台，解决中非商贸投资中市场信息不对称、缺乏深度沟通和信任、国际汇率不稳定导致贸易增长缓慢等问题，开展以留学生创业为基础的中非文化交流，推动中国海外投资，助力非洲发展经济，吸引外资。平台整合中非双方资源，优势互补，为商贸投资注入新动力，开启中非合作共赢、共同发展的新篇章。

问：我们都知道，在当前中非经贸合作快速发展的背景下，中非商贸投资协同服务平台的成立可谓恰逢其时，那么它主要解决的问题有哪些？

答：这也是我这两年一直在思考的问题，我想我们亟待解决的问题主要包括以下几方面：

（1）双方缺乏有效沟通。目前中非合作缺少实体平台支撑，双方大量中小企业难以获得贸易、投资等信息和合作途经，中非合作论坛很多成果也因此无法进一步落实或者落实质量不高，譬如达成的为非洲国家援建文化和职业技术培训设施、将部分非洲国家作为"中国公民自费出国旅游目的地"、促进中非文化交流与传播等成果都未能得到有效贯彻。中非人民和企业之间也由于缺乏交流平台，彼此无法持续和深入了解，导致很多中国援非项目建成后缺乏有效运营和管理，双方都没有得到实惠。

（2）目前中非经贸平台功能单一。当前已经问世的如跨境通、中非经贸港，都存在着功能单一、信息滞后等问题，缺乏一个集人员、商品、项目为一体的协同服务平台来同时满足"非洲需求"与"中国供给"。

（3）中非研究缺乏大量数据支撑。数据作为一种重要的资源，但是目前社会中涉及中非贸投融资合作的平台缺乏大量的经贸、农业、科技、金融、文化等领域的数据。

（4）中非商贸缺乏数据互通。中非商贸涉及支付、物流、税务、安检、质检、检疫等信息数据互通，目前各相关部门的数据不对外开放，导致进出口贸易不通畅，耗时较长，数据查询需要到每一个部门去查看，造成资源的极大浪费。中非商贸投资协同服务平台是一个集商贸服务、跨境电子商务、海外业务扩展、经贸人才培训于一体，搭建一个面向中非贸易企业、中非相关学者以及政府相关部门的电子商务及商贸信息管理平台，将与中非产能合作相关的供应链上下游企业与机构有机的联系起来，使其成为一个协同运作的信息支撑体系，坚持开放、公平、透明的原则。

问：我觉得平台建设与运营是一个非常复杂的系统工程，您是如何确定目标用户，挖掘非洲用户需求的呢？

答：我们组织团队，根据中非双方企业合作的发展现状，结合现阶段的合作中存在的问题，确立了目标用户群体及用户构成，根据不同用户群体的特点进行需求分析，为设计平台商业模式和服务架构、开发经营策略等奠定了基础。

我之前的学术研究也是基于平台管理，出版了《网络视角下平台生态系统的动态建模、竞争策略和管理》一书，对平台的运营有一些前期积累和准备，现在我们团队运用需求列表方法描述平台系统各方用户的需求。它是通过用户需求列表的形式形象地描述平台系统各方用户的需求，一方面包括平台系统的各方参与者，分别为：平台企业、买方用户、卖方用户和互补服务商；另一方面包括平台各类用户，分别为：买方用户、卖方用户和互补服务商。我们在前期论证的时候，曾经系统的梳理了中非商贸投资沟通服务平台的用户需求列表，将其用于平台商业模式设计。

我们根据用户需求列表中各边用户的需求，分析各方用户需求的可变性和可重用性，其中低可变性、高可重用性的需求为对用户来说弹性小且共性强的需求，则为平台尤需重视的需求，在"需求—服务"矩阵中找出相对应的服务，这些服务则为平台提供的核心服务，构成平台服务系统中最主要的架构。而高可变性、低可重用性的需求相对应的服务则为平台服务系统中的补充组建，是在核心服务的基础上提供的附加服务和增值服务。

问：目前中非商贸投资协同平台的主要建设内容包括哪些方面？

答：我们平台拟建设中非经贸领域的个人和组织数据库、进出口商品数据库、产能合作投资项目数据库，并在现有社交平台上构建以商品进出口和投资项目为主的沟通服务体系，助力浙江乃至中国企业走进非洲。具体内容包括：

（1）基础信息数据库。为中、非双方的企业、政府、行业协会等提供经济情报，为商贸投资活动提供主要依据。主要包括非洲国家城市地理位置、面积、人口、产业、消费水平、文化、宗教、语言、收入、进出口产品类别、贸易规模等内容。

（2）中非进出口商品数据库。以商品业务为主线，促进两国间国际贸易业务达成，实现在线交易。主要包括商品名称、商品图片、访问数、收藏数、品牌、市场价、会员价、库存数、规格、购买数量、分享、加入购物车、加入收藏、商品详情（图片形式）等内容。

（3）产能转移对非投资项目数据库。以投资项目为主线，促进对非产能合作项目落地。主要包含非洲工程、建筑建设、生产制造、农业发展、工业设备、能源燃料、机械与运输设备、矿产资源等相关领域的投资项目信息。

（4）中非经贸领域相关的人才和组织数据库。人才数据库主要包括在非洲的中国商人、在中国的非洲商人、中非领域的专家学者、非洲政要大使参赞、中非经贸领域法律翻译等专业人才。组织数据库主要包括中非双方的企业名称、地址、规模、行业类别、主营产品、财务状况、联系方式等。

（5）开发教育、经贸、管理等交流培训在线招生管理系统。依托商脉圈和高校资源，提供包了专业培训、学历教育、商旅考察等衍生服务。

我们首先确立了平台的建设内容，再将这些内容模块化，形成平台的服务架构，支撑起整个平台的运转。同时与多个机构形成战略协同，与企业、平台、结构实现数据对接，与目前市场上的中非跨境平台实现数据互通，可以丰富平台内容，可以将第三方平台的用户引导至平台。在各方企业和平台的协同作用下实现商品、商家爆发式的增加，覆盖所有的中非商贸涉及的商品。协同相关部门的数据对接（银行系统对接接口、税务系统对接接口、海关系统对接接口、质量检验系统对接接口、检疫系统对接接口、公安系统对接接口、交通运输系统对接接口、支付接口对接），实现中非商贸投资服务平台的商品交易一站式服务。

问： 中非商贸投资协同服务平台的商业模式是什么样的？

答： 它是一种可视化表达平台商业模式。中非商贸投资协同服务平台为政府、第三方服务商、进出口贸易商、商贸投资商和专家学者五大类用户提供服务，利用商业模式画布九大块，根据之前提出的平台的建设目标、需要解决的问题以及具体建设内容，描绘简明的中非商贸投资协同服务平台的商业模式。

问： 中非商贸投资协同服务平台的服务架构包括哪些？

答： 中非商贸投资协同服务平台的服务架构是支撑商业模式运转的基础设施。随着中非双方市场环境和用户需求的不断变化，我们平台的商业模式也会随之改变，我们团队也会做出相应的改进、调整甚至重构。

我觉得中非商贸投资协同服务平台服务架构，至少从以下两个方面考量：

一方面，定位平台的目标用户群体，明确用户需求，确定平台提供产品和服务类型，开发平台业务，并将每一项业务细化，规范业务流程及操作步骤。每个平台生态系统对业务类型的选择各有不同，阿里巴巴、慧聪主要侧重 B2B，易趣、拍拍倾向于 C2C，当当、京东则将其定位为 B2C 平台，而上述这些又关乎到平台系统具体业务的选取。因此在落实业务方向后，需要进一步区分平台的核心业务和衍生业务并加以细化，同时规范业务开展的整体流程及操作步骤。

另一方面，绘制平台服务—流程矩阵，将上述细化的平台业务流程和操作步骤与平台提供服务相匹配。我们罗列了平台系统各个功能中心提供的服务模块，即基础信息、进出口商品数据、投资项目数据、商脉圈、人才数据、第三方集合；还有平台的业务类型，按照服务对象不同划分为线上、线上下一体化、创业实践基地、综合性商圈等。

问： 刚才听了您对中非商贸投资协同服务平台的建设过程和运营思路，我对这个平台的认识更加深刻，您将平台生态系统的建设过程更加生动地呈现出来，抓住了商业模式、服务架构和经营策略三个最基本的维度，分析了其在实际开发设计中的应用，很有实际效用。非常感谢您百忙之中接受我的访谈，谢谢！

答： 好的，不客气！我觉得要根据企业不同的发展阶段，在制定平台经营策略时也有不同。商业模式和经营策略不是一成不变的，二者将随着用户需求和市场环境的变化而改变，企业经营者应及时针对变化做出优化、调整甚至重构。平台管理者应从价值管理、商业生态和动态优化等整体层面提高平台生态系统管理的全面性、科学性、有效性、主动性，为平台生态的动态发展创造动力。

参考文献

段文奇主编：《跨境电子商务平台选择与运营仿真实验教程》，浙江大学出版社 2016 年版

黄玉沛、段文奇编著：《中国民营企业投资非洲宝典》，中国商务出版社 2016 年版

井然哲著：《跨境电商运营与案例》，电子工业出版社 2016 年版

荆林波主编：《中国城市电子商务影响力报告》，社会科学文献出版社 2012 年版

柯丽敏、王怀周著：《跨境电商基础、策略与实战》，电子工业出版社 2016 年版

何烈辉：《中国的非洲战略——一个私营企业的视角》，香港：中国科学文化出版社 2012 年版

李安山著：《非洲梦：探索现代化之路》，江苏人民出版社 2013 年版

李鹏博著：《揭秘跨境电商》，电子工业出版社 2015 年版

刘鸿武著：《新时期中非合作关系研究》，经济科学出版社 2016 年版

刘鸿武、黄海波著：《中国对外援助与国际责任的战略研究》，中国社会科学出版社 2013 年版

汤兵勇、熊励著：《中国跨境电子商务发展报告（2014～2015）》，化学工业出版社 2016 年版

汤兵勇、熊励著：《中国跨境电子商务发展报告（2015～2016）》，化学工业
　　出版社 2017 年版

唐任伍主编：《2016 浙非产能合作发展报告》，经济科学出版社 2016 年版

王新培：《电子商务与非洲》，载《西亚非洲》2008 年第 3 期

薛源著：《跨境电子商务网上争议解决机制研究》，中国政法大学出版社 2014
　　年版

杨坚争著：《世界市场的二元化与我国跨境电子商务发展策略研究》，立信会
　　计出版社 2016 年版

杨立华著：《中国与非洲经贸合作发展总体战略研究》，中国社会科学出版社
　　2013 年版

张宏明主编：《中国和世界主要经济体与非洲经贸合作研究》，世界知识出版
　　社 2012 年版

张忠祥著：《中非合作论坛研究》，世界知识出版社 2012 年版

林毅夫著：《新结构经济学：反思经济发展与政策的理论框架》，苏剑译，北
　　京大学出版社 2012 年版

Amanbo 聚焦非洲立体电商平台，http：//www. amanbo. com/

阿里巴巴全球速卖通在线交易平台，http：//seller. aliexpress. com/

阿里研究院，http：//www. aliresearch. com/

浙江省商务厅，http：//www. zcom. gov. cn/

浙江省外侨办，http：//www. zjswb. gov. cn/

浙江省经信委，http：//www. zjjxw. gov. cn/

浙江省商务研究院，http：//www. zac. org. cn/

浙江师范大学经济与管理学院，http：//sxy. zjnu. edu. cn/

浙江师范大学中非国际商学院，http：//caibs. zjnu. edu. cn/

浙江统计信息网，http：//www. zj. stats. gov. cn/

浙江正泰集团，http：//www. chint. com/zh/

中非民间商会，http：//www. cabc. org. cn/

中非发展基金，http：//www. cadfund. com/

中国电子商务协会，http：//www. cecdc. com/

中非桥跨境贸易服务平台，http：//www. zcaec. com/

中南屋，http：//www. chinagoingout. org/

中非经贸港，http：//www. caftp. com/caftp/

亿邦动力网，http：//www. ebrun. com/

雨果网，http：//www. cifnews. com/

中国非洲国家贸易促进会，http：//www. chnafrica. org/

中非民间商会，http：//www. cabc. org. cn/

中非合作论坛，http：//www. focac. org

中非发展基金，http：//www. cadfund. com

中国非洲经贸投资促进会，http：//www. zfjmw. com

中国非洲联合工商会，http：//www. china-africajcci. org

非洲投资贸易网，http：//www. yf361. com/

中非友好发展基金，http：//www. zfyh. org

非洲商港，http：//www. africa-trade. net/

中南屋，http：//www. chinagoingout. org/

中非合作网，http：//www. zfhz. org/index. php

非洲机械网，www. w-ta. com

Caftp（China），http：//www. caftp. com/g/gjt. jsp

Esaja（South Africa），http：//www. esaja. com/

Jmsamall（Senegal），http：//www. jmsamall. com/en/

Jumia（Nigeria），http：//market. jumia. com. ng/

Kaymu（Senegal），http：//www. kaymu. com/

Kikuu（Congo），http：//www. kikuu. com/

Kilimall（Kenya），http：//www. kilimall. co. ke/

Konga（Nigeria），http：//konga. com. ng/

Mall for Africa（Nigeria），http：//www. mallforafrica. com/

Naspers（South Africa），http：//www. naspers. com/

OLX（South Africa），https：//www. olx. co. za

Souq（Egypt），http：//egypt. souq. com/

Takealot（South Africa），http：//www. takealot. com/

Uafrica（South Africa），http：//www. uafrica. com/

UNECA（联合国非洲经济委员会），http：//www. uneca. org/

AfDB（非洲开发银行），http：//www. afdb. org/en/

AU（非洲联盟），http：//www. au. int/

SADC（南部非洲发展共同体），http：//www. sadc. int/

SACU（南部非洲关税同盟），http：//www. sacu. int/

EAC（东非共同体），http：//www. eac. int/

COMESA（东南非共同市场），http：//www. comesa. int/

ECOWAS（西非国家经济共同体），http：//www. ecowas. int/

MAGHREBARABE（阿拉伯马格里布联盟），http：//www. maghrebarabe. org/en/

CEEAC（中部非洲国家经济共同体），http：//www. ceeac-eccas. org/index. php/fr/

AIC（非洲投资公司），http：//www. africaninvestcorp. com/

PICINVEST（泛非投资公司），http：//picinvest. com/

ACG（非洲资本集团），http：//www. africacapitalgroup. com/

TGAIS（全球非洲投资峰会），http：//www. tgais. com/

AIF（非洲投资论坛），http：//africainvestmentforum. net/

AFRIGSA（非洲投资集团），http：//afrigsa. com/

AR（非洲视界），http：//www. africareview. com/

NewsAfrica（非洲二十四小时新闻），http：//www. news24. com/Africa

Ecommerce Forum Africa（非洲电子商务论坛），https：//ecomafrica. org/

Charles Ayo, J. O. Adewoye, Aderonke Oni, "Business-to-consumer e-commerce in Nigeria：Prospects and challenges", *African Journal of Business Management*, Vol. 5（13）, 4 July, 2011, pp. 5109 – 5117

Chike Chiejina, "Investigating the Significance of the 'Pay on Delivery' Option in the Emerging Prosperity of the Nigerian e-commerce sector," *Journal of*

Marketing and Management, May 2014, pp. 120 – 135

Esselaar, Philip; Miller, Jonathan, "Towards Electronic Commerce in Africa: A Perspective from Three Country Studies1", *Southern African Journal of Information and Communication*, June 2001

Gawady1, D. Z. M. E, *The Impact of E – commerce on Developed and Developing CountriesCase Study: Egypt and United States*, United Arab Emirates University, November 2005

Jean – Marc Kwadjane, *E – commerce in Africa Morocco, Tunisia, Senegal and Ivory coast*, Recommendations for regional integration in the Mediterranean, Alain DUCASS, 18 April 2016

Leonard C. Opara, E, "Tax Challenges of E – commerce in Nigeria: The Panacea for Legal Jurisprudence," *Global Journal of Politics and Law Research*, Vol. 2, No. 4, October 2014

Lukonga, Inutu, & Chung, Kay, *The Cross Border Expansion of African LFCIs: Implications for Regional Financial Stability and Regulatory Reform*, African Development Bank Research Paper, September 2010

Yuthayotin, Sutatip, *Access to justice in transnational B2C E-commerce: a multidimensional analysis of consumer protection mechanisms*, Springer International Publishing AG, 2014

Zhuo Fan Yanga, Yong Shi, Bo Wang, Hong Yan, "Website Quality and Profitability Evaluation in Ecommerce Firms Using Two-stage DEA Model", *Science Direct*, 1st International Conference on Data Sciences, December 2014. Available online at www. sciencedirect. com

Z. Ntozintle Jobodwana, "E – Commerce and Mobile Commerce in South Africa: Regulatory Challenges," *International Commercial Law and Technology*, Vol. 4, Issue 4, 2009, Department of Public, Constitutional and Intl. Law, University of South Africa, Pretoria, pp. 287 – 298

附　录

附录一　《国务院关于推进国际产能和装备制造合作的指导意见》

国发〔2015〕30号

各省、自治区、直辖市人民政府，国务院各部委、各直属机构：

近年来，我国装备制造业持续快速发展，产业规模、技术水平和国际竞争力大幅提升，在世界上具有重要地位，国际产能和装备制造合作初见成效。当前，全球产业结构加速调整，基础设施建设方兴未艾，发展中国家大力推进工业化、城镇化进程，为推进国际产能和装备制造合作提供了重要机遇。为抓住有利时机，推进国际产能和装备制造合作，实现我国经济提质增效升级，现提出以下意见。

一、重要意义

（一）推进国际产能和装备制造合作，是保持我国经济中高速增长和迈向中高端水平的重大举措。当前，我国经济发展进入新常态，对转变发展方式、调整经济结构提出了新要求。积极推进国际产能和装备制造合作，有利于促进优势产能对外合作，形成我国新的经济增长点，有利于促进企业不断提升技术、质量和服务水平，增强整体素质和核心竞争力，推动经济结构调整和产业转型升级，实现从产品输出向产业输出的提升。

（二）推进国际产能和装备制造合作，是推动新一轮高水平对外开放、增强国际竞争优势的重要内容。当前，我国对外开放已经进入新阶段，加快铁路、电力等国际产能和装备制造合作，有利于统筹国内国际两个大局，提升开放型经济发展水平，有利于实施"一带一路"、中非"三网一化"合作等重大战略。

（三）推进国际产能和装备制造合作，是开展互利合作的重要抓手。当前，全球基础设施建设掀起新热潮，发展中国家工业化、城镇化进程加快，积极开展境外基础设施建设和产能投资合作，有利于深化我国与有关国家的互利合作，促进当地经济和社会发展。

二、总体要求

（四）指导思想和总体思路。全面贯彻落实党的十八大和十八届二中、三中、四中全会精神，按照党中央、国务院决策部署，适应经济全球化新形势，着眼全球经济发展新格局，把握国际经济合作新方向，将我国产业优势和资金优势与国外需求相结合，以企业为主体，以市场为导向，加强政府统筹协调，创新对外合作机制，加大政策支持力度，健全服务保障体系，大力推进国际产能和装备制造合作，有力促进国内经济发展、产业转型升级，拓展产业发展新空间，打造经济增长新动力，开创对外开放新局面。

（五）基本原则。

坚持企业主导、政府推动。以企业为主体、市场为导向，按照国际惯例和商业原则开展国际产能和装备制造合作，企业自主决策、自负盈亏、自担风险。政府加强统筹协调，制定发展规划，改革管理方式，提高便利化水平，完善支持政策，营造良好环境，为企业"走出去"创造有利条件。

坚持突出重点、有序推进。国际产能和装备制造合作要选择制造能力强、技术水平高、国际竞争优势明显、国际市场有需求的领域为重点，近期以亚洲周边国家和非洲国家为主要方向，根据不同国家和行业的特点，有针对性地采用贸易、承包工程、投资等多种方式有序推进。

坚持注重实效、互利共赢。推动我装备、技术、标准和服务"走出去"，促进国内经济发展和产业转型升级。践行正确义利观，充分考虑所在国国情和实际需求，注重与当地政府和企业互利合作，创造良好的经济和社会效益，实现互利共赢、共同发展。

坚持积极稳妥、防控风险。根据国家经济外交整体战略，进一步强化我国比较优势，在充分掌握和论证相关国家政治、经济和社会情况基础上，积极谋划、合理布局，有力有序有效地向前推进，防止一哄而起、盲目而上、恶性竞争，切实防控风险，提高国际产能和装备制造合作的效用和水平。

（六）主要目标。力争到2020年，与重点国家产能合作机制基本建立，一批重点产能合作项目取得明显进展，形成若干境外产能合作示范基地。推进国际产能和装备制造合作的体制机制进一步完善，支持政策更加有效，服务保障能力全面提升。形成一批有国际竞争力和市场开拓能力的骨干企业。国际产能和装备制造合作的经济和社会效益进一步提升，对国内经济发展和产业转型升级的促进作用明显增强。

三、主要任务

（七）总体任务。将与我装备和产能契合度高、合作愿望强烈、合作条件和基础好的发展中国家作为重点国别，并积极开拓发达国家市场，以点带面，逐步扩展。将钢铁、有色、建材、铁路、电力、化工、轻纺、汽车、通信、工程机械、航空航天、船舶和海洋工程等作为重点行业，分类实施，有序推进。

（八）立足国内优势，推动钢铁、有色行业对外产能合作。结合国内钢铁行业结构调整，以成套设备出口、投资、收购、承包工程等方式，在资源条件好、配套能力强、市场潜力大的重点国家建设炼铁、炼钢、钢材等钢铁生产基地，带动钢铁装备对外输出。结合境外矿产资源开发，延伸下游产业链，开展铜、铝、铅、锌等有色金属冶炼和深加工，带动成套设备出口。

（九）结合当地市场需求，开展建材行业优势产能国际合作。根据国内产业结构调整的需要，发挥国内行业骨干企业、工程建设企业的作用，在有市场需求、生产能力不足的发展中国家，以投资方式为主，结合设计、工程建设、设备供应等多种方式，建设水泥、平板玻璃、建筑卫生陶瓷、新型建材、新型房屋等生产线，提高所在国工业生产能力，增加当地市场供应。

（十）加快铁路"走出去"步伐，拓展轨道交通装备国际市场。以推动和实施周边铁路互联互通、非洲铁路重点区域网络建设及高速铁路项目为重点，发挥我在铁路设计、施工、装备供应、运营维护及融资等方面的综合优势，积极开展一揽子合作。积极开发和实施城市轨道交通项目，扩大城市轨道交通车辆国际合作。在有条件的重点国家建立装配、维修基地和研发中心。加快轨道交通装备企业整合，提升骨干企业国际经营能力和综合实力。

（十一）大力开发和实施境外电力项目，提升国际市场竞争力。加大电力"走出去"力度，积极开拓有关国家火电和水电市场，鼓励以多种方式参与重大电力项目合作，扩大国产火电、水电装备和技术出口规模。积极与有关国家开展核电领域交流与磋商，推进重点项目合作，带动核电成套装备和技术出口。积极参与有关国家风电、太阳能光伏项目的投资和建设，带动风电、光伏发电国际产能和装备制造合作。积极开展境外电网项目投资、建设和运营，带动输变电设备出口。

（十二）加强境外资源开发，推动化工重点领域境外投资。充分发挥国内技术和产能优势，在市场需求大、资源条件好的发展中国家，加强资源开发和产业投资，建设石化、化肥、农药、轮胎、煤化工等生产线。以满足当地市场需求为重点，开展化工下游精深加工，延伸产业链，建设绿色生产基地，带动国内成套设备出口。

（十三）发挥竞争优势，提高轻工纺织行业国际合作水平。发挥轻纺行业较强的国际竞争优势，在有条件的国家，依托当地农产品、畜牧业资源建立加工厂，在劳动力资源丰富、生产成本低、靠近目标市场的国家投资建设棉纺、化纤、家电、食品加工等轻纺行业项目，带动相关行业装备出口。在境外条件较好的工业园区，形成上下游配套、集群式发展的轻纺产品加工基地。把握好合作节奏和尺度，推动国际合作与国内产业转型升级良性互动。

（十四）通过境外设厂等方式，加快自主品牌汽车走向国际市场。积极开拓发展中国家汽车市场，推动国产大型客车、载重汽车、小型客车、轻型客车出口。在市场潜力大、产业配套强的国家设立汽车生产厂和组装厂，建立当地分销网络和维修维护中心，带动自主品牌汽车整车及零部件出口，提升品牌影响力。鼓励汽车企业在欧美发达国家设立汽车技术和工程研发中心，同国外技术实力强的企业开展合作，提高自主品牌汽车的研发和制造技术水平。

（十五）推动创新升级，提高信息通信行业国际竞争力。发挥大型通信和网络设备制造企业的国际竞争优势，巩固传统优势市场，开拓发达国家市场，以用户为核心，以市场为导向，加强与当地运营商、集团用户的合作，强化设计研发、技术支持、运营维护、信息安全的体系建设，提高在全球通信和网络设备市场的竞争力。鼓励电信运营企业、互联网企业采取兼并收购、投资建设、设施运营等方式"走出去"，在海外建设运营信息网络、数据中心等基础设施，与通信和网络制造企业合作。鼓励企业在海外设立研发机构，利用全球智力资源，加强新一代信息技术的研发。

（十六）整合优势资源，推动工程机械等制造企业完善全球业务网络。加大工程机械、农业机械、石油装备、机床工具等制造企业的市场开拓力度，积极开展融资租赁等业务，结合境外重大建设项目的实施，扩大出口。鼓励企业在有条件的国家投资建厂，完善运营维护服务网络建设，提高综合竞争能力。支持企业同具有品牌、技术和市场优势的国外企业合作，鼓励在发达国家设立研发中心，提高机械制造企业产品的品牌影响力和技术水平。

（十七）加强对外合作，推动航空航天装备对外输出。大力开拓发展中国家航空市场，在亚洲、非洲条件较好的国家探索设立合资航空运营企业，建设后勤保障基地，逐步形成区域航空运输网，打造若干个辐射周边国家的区域航空中心，加快与有关国家开展航空合作，带动国产飞机出口。积极开拓发达国家航空市场，推动通用飞机出口。支持优势航空企业投资国际先进制造和研发企业，建立海外研发中心，提高国产飞机的质量和水平。加强与发展中国家航天合作，积极推进对外发射服务。加强与发达国家在卫星设计、零部件制造、有效载荷研制等方面的合作，支持有条件的企业投资国外特色优势企业。

（十八）提升产品和服务水平，开拓船舶和海洋工程装备高端市场。发挥船舶产能优势，在巩固中低端船舶市场的同时，大力开拓高端船舶和海洋工程装备市场，支持有实力的企业投资建厂、建立海外研发中心及销售服务基地，提高船舶高端产品的研发和制造能力，提升深海半潜式钻井平台、浮式生产储卸装置、海洋工程船舶、液化天然气船等产品国际竞争力。

四、提高企业"走出去"能力和水平

（十九）发挥企业市场主体作用。各类企业包括民营企业要结合自身发展需要和优势，坚持以市场为导向，按照商业原则和国际惯例，明确工作重点，制订实施方案，积极开展国际产能和装备制造合作，为我拓展国际发展新空间做出积极贡献。

（二十）拓展对外合作方式。在继续发挥传统工程承包优势的同时，充分发挥我资金、技术优势，积极开展"工程承包＋融资""工程承包＋融资＋运营"等合作，有条件的项目鼓励采用 BOT、PPP 等方式，大力开拓国际市场，开展装备制造合作。与具备条件的国家合作，形成合力，共同开发第三方市场。国际产能合作要根据所在国的实际和特点，灵活采取投资、工程建设、技术合作、技术援助等多种方式，与所在国政府和企业开展合作。

（二十一）创新商业运作模式。积极参与境外产业集聚区、经贸合作区、工业园区、经济特区等合作园区建设，营造基础设施相对完善、法律政策配套的具有集聚和辐射效应的良好区域投资环境，引导国内企业抱团出海、集群式"走出去"。通过互联网借船出海，借助互联网企业境外市场、营销网络平台，开辟新的商业渠道。通过以大带小合作出海，鼓励大企业率先走向国际市场，带动一批中小配套企业"走出去"，构建全产业链战略联盟，形成综合竞争优势。

（二十二）提高境外经营能力和水平。认真做好所在国政治、经济、法律、市场的分析和评估，加强项目可行性研究和论证，建立效益风险评估机制，注重经济性和可持续性，完善内部投资决策程序，落实各方面配套条件，精心组织实施。做好风险应对预案，妥善防范和化解项目执行中的各类风险。鼓励扎根当地、致力于长期发展，在企业用工、采购等方面努力提高本地化水平，加强当地员工培训，积极促进当地就业和经济发展。

（二十三）规范企业境外经营行为。企业要认真遵守所在国法律法规，尊重当地文化、宗教和习俗，保障员工合法权益，做好知识产权保护，坚持诚信经营，抵制商业贿赂。注重资源节约利用和生态环境保护，承担社会责任，为当地经济和社会发展积极做贡献，实现与所在国的互利共赢、共同发展。建立企业境外经营活动考核机制，推动信用制度建设。加强企业间的协调与合作，遵守公平竞争的市场秩序，坚决防止无序和恶性竞争。

五、加强政府引导和推动

（二十四）加强统筹指导和协调。根据国家经济社会发展总体规划，结合"一带一路"建设、周边基础设施互联互通、中非"三网一化"合作等，制定国际产能合作规划，明确重点方向，指导企业有重点、有目标、有组织地开展对外工作。

（二十五）完善对外合作机制。充分发挥现有多双边高层合作机制的作用，与重点国家建立产能合作机制，加强政府间交流协调以及与相关国际和地区组织的合作，搭建政府和企业对外合作平台，推动国际产能和装备制造合作取得积极进展。完善与有关国家在投资保护、金融、税收、海关、人员往来等方面合作机制，为国际产能和装备制造合作提供全方位支持和综合保障。

（二十六）改革对外合作管理体制。进一步加大简政放权力度，深化境外投资管理制度改革，取消境外投资审批，除敏感类投资外，境外投资项目和设立企业全部实行告知性备案，做好事中事后监管工作。完善对中央和地方国有企业的境外投资管理方式，从注重事前管理向加强事中事后监管转变。完善对外承包工程管理，为企业开展对外合作创造便利条件。

（二十七）做好外交服务工作。外交部门和驻外使领馆要进一步做好驻在国政府和社会各界的工作，加强对我企业的指导、协调和服务，及时提供国别情况、有关国家合作意向和合作项目等有效信息，做好风险防范和领事保护工作。

（二十八）建立综合信息服务平台。完善信息共享制度，指导相关机构建立公共信息平台，全面整合政府、商协会、企业、金融机构、中介服务机构等信息资源，及时发布国家"走出去"有关政策，以及全面准确的国外投资环境、产业发展和政策、市场需求、项目合作等信息，为企业"走出去"提供全方位的综合信息支持和服务。

（二十九）积极发挥地方政府作用。地方政府要结合本地区产业发展、结构调整和产能情况，制订有针对性的工作方案，指导和鼓励本地区有条件的企业积极有序推进国际产能和装备制造合作。

六、加大政策支持力度

（三十）完善财税支持政策。加快与有关国家商签避免双重征税协定，实现重点国家全覆盖。

（三十一）发挥优惠贷款作用。根据国际产能和装备制造合作需要，支持企业参与大型成套设备出口、工程承包和大型投资项目。

（三十二）加大金融支持力度。发挥政策性银行和开发性金融机构的积极作用，通过银团贷款、出口信贷、项目融资等多种方式，加大对国际产能和装备制造合作的融资支持力度。鼓励商业性金融机构按照商业可持续和风险可控原则，为国际产能和装备制造合作项目提供融资支持，创新金融产品，完善金融服务。鼓励金融机构开展 PPP 项目贷款业务，提升我国高铁、核电等重大装备和产能"走出去"的综合竞争力。鼓励国内金融机构提高对境外资产或权益的处置能力，支持"走出去"企业以境外资产和股权、矿权等权益为抵押获得贷款，提高企业融资能力。加强与相关国家的监管协调，降低和消除准入壁垒，支持中资金融机构加快境外分支机构和服务网点布局，提高融资服务能力。加强与国际金融机构的对接与协调，共同开展境外重大项目合作。

（三十三）发挥人民币国际化积极作用。支持国家开发银行、中国进出口银行和境内商业银行在境外发行人民币债券并在境外使用，取消在境外发行人民币债券的地域限制。加快建设人民币跨境支付系统，完善人民币全球清算服务体系，便利企业使用人民币进行跨境合作和投资。鼓励在境外投资、对外承包工程、大型成套设备出口、大宗商品贸易及境外经贸合作区等使用人民币计价结算，降低"走出去"的货币错配风险。推动人民币在"一带一路"建设中的使用，有序拓宽人民币回流渠道。

（三十四）扩大融资资金来源。支持符合条件的企业和金融机构通过发行股票、债券、资产证券化产品在境内外市场募集资金，用于"走出去"项目。实行境外发债备案制，募集低成本外汇资金，更好地支持企业"走出去"资金需求。

（三十五）增加股权投资来源。发挥中国投资有限责任公司作用，设立业务覆盖全球的股权投资公司（即中投海外直接投资公司）。充分发挥丝路基金、中非基金、东盟基金、中投海外直接投资公司等作用，以股权投资、债务融资等方式，积极支持国际产能和装备制造合作项目。鼓励境内私募股权基金管理机构"走出去"，充分发挥其支持企业"走出去"开展绿地投资、并购投资等的作用。

（三十六）加强和完善出口信用保险。建立出口信用保险支持大型成套设备的长期制度性安排，对风险可控的项目实现应保尽保。发挥好中长期出口信用保险的风险保障作用，扩大保险覆盖面，以有效支持大型成套设备出口，带动优势产能"走出去"。

七、强化服务保障和风险防控

（三十七）加快中国标准国际化推广。提高中国标准国际化水平，加快认证认可国际互认进程。积极参与国际标准和区域标准制定，推动与主要贸易国之间的标准互认。尽早完成高铁、电力、工程机械、化工、有色、建材等行业技术标准外文版翻译，加大中国标准国际化推广力度，推动相关产品认证认可结果互认和采信。

（三十八）强化行业协会和中介机构作用。鼓励行业协会、商会、中介机构发挥积极作用，为企业"走出去"提供市场化、社会化、国际化的法律、会计、税务、投资、咨询、知识产权、风险评估和认证等服务。建立行业自律与政府监管相结合的管理体系，完善中介服务执业规则与管理制度，提高中介机构服务质量，强化中介服务机构的责任。

（三十九）加快人才队伍建设。加大跨国经营管理人才培训力度，坚持企业自我培养与政府扶持相结合，培养一批复合型跨国经营管理人才。以培养创新型科技人才为先导，加快重点行业专业技术人才队伍建设。加大海外高层次人才引进力度，建立人才国际化交流平台，为国际产能和装备制造合作提供人才支撑。

（四十）做好政策阐释工作。积极发挥国内传统媒体和互联网新媒体作用，及时准确通报信息。加强与国际主流媒体交流合作，做好与所在国当地媒体、智库、非政府组织的沟通工作，阐释平等合作、互利共赢、共同发展的合作理念，积极推介我国装备产品、技术、标准和优势产业。

（四十一）加强风险防范和安全保障。建立健全支持"走出去"的风险评估和防控机制，定期发布重大国别风险评估报告，及时警示和通报有关国家政治、经济和社会重大风险，提出应对预案和防范措施，妥善应对国际产能和装备制造合作重大风险。综合运用外交、经济、法律等手段，切实维护我国企业境外合法权益。充分发挥境外中国公民和机构安全保护工作部际联席会议制度的作用，完善境外安全风险预警机制和突发安全事件应急处理机制，及时妥善解决和处置各类安全问题，切实保障公民和企业的境外安全。

国务院

2015 年 5 月 13 日

附录二 《浙江省跨境电子商务管理暂行办法（2016 年）》

第一章 总 则

第一条

为进一步规范跨境电子商务管理，促进浙江跨境电子商务有序发展，根据《国务院办公厅转发商务部等部门关于实施支持跨境电子商务零售出口有关政策的意见》（国办发〔2013〕89 号）和《浙江省人民政府办公厅关于印发浙江省跨境电子商务实施方案的通知》（浙政办发〔2014〕59 号），结合海关、检验检疫、外汇、国税和统计等部门有关跨境电商的管理制度，制定本办法。

第二条

本办法所指的跨境电商是指分属不同海关境域的交易主体，通过电子商务平台达成交易、进行支付结算，并通过跨境物流送达商品、完成交易的一种商务活动。

办法中其他跨境电商相关术语参照《跨境电子商务基本术语》（T/ZEA001 – 2016）的相关标准提法。

第三条

本省行政区内的跨境电子商务管理适用本办法。

第二章 经营主体管理

第四条

根据业务不同将跨境电商经营主体分成四类：

自建跨境电子商务平台开展进出口业务的企业，简称"自建平台企业"；

利用第三方跨境电子商务平台开展进出口业务的企业（含个体商户、个人网商），简称"电商应用企业"；

为电商应用企业提供交易服务、物流仓储、报关、报检、退税等专项服务或综合服务的跨境电子商务第三方平台或服务企业，简称"电商服务企业"；

为跨境电商应用企业提供网上交易服务的第三方电子商务平台，简称"第三方平台"。

第五条

省商务厅会同海关、检验检疫、国税、外汇、统计等部门建设浙江省跨境电商综合管理平台，即"单一窗口"（以下简称"单一窗口"）。管理平台实现与海关、检验检疫、外汇、国税等部门现有管理系统的数据对接，并完善备案登记和数据监测等功能。

第六条

对跨境电子商务经营主体实行备案登记管理。经备案的跨境电子商务经营主体，业务主管部门按照现行有关规定分别予以办理对外贸易经营、报关、报检、退税和结汇主体资格的相关手续。

省、市、县（市、区）商务主管部门根据职责分工做好跨境电商经营主体备案登记管理及服务工作。县（市、区）商务主管部门负责对备案跨境电商经营主体的业务辅导、咨询和资料初审。设区市商务主管部门负责辖区内相关跨境电商经营主体的备案工作，对备案资料齐全的自收到资料之日起5个工作日内，通过"单一窗口"予以备案，并同时向省商务厅传送备案资料等相关信息。"单一窗口"为相关部门开设备案信息查询端口。

第七条

跨境电子商务经营主体依据本办法规定通过管理平台进行备案登记。备案登记时应提交如下材料：

（一）浙江省跨境电子商务经营主体登记表；

（二）企业法人营业执照原件（副本和年检证明）及复印件或其他主体资格证明文件原件及复印件（加盖公章）；

（三）浙江省跨境电子商务经营主体承诺书；

（四）法定代表人身份证复印件；

（五）省商务厅及海关、检验检疫、外汇、国税、统计等部门提出需要补充所需的其他资料。

第八条

创新数据采集方式，建立跨境电子商务统计方法制度。由省商务厅牵头，海关、检验检疫、统计等部门共同参与建设电子商务大数据实时监测系统，全面掌握我省跨境电商发展实际情况与动态。

完善对跨境电子商务经营主体销售情况等数据的监测和统计，加强对全省跨境电子商务发展情况的统计研究和分析，由省商务厅会同海关、检验检疫、统计等部门探索建立跨境电子商务相关情况公开发布制度。

第九条

加强跨境电子商务产品质量宏观管理，建立跨境电子商务质量安全监测管理机制，由浙江检验检疫局牵头，设立跨境电子商务质量安全风险监测中心，跨境电商主体单位按照相关要求，积极主动地提供有关数据。

第十条

从事出口业务的跨境电商经营主体可以通过"单一窗口"向海关、检验检疫、外汇、国税等部门统一提交标准化的数据信息和单证，办理相关业务。

（一）跨境电商经营主体按照报关、报检相关要求，通过"单一窗口"将相关数据信息和单证等资料导入海关、检验检疫原有信息管理系统。海关、检验检疫按规定予以办理报关、报检等相关手续后予以放行。

（二）跨境电商经营主体将跨境物流、网上销售订单信息或仓库发货清单信息导入"单一窗口"，可作为办理结汇、退税等后续相关业务的校对参考数据。

第十一条

从事进口业务的跨境电商经营主体通过"单一窗口"备案登记后，可以办理报关、报检、购汇等业务，并执行跨境电商进口相应的政策。

第十二条

省商务厅会同海关、检验检疫、外汇、国税等部门重点培育一批跨境电商综合服务企业，为省内企业提供电子商务、仓储物流、报关报检和结汇退税等服务。

第三章 产业支持政策

第十三条

经备案登记的跨境电商经营主体，根据国家和省财政、税收等有关规定，可享受浙江省各级政府电子商务（发展）领域有关财政补助、税收减免、示范创建等各项政策。

第十四条

经备案登记的跨境电商经营主体，海关以"守法便利、违法严惩"原则实行企业分类管理，对管理规范的诚实守信企业优先办理通关手续，实施关检合作"三个一"。推进海关和检验检疫的工作衔接，做到"一次通关、一次查验、一次放行"，提高通关便利化水平。

第十五条

经过备案登记的跨境电商经营主体，可按照质量监督检验检疫总局关于《跨境电子商务经营主体和商品备案管理工作规范》（2015 年第 137 号）有关要求，通过"单一窗口"办理相应的进出口商品备案手续，并执行跨境电商企业相应的报检便利化政策。

第十六条

经备案登记的跨境电商经营主体出口纳入"单一窗口"监管的货物，未取得合法有效进货凭证的，在"单一窗口"按规定如实登记进货信息，可适用增值税免税政策；取得相应的增值税专用发票、消费税专用缴款书或海关进口增值税、消费税专用缴款书的，可按规定办理出口退税。

第十七条

经备案登记的跨境电商经营主体（第三方平台除外），外汇部门准予开立经常项目结算账户。进一步便利个人贸易发展，对将网上订单跨境物流信息与"单一窗口"实现对接的经营主体在线上银行办理个人贸易跨境外汇收支结算业务，不受个人年度等值 5 万美元结售汇总额限制；以企业名义办理外汇收支结算业务的，按网上订单和跨境物流信息显示的实际销售额作为结汇上限。

第十八条

省商务厅会同海关、检验检疫、外汇、国税等部门推动各地有序建设一批具有保税功能的跨境电商产业园区和物流仓储中心，为跨境电商经营主体提供办公和保税仓储等服务；在海关特殊监管区、B 型保税区建设跨境电商公共仓储，解决跨境电商退换货等问题，促进跨境电商出口业务发展。

第四章　产业支持政策

第十九条

跨境电商经营主体实行承诺书制度，对其所上报的数据真实性负责。对虚假填报各类信息的经营主体，由省商务厅商相关部门后取消备案，不再享受本办法提出的各项便利服务和支持政策。

第二十条

省商务厅牵头积极应用大数据手段对跨境电商经营主体进行实时监测，监测结果作为相关部门检验跨境电商经营主体所上报信息真实性的主要依据。

第二十一条

跨境电商经营主体的法人代表、经营场所、销售网址等重要信息发生变更的，应在 15 日内通过"单一窗口"进行信息更新。

第五章　附　　则

第二十二条

本办法由省商务厅会同杭州海关、宁波海关、浙江检验检疫局、宁波检验检疫局、省外管局、省国税局、省统计局负责解释。

第二十三条

宁波区域所辖的经营主体参照本办法执行。

第二十四条

本办法自 2017 年 1 月 1 日起施行。

附录三　《浙江省跨境电子商务发展三年
行动计划（2015～2017 年)》

为深入贯彻李克强总理来浙考察期间关于浙江要加快发展跨境电子商务、积极申报建设中国（杭州）跨境电子商务综合试验区的重要指示，积极落实省委、省政府领导关于大力发展我省跨境电子商务的明确要求和《浙江省人民政府办公厅关于印发浙江省跨境电子商务实施方案的通知》（浙政办发〔2014〕59 号）文件精神，我厅把推进跨境电子商务发展作为我省外贸转型升级的重要突破口，进一步引导和鼓励有条件的浙江企业开展跨境电子商务，扩大浙江产品的国际市场占有率和浙江自主品牌的国际竞争力，加快培育外贸竞争新优势。特制定以下三年（2015～2017 年）行动计划。

一、充分认识发展跨境电子商务的重要性

近年来，随着国际互联网的飞速发展和电子商务交易技术的不断完善，全球消费市场需求变化明显，我省企业发现了这一片跨境贸易的"蓝海"，纷纷开始通过电子商务方式开展跨境贸易，拓展国际市场，并取得了突破性的进展，跨境电子商务已成为推动我省外贸增长的新引擎。发展跨境电子商务，有利于深挖出口市场潜力，扩大出口规模；有利于改变传统贸易格局，突破传统贸易困境；有利于提高浙货市场占有率，提高浙货市场竞争力；有利于打造我省出口自主品牌，抢占未来外贸竞争的制高点，在经济全球化过程中获得更大收益。

二、指导思想、基本原则和主要目标

（一）指导思想

按照"政策引导、机制创新、地方推进、分步实施"的总体思路，以申报和建设中国（杭州）跨境电子商务综合试验区为核心，大力发展跨境电子商务平台、企业、服务商、产业基地和境外服务网点，创新报关、检验检疫、结汇和退税等进出口各个环节的管理方式，健全完善跨境电子商务服务体系和管理机制，逐步推进外贸出口营销手段创新，促进我省跨境电子商务迅速发展，全面提升浙货国际市场占有率和品牌影响力，推动外贸转型升级。

（二）基本原则

按照省委省政府干好"一三五"、实现"四翻番"的决策部署，结合我省"电商换市"和建设"国际电子商务中心"的目标，大力发展我省跨境电子商务。在"全省统一部署、各市分步推进"的原则下加快跨境电子商务健康成长。发展方向要有利于跨境电子商务规范化、阳光化发展，有利于跨境电子商务规模化、专业化发展，有利于跨境电子商务地区平衡、全面发展。

（三）主要目标

2015年中国（杭州）跨境电子商务综合试验区申报正式获国家批准。认定20家省级跨境电子商务园区，培育100家跨境电子商务重点企业，新设10家省级公共海外仓，全省跨境电子商务数据监测统计系统入库样本企业数达100家，认定10家跨境电子商务培训机构，培训200家跨境电子商务企业，从业人员累计达3000人。力争实现全省跨境电子商务年交易额（指注册地在浙江省行政区域内企业实现的交易额）120亿美元。

2016年中国（杭州）跨境电子商务综合试验区建设取得明显进展，体制机制显著创新。认定30家省级跨境电子商务园区，培育200家跨境电子商务重点企业，设立20家省级公共海外仓，新增全省跨境电子商务数据监测统计系统入库样本企业数200家，认定20家跨境电子商务培训机构，培训400家跨境电子商务企业，从业人员累计超过6000人。力争实现全省跨境电子商务年交易额（指注册地在浙江省行政区域内企业实现的交易额）200亿美元。

2017年中国（杭州）跨境电子商务综合试验区建设取得阶段性重大成果，形成可复制可推广经验。认定40家省级跨境电子商务园区（累计达到100家），培育500家跨境电子商务重点企业（累计达到800家），设立30家省级公共海外仓（累计达到60家），新增全省跨境电子商务数据监测统计系统入库样本企业数500家（累计达800家），认定30家跨境电子商务培训机构（累计达到60家），累计培训1000家跨境电子商务企业，从业人员累计超过15000人。力争实现全省跨境电子商务年交易额（指注册地在浙江省行政区域内企业实现的交易额）500亿美元，总体发展水平居全国前列。

三、全面实施跨境电子商务"123"工程——"一个大会、两类平台和三项基础"

为实现以上目标，要积极推进我省跨境电子商务企业、平台和产品在全球市场的合理布局，进一步增强浙江跨境电子商务在全球市场的领先优势，全面实施我省跨境电子商务"123"工程。即要办好一个大会、建设两类平台、夯实三项基础。深入落实国务院89号、省政府59号文件精神，营造良好的政策支持环境，筹备2015年举办首届中国浙江跨境电子商务交易博览会暨高峰论坛。积极推进跨境电子商务产业园区和公共海外仓等2类平台建设，认定并建设一批省级跨境电子商务园区，培育和建设一批省级公共海外仓。扎实做好跨境电子商务企业备案登记、人才培训和统计监测系统建设等3项基础性工作，推动我省跨境电子商务全面发展。

（一）举办中国浙江跨境电子商务交易博览会暨高峰论坛

为全面贯彻落实省委"创新驱动"发展战略，构建浙江跨境电子商务全球高地，2015年举办中国浙江跨境电子商务交易博览会暨高峰论坛，主题为"跨境电商——让外贸插上腾飞的翅膀"。组织省内跨境电子商务经营企业与国内外重点第三方电商平台、电商服务企业等主体进行业务对接和洽谈，打造中国浙江跨境电子商务交易博览会品牌，将其培育成为全国跨境电子商务领域的著名重点展会。

为更好地帮助跨境电子商务企业开拓市场，扩大影响力和竞争力，结合我省2015年在沙特举办的浙江出口商品（吉达）展，探索在境外依托自办展同期举办浙江跨境电子商务（海外）展览会，以充分利用客商资源与人气，发挥当地合作方的优势。

通过举办全省关于跨境电子商务的业务对接会、主题论坛和研讨活动等，扩大跨境电子商务影响力，加强对我省跨境电子商务发展的宣传推广，积极营造跨境电子商务发展的良好氛围。

（二）积极培育省级跨境电子商务园区

进一步鼓励、支持各地建设跨境电子商务园区，充分发挥园区在集聚发展、规范发展、创新服务等方面的优势。在 2014 年第一批认定公布 10 家省级跨境园区的基础上，2015 年、2016 年、2017 年分别新公布 20 家、30 家、40 家，累计总数达到 100 家。园区应主要集聚跨境电子商务企业和配套服务体系，大力推进园区差异化、特色化经营。

汇同省级有关部门建立省级跨境电子商务园区考核指标体系。实行年度考核、评审、奖惩、退出机制，体现优胜劣汰、争先进位的发展政策。

（三）积极推进跨境电子商务公共海外仓建设

开展建设省级公共海外仓工作，支持有实力的企业在美国、俄罗斯、英国、德国、澳大利亚、日本、南美等跨境电子商务主要出口市场设立海外仓，搭建以海外仓为支点的目的国配送辐射网点，为我省跨境电子商务企业提供一站式的仓储配送服务，将零散的国际上运输转化为大宗运输，降低企业的物流成本，缩短订单周期，增强用户体验，增强我省跨境电子商务企业的竞争力。鼓励、支持企业通过租用、独立运行、自建等方式建设跨境电子商务公共海外仓。计划分批推进认定公共海外仓，逐步覆盖全球五大洲主要出口国家。2015 年、2016 年、2017 年分别新增 10 个、20 个、30 个，总数达到 60 个。

（四）试行跨境电子商务企业备案登记制度

按照省政府办公厅 59 号文件精神，在深入调研、充分论证的基础上，对跨境电子商务经营主体实行备案登记管理。对于经备案登记的经营主体，业务主管部门根据其具体需要分别予以办理对外贸易经营、报关、检验检疫、结汇、退税主体资格的相关手续。

（五）组织开展跨境电子商务人才培训

大力开展跨境电子商务人才培训工程，在全省范围内认定若干家跨境电子商务培训机构，支持其开展跨境电子商务人才培训工作。与相关培训机构、跨境电子商务代表企业合作，每年组织若干次全省范围的跨境电子商务管理培训、业务培训和服务培训。

（六）建立全省跨境电子商务监测统计体系

会同统计、外汇等部门对跨境电子商务进行全口径统计，真实反映我省跨境电子商务发展状况。

开发建立全省跨境电子商务数据监测统计系统。组织全省各地市、县（市、区）对样本企业开展月度数据填报工作。2015 年、2016 年、2017 年入库样本企业规模达到 100 家、200 家、500 家，样本企业覆盖面达到 20% 以上。

建立与亚马逊、eBay、速卖通等平台商的信息共享和交换机制，进行平台宣传、数据合作等业务的协同配合，定期发布全省跨境电子商务出口月度、季度、年度数据。

（七）制定全省跨境电子商务扶持政策

联合省财政、国税、地税等部门，制定跨境电子商务扶持政策。重点支持优秀电商服务商培育、跨境电子商务专业人才培训、跨境电子商务园区建设，并对跨境电子商务企业为出口货物投保出口信用保险支付的保费给予一定补助。

将跨境电子商务海外贸易和服务网点建设纳入我省境外投资的重点支持领域，落实相应支持政策。

四、工作要求

全面推进跨境电子商务工作是一项系统工程，需要各市县政府、有关部门和企业的共同努力，按照上述工作目标和工作任务，全力推进此项工作。

1. 分解落实重点。

省里分阶段认定省级跨境电子商务重点园区，抓好省级跨境电子商务重点企业；各地市要抓好本地区的省级重点园区和重点企业，同时培育市级重点园区和重点企业，形成层层抓落实、合力抓重点的工作格局。

2. 完善配套措施。

各市、县商务主管部门要将跨境电子商务工作作为培育外贸竞争新优势的重点工作来开展，根据本行动方案，结合本地情况，尽快制订本地区跨境电子商务行动方案，明确发展方式和具体举措。

3. 加强考核评估。

省商务厅已将跨境电子商务工作列入对各级商务主管部门的年度商务工作考核指标体系，每年对市、县工作及重点园区、重点企业开展跨境电子商务情况进行考核评估，对工作成绩显著者予以表彰和奖励。

附录四　《浙江省商务厅跨境电子商务
工作要点（2016 年)》

浙江省商务厅关于印发 2016 年度全省跨境电子商务工作要点的通知

各市商务局（委），义乌市商务局：

为做好 2016 年跨境电子商务工作，加快推动我省跨境电子商务创新发展，进一步发挥电子商务在供给侧结构性改革中的作用，根据梁黎明副省长在全省电子商务工作领导小组第五次会议上的讲话精神，我厅制定了《2016 年度全省跨境电子商务工作要点》。现印发给你们，请认真贯彻执行。

浙江省商务厅

2016 年 4 月 5 日

2016 年，我省将根据建设国际电子商务中心和"电商换市"总体部署，统筹考虑跨境电商的市场规模和监管机制、直邮和各货模式、出口和进口业务，全面梳理跨境电商流程，优化管理机制；积极培育跨境电商市场主体，逐步扩大市场规模；不断完善跨境电商服务支撑和行业管理体系。同时大力推进中国（杭州、宁波）跨境电商综合试验区建设。全年争取实现跨境电商出口 350 亿元，同比增长 20% 以上；推动 20 个产业集群发展跨境电商业务，培育 50 家跨境电商综合服务企业，完善跨境电商仓储物流体系，努力实现我省跨境电商发展新突破。

一、建设管理平台，全面理顺监管流程

（一）建立全省跨境电商综合管理信息平台

全省跨境电商综合管理信息平台（以下简称"综合平台"）分别与海关、检验检疫、外汇、国税等部门的监管系统实现数据对接。跨境电商市场主体按照相关监管部门要求，通过综合平台一次性提交数据及相关申报材料，相关部门通过综合平台实现对跨境电商经营主体的全流程监管。同时，整合跨境物流、金融、售后等服务资源与综合平台进行对接，为跨境电商市场主体提供服务支撑。

（二）做好相关管理部门之间的业务衔接

商务部门牵头，针对海关、检验检疫、外汇、国税等部门围绕跨境电商进行监管方式创新，全方位对各部门的创新举措进行梳理，协调各个环节之间的业务衔接，尽快形成一套操作便捷、监管有效的跨境电商管理机制。

（三）开展跨境电商经营主体备案工作

根据《浙江省人民政府关于印发浙江省跨境电子商务实施方案的通知》（浙政办发〔2014〕59 号）要求，省商务厅会同海关、检验检疫、外汇、国税等部门制定《浙江省跨境电子商务管理暂行办法》，对相关主体进行备案管理。备案所需要填报的信息和提交的资料，由商务、海关、国检、外汇和国税等部门提出，通过综合平台一次性提交相关部门，实现信息互通和共享。

二、找准落地载体，切实做大市场规模

（一）开展与知名跨境电商平台合作

重点开展与速卖通、eBay、亚马逊、Wish、敦煌网等知名跨境电商平台的合作，针对电商产业基地、产业集群等，通过电商服务资源对接会（跨境电商专场）、跨境电商应用培训等方式，引导国内电商企业、传统外贸企业开设跨境电商网店。全年争取新增跨境电商网店 1 万家以上。同时，选择一批自建跨境电商平台的企业进行培育。

（二）开展产业集群跨境电商工作试点

在全省选择 20 个左右生产境外市场适销对路商品的产业集群，进行跨境电商工作试点。通过推动集群内企业直接开设跨境电商网店，或者与跨境电商服务企业合作等方式，整体拓展跨境电商业务。针对产业集群发展跨境电商实际情况，健全完善产销协同、海外物流配送以及公共售后服务机制。

（三）推动境内网商拓展跨境电商渠道

以电商园区、各类创业孵化园为重点，通过大数据梳理出一批经营情况较好的网商，鼓励其在跨境电商平台开设网店，拓展跨境电商业务。结合电商创业创新，以属地为主举办对接会、创业大赛等活动，引导更多的国内网商发展跨境电商业务。

（四）规范发展跨境电商进口业务

结合国家进口电商政策的调整与完善，进一步规范直邮进口业务，鼓励发展备货保税模式的进口电商，培育一批进口电商龙头和示范企业。有序发展跨境电商进口O2O业务，成立进口电商O2O专委会。结合跨境电商综合平台建设，加强对跨境电商进口企业的管理，推动进口电商的规范发展。

三、推进杭州、宁波综试区建设，努力取得实效

推进中国（杭州、宁波）跨境电商综合试验区建设

加强对杭州跨境电商综合实验区工作支持，进一步完善业务流程和管理机制；推动宁波跨境电商综试区建设，尽快制订实施方案并上报国家，争取尽快批复实施。在取得实际成效的基础上逐步向全省其他地区推广。

四、完善服务支撑，不断提升发展水平

（一）培育电商综合服务企业

选择一批跨境电商和快递物流综合服务企业进行重点培育，结合产业集群跨境电商试点工作，重点为集群内相关企业提供采购仓储、市场推广、网店建设等电商服务；统一办理报关、检验检疫、结汇、退税等管理业务；拓展跨境物流、海外仓储、商品配送等境外服务。鼓励跨境电商综合服务企业拓展分销渠道，开展与高职院校、产业园区、电商村等单位合作，为跨境电商创业创新提供一站式服务。

（二）推动各地建设跨境电商园区或物流仓储中心

根据《浙江省人民政府关于印发浙江省跨境电子商务实施方案的通知》（浙政办发〔2014〕59号）要求，由各地商务部门会同财政、海关、检验检疫、邮政、外汇、国税等部门建设跨境电商园区或仓储物流中心。跨境电商

园区一般需配备仓储物流中心，仓储物流中心也可以单独设立。仓储物流中心一般设在海关特殊监管区内。择优遴选一批国际物流、快递等企业与仓储物流中心进行业务对接，提供优质的国际物流服务。

（三）建设公共海外仓等境外服务机构

推动跨境电商平台、企业或物流机构建设公共海外仓；引进一批现有高质量的海外仓为我省跨境电商提供境外仓储、属地配送和售后维修等服务。推动公共海外仓与综合平台进行对接，我省电商和快递物流企业可以通过综合平台预订海外仓的相关业务，所产生的服务数据作为兑现政策的主要依据。

五、加强行业管理，确保规范有序发展

（一）规范跨境电商各类名称

针对当前社会上有关跨境电商各种名词的不同解释，制定发布《跨境电子商务术语》行业标准，确保各项政策落实的针对性、各项发展指标的可比性和发展模式引导的有效性。同时积极推动该规范转化为地方标准，争取年内颁布实施。

（二）开展跨境电商统计工作

采取实时监测和尽量纳入海关统计等方式开展跨境电商统计工作。一方面，通过大数据等手段，对主要跨境电商平台进行实时监测，全面摸底调查我省跨境电商销售数据，不断掌握我省跨境电商发展实际情况。另一方面，通过完善监管流程，促进更多的跨境电商销售数据纳入海关统计范畴。

（三）开展跨境电商系列培训

重点开展三个层面的培训工作。指导各地开展包括跨境电商具体业务知识的培训，推动更多企业开展跨境电商业务。省里重点结合管理机制创新，开展商务部门和关检汇税等部门人员的操作流程培训。同时，针对跨境电商企业高层管理人员开展职业经理人培训。

（四）加大对跨境电商的政策支持

进一步贯彻落实《浙江省人民政府关于大力发展电子商务加快培育经济

新动力的实施意见》（浙政发〔2015〕49 号），加大对跨境电商和快递物流企业的政策支持力度。在省商务促进资金中安排不少于 3000 万元用于跨境电商发展，重点用于综合平台建设、产业集群跨境电商发展、跨境电商仓储物流建设和人才培训。

附录五 《浙江省大力推进产业集群跨境电商
发展指导意见（2016 年）》

近年来，跨境电商的迅猛发展打通了出口企业与国外消费者的直接联系，融入境外零售市场体系，已成为转变外贸发展方式的重要途径。为进一步加快我省跨境电子商务发展，根据《浙江省人民政府办公厅关于印发浙江省跨境电子商务实施方案的通知》（浙政办发〔2014〕59 号）、《浙江省人民政府关于大力发展电子商务加快培育经济新动力的意见》（浙政发〔2015〕49号）的要求，结合我省外贸发展和产业特色，拟重点推进产业集群发展跨境电子商务。现提出如下意见：

一、重要意义

大力推进产业集群跨境电商发展，是认真贯彻落实国务院领导关于"跨境电商要把促进产业发展作为重点"的指示精神，推进模式创新、要素集聚和新型贸工一体的产业链培育，增强自主创新能力，提升产业发展水平和国际竞争力的有效抓手；是推动我省产业和企业突破传统对外贸易中品牌垄断、渠道垄断和价格垄断，把传统对外贸易中的中间市场转换成终端市场、贴牌市场转换成自主品牌市场、中低端市场转换成中高端市场，深入推进"电商换市"工程实施的重要内容；是主动适应对外贸易格局新变化，抢占发展先机，不断推动对外贸易和经济转型升级的重要举措，对我省深度融合世界经济发展格局、抢占国际贸易竞争制高点、推动外贸和经济转型升级具有十分重要的意义。

二、工作目标和工作任务

（一）工作目标

从主体培育、模式创新、品牌打造、产业链构建、境外物流配送和营销服务体系建设以及监管服务创新等方面着力，推动我省一批外向度高、国际消费市场潜力大的产业集群和优质产品大力发展跨境电商。争取到 2020 年，全省有 50 个以上的产业集群形成符合自身特点的跨境电商发展模式和较完备的产业体系，建立海外销售自主品牌和渠道，实现产业集群跨境电商出口 20 亿美元以上。

（二）工作任务

1. 加强产业集群跨境电商应用培育

（1）重点培育一批适合开展跨境电商的产业集群。

组织开展摸底调查，筛选、确定一批适合开展跨境电子商务的产业集群进行重点培育和支持，并结合各地工作实际和产业集群的基础情况，分批推进。

（2）多途径、多形式推进产业集群跨境电商发展。

深入贯彻省政府与阿里巴巴战略合作，充分发挥阿里巴巴在我省的优势，支持各地政府加强与阿里巴巴速卖通在发展产业集群跨境电商方面的合作；鼓励支持产业集群内企业，尤其是龙头企业、贴牌加工企业和传统出口企业通过在速卖通、亚马逊等全球第三方跨境电商平台和重点海外市场本土平台开设网店，开展跨境电商业务；大力推进产业集群 B2B2C 模式发展，健全完善产销协同、海外物流配送以及公共售后服务机制，积极引导支持具有一定规模的 B2C 跨境电商企业进行供应链整合，向 B2B2C 等模式转型；引导、支持省内、国内跨境电商自建平台、行业平台和分销平台加强与产业集群合作，有序拓展产品品类和海外市场；支持各产业集群加强模式创新，积极探索符合自身实际的跨境电商发展模式，不断拓展跨境电商海外市场。

（3）着力培育一批跨境电子商务综合服务企业。

根据产业集群跨境电商发展实际需要，按照"培育一批、引进一批、认定一批"的总体思路，支持省内一批优质电商服务企业加强资源整合和业务拓展，为产业集群跨境电商发展提供个性化、一站式的综合服务；积极引进省外甚至境外优质电商跨境电商服务资源入驻我省，为产业集群跨境电商发展提供所需的服务资源；认定一批跨境电商综合服务企业，重点加强培育和支持，重点服务于产业集群跨境电商发展。

2. 加强产品质量管理和品牌建设

（1）提升产业集群标准质量水平。

鼓励各行业协会、行业龙头骨干企业瞄准国际先进、国内一流，积极研制"浙江制造"产品标准，高标准引领产业提质增效升级。广泛组织社会培训机构、行业协会，搭建多渠道公共服务平台，在行业内大力宣传贯彻"浙江制造"标准，推广卓越绩效管理模式等先进管理方法，积极组织学习质量标杆的对标达标活动，推动产业整体实现标准提档、质量提升。

（2）全力打响"浙江制造"品牌。

依托产业集群良好基础，培育发展一批浙江名牌、省著名商标、省出口名牌，挖掘培育一批有竞争力的"浙江制造"品牌，培育提升一批省政府质量奖企业，构建健康发展的品牌提升体系。引导和支持集体商标创建，鼓励有条件的企业注册国际商标、收购国际品牌，加强品牌整合，推进品牌国际化，让自主品牌"走出去"。支持产业集群争创全国知名品牌创建示范区，进一步打响产业品牌的知名度和美誉度。支持企业建设自主品牌跨境电商销售平台营销推介高品质浙货，以品质高端、技术自主、优质服务、信誉过硬的"浙江制造"赢得全世界市场的认可。

3. 加强配套服务体系建设

（1）加强知识普及和人才培养。

以产业集群内传统外贸企业、贴牌加工企业等为主要对象，通过引进跨境电商平台、跨境电子商务专业培训机构以及知名跨境电商企业等，组织开展跨境电商普及应用和实际操作等方面的知识培训，加强人才培养。同时，加强与省外跨境电商行业组织等的联系，建立省内外跨境电子商务服务企业、人才等资源数据库，为产业集群跨境电商发展提供优质、精准服务。

（2）加强跨境电商公共服务资源整合和对接。

筛选一批信息化管理水平高，落地配送服务网络健全，运营规范、服务优良的"公共海外仓"，建立公共海外仓信息管理系统，为全省产业集群跨境电商出口企业提供仓位供需信息对接服务。加强跨境电商服务商资源整合，加强对试点产业集群的服务需求调研，在全省电商公共服务资源对接活动中优先安排产业集群跨境电商服务资源对接。

三、政策措施

开展全省产业集群跨境电商试点示范创建工作，按照竞争性分配方式，在省商务促进专项资金中安排一定的额度用于支持市、县（市、区）开展产业集群发展跨境电商试点示范创建工作，试点示范创建申报工作。由省商务厅、省财政厅另行发文。各地要加大对产业集群跨境电商发展的财政支持力度，积极研究制定具体政策措施，整合优化政策资源，为产业集群跨境电商发展提供有力的政策支持。

商务、海关、检验检疫、外汇、税务等部门，加强政策措施研究，尽快形成与跨境电商相适应的管理机制。支持在有条件的地区，按照促进贸易便利化的总体原则和要求，充分利用跨境电商交易、物流、支付等方面的数据信息清晰、可溯源的特性，进一步深化关、检、汇、税改革，探索建立基于数据认证比对的跨境电子商务业务体系和新型监管机制。

加强对试点产业集群的产品质量管理和服务，支持有条件的产业集群和企业进行"浙江制造"品牌建设工作。

引导跨境电子商务主体规范经营行为，增强质量和品牌意识，健全消费者权益保护和售后服务制度，提高运用知识产权增强竞争的能力。加强诚信体系建设，推动信用大数据建设，各监管部门实现信息互换、监管互认、执法互助，建立"守信受益、失信惩戒"的机制。加强跨境电子商务国际贸易摩擦动态跟踪和研究，推动建立针对跨境电子商务交易的风险防范和预警机制。

浙江省商务厅办公室

2016 年 4 月 11 日印发日

附录六 《浙江省服务业电子商务工作方案（2017 年）》

浙江省电子商务工作领导小组办公室文件

浙电商办〔2017〕3 号

关于印发《浙江省服务业电子商务工作方案》的通知

省电子商务工作领导小组成员单位，省直有关部门：

为全面推进我省服务业领域电子商务应用，我办起草了《浙江省服务业电子商务工作方案》，并征求了省直有关部门意见，经省政府领导同意，现印发给你们，请各市政府和省直有关部门结合自身实际进行组织实施。

浙江省电子商务工作领导小组办公室

2017 年 4 月 24 日

发展服务业电商是深入贯彻《浙江省电子商务产业发展"十三五"规划》（浙政办发〔2016〕135 号），实施"互联网＋便民服务"，推进服务业领域供给侧改革，推动传统实体商业转型升级的重要举措。为全面推进我省服务业领域电子商务应用，现根据《浙江省人民政府关于大力发展电子商务加快培育经济新动力的实施意见》（浙政发〔2015〕49 号），制订如下方案。

一、总体思路和发展目标

（一）总体思路

深入实施"电商换市"，全面推广服务业领域电子商务应用。以培育和引入服务业电商平台为主线，采取不同行业、不同区域试点带动，加快拓展服务业电商应用主体、丰富服务内容、规范服务标准和创新服务模式，逐步创新行业管理机制和市场监管手段，逐步形成"服务业电商平台统一接单、线下服务网点就近择优提供服务"的服务业线上线下融合发展模式，全面推进我省服务业领域电子商务发展。

（二）发展目标

争取到"十三五"末，服务业领域电子商务应用水平明显提高，服务业领域知名电商平台在我省集聚，重点培育服务业知名电商平台10个以上，带动全省各类服务业市场主体开展电商业务达10万个以上，居民通过电子商务渠道购买日常生活服务占30%以上，服务业领域实现电子商务交易突破1万亿元，努力实现我省居民生活服务和商务服务的电商应用全覆盖，确保我省服务业电商发展处于全国领先水平。

二、重点工作

结合服务业领域电子商务发展特点和趋势，建立服务业电商"一体两翼"（培育服务业电商平台为主体、普及生活服务和商务服务的电商应用为两翼）的推进机制，通过重点工程推进、试点示范带动、管理机制创新等途径，切实推动我省服务业电子商务快速有序发展。

（一）培育和引进一批服务业电商平台

采取本地培育和省外引进相结合的方式，确定一批重点服务业电商平台进行培育，通过政策支持、树立典型、宣传推广等方式，推动电商平台做强做大，提供覆盖全省范围的各类服务。加大对省外知名服务业电商平台的引进力度，对在浙江设立总部、区域总部或省级分公司的相关企业，纳入省重点培育的服务业电商平台范围。

（二）实施"电商便民一网通"工程

坚持"平台牵头、网点参与、政府推动、市场运作"的思路，引导重点培育的服务业电商平台加快全省业务拓展步伐，重点选择便利购物、网上订餐、网络外卖、旅游住宿、便利出行、家政服务、网上菜场、洗车修车、医疗挂号和美容美发等居民生活必备服务行业，由属地行业管理部门、行业组织等对现有的服务业市场主体进行梳理，通过组织发动、政策引导等方式，推动相关市场经营主体入驻电商平台，或者自主开发 APP 等移动平台开展电商业务，争取通过 3 年时间左右的努力，我省居民生活服务领域全面普及电商应用，城镇居民只要通过键盘或手机按键就能解决各种必备生活服务。

（三）实施"商务服务网上行"工程

按照"互联网＋商务服务"的思路，重点选择法律咨询、设计策划、教育培训、外贸服务、礼仪庆典、房产中介、人才交流、保险理财、典当拍卖、租赁及二手交易等适合开展网上业务的商务服务行业开展试点，在每个行业择优确定 1～2 家企业作为试点企业进行培育，鼓励其开展在线服务。通过试点带动商务服务业的电商应用。支持行业协会等中介组织整合行业资源，按照市场化运作方式，搭建本行业的电商服务平台，引导会员企业开展电商业务，逐步提高我省商务服务领域的电子商务应用水平。

（四）推动服务业电商品牌化、连锁化和标准化

实施服务业电商主体品牌发展计划，综合考虑市场占有率、大众评价、管理机制等要素，分行业培育一批品牌化、规范化发展的经营主体。鼓励品牌企业采取连锁经营等方式在全省铺设完善的线下服务网络，全面提升服务水平，培育形成一批具有较强市场影响力的服务业品牌。加强服务业电商的标准体系建设，支持行业协会、龙头企业、科研院校加强合作，尽快制定一批服务业领域的电商标准，开展服务业电商经营主体的达标和等级评定等工作，全面提升服务业电商的服务水平。

（五）鼓励服务业电商创新发展新模式和新技术

遵循并把握电子商务快速迭代的特点和发展趋势，积极引导服务业电商企业研究和探索各类商业新模式，以模式创新带动服务业发展标准化、人性化、智能化。提高各类新技术、新工具在服务业领域的应用水平，引导服务业电商主体着力提升自主创新能力，促进物联网、人工智能等先进技术与服务业电商的融合发展。鼓励服务业电商作为我省创业创新重要载体，推动服务业领域共享经济的发展，总结一批、宣传一批、培育一批服务业电商创业创新企业和案例，带动我省服务业电商不断创新和升级。

（六）建设服务业电商综合管理平台

行业主管部门负责引导本行业市场主体入驻电商平台，并将基本信息导入综合管理平台。各监管部门按照职责分工对管理平台上的经营主体进行监管，并将监管信息导入管理平台。推进服务业电商平台与管理平台的数据同步对接，实现服务业经营主体在电商平台上的信息公布，引导消费者择优消费，降低试错成本。创新服务业电商监管制度。结合监管平台信息和电商平台的消费者评价，对电商平台上的经营主体实行分级管理和不同等级间的差别化监管措施。具体办法由各监管部门制定。

三、保障措施

进一步明确服务业电商的任务分工，完善产业政策，创新监管方式，推动我省服务业领域电子商务发展上新台阶。

（一）重视服务业电商发展

认真贯彻浙政发〔2015〕49 号和浙政办发〔2016〕135 号文件精神，把服务业电商作为我省供给侧结构性改革和电子商务创新发展的重要内容，确定工作思路和计划，并纳入对各地电子商务工作的考核内容。

（二）建立健全工作机制

在省电子商务工作领导小组的框架下开展全省服务业电商工作。切实发挥省电商办的牵头职能，落实全省服务业电商工作实施方案，并加强日常服务和综合协调。省商务厅、教育厅、财政厅、建设厅、交通厅、文化厅、卫计委、工商局、质监局、统计局、旅游局、金融办等相关部门结合自身职责，提出相应行业电商发展的工作任务、具体措施和实施计划，并按计划组织实施。必要时选择有条件的城市进行创新发展示范区建设。

（三）优化服务业电商发展环境

对服务业电商发展给予财政支持，支持服务业电商经营主体的发展。加大融资支持力度，引导金融机构按照不同等级予以经营主体相应的信用融资额度。鼓励服务业电商经营主体入驻电商产业基地并享有电商企业入驻园区的相关政策扶持；对面向居民生活的社区电商市场主体，执行社区商业的有关支持政策。

（四）加强服务业电商人才培养

商务主管部门要加强对服务业电商领域的人才培训，培养一批掌握服务业经营管理和电子商务应用知识的高端紧缺人才。其他部门在各自业务范围内培养一批懂得服务业电商规则、遵守服务业电商法律的服务提供者。推动大专院校、培训机构、行业组织等开设服务业电商创业课程，培养一批符合行业发展要求的优质服务员队伍。

（五）加强服务业电商市场监管

加快电子商务地方立法工作，将服务业电商监管纳入立法范围。认真执行国家现有关于服务业电商线上服务标准，加快相应的地方标准制定工作，并做好标准的贯彻实施。按照"政府管平台、平台管商户、商户管质量"的原则，创新服务业电商市场监管方式，鼓励电商平台完善评价和惩戒机制，切实规范服务业电商市场经营行为。

后　记

　　浙江省经济在经过了过去持续30多年高速发展的长周期后，如今进入了以调整经济结构和消化富余产能为主要目标的中高速增长"新常态"阶段。浙江省对原材料等大宗商品的需求有所下降，但凭借长期以来在工业化方面积累的丰富经验、成熟适用的技术和性价比很高的装备，浙江省经济在对内调整结构的同时，对外经济合作也在从以往的"商品输出时代"向更为高级版的"资本输出时代"转型升级，而非洲恰恰是承接浙江省产业转移需求的重要目的地。

　　按照先行先试的原则，浙江省将与产能契合度高、合作愿望强烈、合作条件和基础好的非洲国家作为重点国别（例如埃塞俄比亚、肯尼亚、坦桑尼亚、南非、莫桑比克、安哥拉、尼日利亚、刚果布、埃及、阿尔及利亚等非洲国家），并积极开拓其他非洲市场，以点带面，逐步扩展与推广。作为国家"走出去"战略、"一带一路"倡议、"中非十大合作计划"的一部分，浙江省推动了上百家企业到非洲建立商业关系，给双方都带来了一系列的收益。以南非作为"桥头堡"和"中转站"，浙江企业逐步进入了整个非洲大陆。

　　整体而言，浙非产能合作是浙江省内产业对非洲的输出，是浙江省产业输出需求与非洲东道国当地输入需求的对接。探析浙非产能合作的理论基础，必须将其置于中非产能合作乃至国际产能合作的大背景下进行理论分析和综合考量。中国浙江省与非洲各国之间开展产能合作，是在中国与非洲国家产能合作框架基础上的进一步拓展和深化。双方在理念上强调合作共赢，在自愿、平等、互利的基础上推进对接合作；方式上突出开放包容，推动双向互动；内容上注重绿色环保，走进非洲的都是与各国需求高度契合的优势产能、先进产能、绿色产能。

中国浙江省正在从贸易大省向投资大省转型，有利于浙非经贸合作关系的结构调整，浙非经济合作也有望从以往的原材料与工业制成品间的贸易互补关系升级为制造业和新能源、新环保产品开发、海洋经济开发等产业结构互补互助型的经济合作关系。同时，将与以往主要由大型国企投资于非洲的能源矿业领域并承接大型基础设施建设项目形成有益补充的是，未来浙非产能合作的大军中将出现更多浙江省私营企业的身影，特别是浙江省私营企业在轻工业领域的丰富生产经验和较高技术水平，将使其成为浙江省轻工业"走出去"的主要力量。

《2017 浙非产能合作发展报告》作为浙江师范大学经济与管理学院、中非国际商学院有关"中非产能合作研究"和"跨境电子商务研究"的重要成果，将进一步丰富国际产能合作相关的价值链理论、产业链理论、经济地理学等理论内涵，拓宽跨境电子商务的研究视角，完善中非经贸相关学科建设，为浙江省及其他省市、地区、企业的对非洲产能合作、中非跨境电子商务提供借鉴参考，也为各级政府制定相关公共政策提供理论素材。

《2017 浙非产能合作发展报告》课题组勉力从事，尽可能为读者呈现全面、系统、翔实、准确的浙非产能合作发展研究报告。在报告出版之前，课题组专门召开了论证交流会，中国政府原非洲事务特别代表/前驻南非共和国大使刘贵今先生、浙江工商大学/浙江中非桥跨境贸易平台创办人赵浩兴教授、浙江中非经济文化交流中心主任李家鼎先生、Amanbo 聚焦非洲跨境电商平台创办人廖旭辉先生、Kilimall 中非跨境电子商务平台创办人杨涛先生、"Afrindex·中非商道"中非贸易撮合交易平台创办人李振岩先生、深圳市中非智点网络科技有限公司总经理惠红林先生、中交第一公路工程局有限公司海外事业部经理曹成志先生、中联国创集团袁冲先生、非洲研究民间智库明危咨询联合发起人周军博士等人对报告部分内容提出了宝贵的修改意见，在此一并致谢!

　　需要指出的是,跨境电商只是推动浙非产能合作的一个重要抓手,并不是浙非产能合作的全部内容,以跨境电商作为桥梁的浙非产能合作还面临诸多理论困境与现实挑战,对其发展前景不宜盲目乐观。由于课题组各成员研究视角不同、调查方法不一、学术积淀不够,在文章撰写、后续修改过程中所花费的时间和精力有限,各部分章节质量难免参差不齐、挂一漏万。书中纰漏之处,尚祈学界同仁和广大读者批评斧正。我们一定在今后的研究中不断完善、充实提高,力争使该报告成为有标志性的、有价值性的成果。

《2017 浙非产能合作发展报告》课题组